MENTALIDADE DE RISCO

ILYA STREBULAEV e ALEX DANG

MENTALIDADE DE RISCO

Traduzido por Bruno Fiuza

SEXTANTE

Título original: *The Venture Mindset*

Gráficos dos autores. Foto da página 106 é parte do acervo dos autores.

coordenação editorial: Sibelle Pedral
produção editorial: Guilherme Bernardo
preparo de originais: Priscila Cerqueira
revisão: Clara Diament e Luis Américo Costa
diagramação: Ana Paula Daudt Brandão
capa: DuatDesign
impressão e acabamento: Bartira Gráfica

CIP-BRASIL. CATALOGAÇÃO NA PUBLICAÇÃO
SINDICATO NACIONAL DOS EDITORES DE LIVROS, RJ

S895m
Strebulaev, I. A. (Il' Alekseevich), 1975-
Mentalidade de risco / Ilya Strebulaev, Alex Dang ; tradução Bruno Fiuza. - 1. ed. - Rio de Janeiro : Sextante, 2025.
304 p. ; 23 cm.

Tradução de: The venture mindset
ISBN 978-85-431-1102-5

1. Empreendedorismo - Aspectos psicológicos. 2. Planejamento estratégico. 3. Processo decisório. 4. Incubadoras de empresas. 5. Inovação. 6. Sucesso nos negócios. I. Dang, Alex. II. Fiuza, Bruno. III. Título.

CDD: 658.4063
25-98767.0 CDU: 005.342

Meri Gleice Rodrigues de Souza - Bibliotecária - CRB-7/6439

GMT Editores Ltda.
Rua Voluntários da Pátria, 45 – 14º andar – Botafogo
22270-000 – Rio de Janeiro – RJ
Tel.: (21) 2538-4100
E-mail: atendimento@sextante.com.br
www.sextante.com.br

Para Anya, Daniel e Elizabeth
I.A.S.

Para Masha e Tim
A.D.

Sumário

Prefácio

Qual é a próxima grande novidade que vai transformar mercados, tornar empresas obsoletas e mudar o mundo? Este livro é sobre as pessoas que ganham a vida respondendo a essas perguntas: os investidores de capital de risco, os mentores das organizações mais inovadoras que nos cercam. Todos os dias, esses investidores procuram (e acham) ideias revolucionárias. E fazem isso com extraordinário sucesso. Eles identificam grandes ideias e equipes incríveis e ajudam a transformá-las em empresas como Amazon, Apple, Google, Tesla, Netflix, Moderna e SpaceX. Eles descobrem e financiam o futuro.

Mas este livro *não* ensina a ser um bom investidor de risco. Ele mostra como *todo* tomador de decisões – em *qualquer* setor – pode melhorar seu desempenho e ajudar sua empresa a atingir novos patamares ao aprender com os investidores de risco, os mestres da inovação. Vamos ensinar você a identificar novas oportunidades, cultivar os talentos certos, promover uma cultura de inovação e correr riscos calculados para alcançar um crescimento incrível. Como? Desenvolvendo e usando a mentalidade de risco.

Nesse novo modelo mental, o fracasso é uma obrigação, a diligência prévia é subvertida, a divergência é incentivada, milhares de ideias são rejeitadas em prol de uma única ideia vencedora, processos são interrompidos e o horizonte de tempo é ampliado.

Nós, os autores – um professor de Stanford e um executivo de tecnologia –, estudamos a mentalidade de risco por muitos anos e identificamos maneiras de aplicá-la em organizações que desejam dar um salto à frente e superar a concorrência. Na última década, desenvolvemos os nove princípios da mentalidade de risco e criamos um manual para que qualquer organização possa adotá-los.

Escrevemos este livro no Vale do Silício, onde é possível ouvir em alto e bom som o pulsar da inovação, mas ele se destina a pessoas muito além desse epicentro. A inovação disruptiva não conhece fronteiras e não deve se limitar aos fundos de capital de risco e às empresas que eles financiam.

Agora é a hora de *você* usar a mentalidade de risco para encontrar e financiar o próximo sucesso revolucionário, independentemente de seu setor ou de sua localização geográfica. Numa pequena fábrica ou num prédio comercial, no marketing ou na cadeia de suprimentos, o que mais importa é ter a mentalidade correta: a mentalidade de risco.

INTRODUÇÃO

O que é a Saasbee e por que ela importa

Era novembro de 2012. Três investidores de capital de risco – Sachin Deshpande, Patrick Eggen e Nagraj Kashyap – precisavam tomar uma decisão: investir ou não 500 mil dólares numa pequena startup chamada Saasbee.

No início daquele ano, por intermédio de Bill Tai (um prolífico investidor-anjo do Vale do Silício), Kashyap tinha sido apresentado ao fundador da Saasbee, que prometia revolucionar a forma como as pessoas faziam videoconferências na era pós-PC. O nome Saasbee vinha de SaaS (sigla para *software as a service*, ou "software como um serviço") e *bee* ("abelha", o inseto trabalhador). Kashyap liderava a Qualcomm Ventures, o braço de investimentos de um grande fabricante de semicondutores encarregado de injetar dinheiro em startups promissoras. Da sede da Qualcomm em San Diego, Kashyap e sua equipe haviam investido em mais de trezentas startups em todo o mundo. Num dia, a equipe avaliava a nanotecnologia da Coreia e, em outro, uma startup brasileira de software. Todos os empreendedores que eram apresentados a Kashyap lhe garantiam sucesso extraordinário. Será que dessa vez era para valer?

Em 2012, a concorrência no mundo das videochamadas já era acirrada. A WebEx, uma unidade da Cisco, gigante das telecomunicações, era uma poderosa líder, com milhões de usuários registrados. O Skype havia sido comprado pela Microsoft no ano anterior. A Google estava trabalhando para aprimorar o recurso Hangout, do Google Plus. A plataforma de reuniões on-line GoToMeeting tinha acabado de se expandir para acomodar públicos maiores. Além disso, havia startups recém-criadas na briga, como a bem financiada BlueJeans Network e a Fuzebox.

O fundador da Saasbee argumentou que sua pequena startup conseguiria superar todos esses concorrentes, até mesmo a WebEx. Mas, naquele novembro de 2012, a Saasbee não tinha um único cliente pagante. Além disso, as pessoas ainda preferiam fazer reuniões presenciais ou simplesmente usar o telefone.

O fundador da Saasbee, um engenheiro da China que não falava bem inglês, havia se mudado para o Vale do Silício doze anos antes. Após sua chegada aos Estados Unidos, a WebEx o contratou, e ele permaneceu na empresa quando a Cisco a adquiriu em 2007. Mas deixou a Cisco depois que a direção recusou sua proposta de desenvolver uma ferramenta de videochamada compatível com smartphones.

Será que a Saasbee era tão boa quanto o fundador alegava? Para descobrir, Kashyap recorreu ao colega Sachin Deshpande. "Dá uma olhada nisso, por favor?", pediu. "Você é o cara dos vídeos. Vê se é uma boa aposta." Deshpande era cofundador de uma startup de vídeo no estilo TikTok, adquirida pela Qualcomm em 2010, e havia dedicado bastante tempo e energia a entender o crescente universo dos vídeos, nicho que o fascinava.

"Fui fisgado desde a primeira conversa com o fundador", disse Deshpande numa entrevista. Ele viajou a São Francisco para se encontrarem pessoalmente dois dias após a ligação. Com sua experiência na área de vídeo, Deshpande logo enxergou como a Saasbee se diferenciava da concorrência. Aplicativos de vídeo eram os mais difíceis de funcionar numa interface móvel e, mesmo assim, bastava que ele clicasse num botão para que o vídeo rodasse com nitidez, sem travar, não só no laptop, mas também no smartphone. O produto funcionava maravilhosamente bem. Impressionado com o profundo conhecimento do fundador da Saasbee sobre o mercado das videoconferências, Deshpande voltou para San Diego. "Isso é mais do que especial", disse a Kashyap. "Temos que investir 5 milhões de dólares."

Nessa reunião, Deshpande teve a companhia de seu colega Patrick Eggen. Formado na área de Humanas e sem nenhum conhecimento de finanças, Eggen tinha passado por um batismo de fogo trabalhando cem horas por semana num grande banco de investimento em Londres. Depois disso, voltou a estudar para obter um MBA. A maioria de suas entrevistas de emprego era para cargos em fundos de hedge e empresas clássicas de gestão de investimentos. Em seguida, Eggen foi convidado a se tornar membro júnior da equipe da Qualcomm Ventures, onde virou, segundo Deshpande, "um gênio do financiamento de sementes criativas".

A Qualcomm tinha sede em San Diego, mas em 2010 Eggen se mudou para o Vale do Silício, onde rapidamente se tornou um viciado em negócios, buscando startups para a avaliação de seus colegas. Eggen ficou impressionado com a obsessão do fundador da Saasbee em criar um produto superior. Depois da segunda reunião numa cafeteria no centro de São Francisco, Eggen passou a achar que o fundador da Saasbee também era um ótimo vendedor. "Um técnico virtuoso com talento natural para vendas", afirmou anos depois.

No início de outubro de 2012, Kashyap e sua equipe pegaram um voo de San Diego e foram ao escritório da Qualcomm no Vale do Silício para fazer reuniões com seis startups num único dia, entre elas a Saasbee. De acordo com alguns participantes, quando a demonstração do aplicativo estava prestes a começar, a conexão com a internet falhou. O fundador disse: "Olha, minha sede é aqui na mesma rua." Então todos foram para o pequeno escritório da Saasbee, onde a apresentação correu perfeitamente bem em vários dispositivos. Na mesma hora, Kashyap percebeu que o mercado-alvo poderia ser enorme.

Agora os três estavam insistindo para que a Qualcomm Ventures se tornasse o investidor majoritário da Saasbee, com um aporte considerável de pelo menos 3 milhões de dólares. Na semana seguinte, Deshpande e Kashyap apresentaram a proposta ao comitê de investimentos, mas nenhum outro membro da equipe se sentiu à vontade para investir na Saasbee. Kashyap, Deshpande e Eggen ficaram decepcionados, mas não inteiramente surpresos. Eles viam muitas incertezas e muitos sinais de alerta. O universo das videoconferências já estava saturado naquela época e a Saasbee visava pequenas empresas, um mercado quase impenetrável. O diferencial técnico em relação aos concorrentes não estava claro. O inglês enrolado do fundador era um empecilho. E a avaliação proposta de 20 milhões de dólares parecia alta demais para uma startup que contava apenas com um fundador, uma equipe de engenheiros da China e nenhum cliente. Para piorar o ceticismo, pelo menos outros oito fundos de capital de risco optaram por não investir na Saasbee.[1] Por quê? Porque todos tinham caríssimas salas Cisco TelePresence com internet de alta velocidade em seus escritórios. Quando você tem um motorista particular, é fácil subestimar o potencial da Uber.

Essa rejeição teria sido o fim da história, não fosse por uma característica da Qualcomm Ventures: havia um caminho paralelo para negócios não convencionais como aquele. Desde 2010 existia um fundo de estágio inicial para investimentos menores e, muitas vezes, mais arriscados. "É claro que, legalmente, não era um fundo real em si", lembrou Kashyap anos depois, "mas, conceitualmente, era." A ideia geral era investir pequenas quantias rapidamente e sem muita burocracia. Eggen estava à frente desse fundo e, portanto, tinha carta branca para fazer investimentos de até 500 mil dólares do pool de capital pré-aprovado. É claro que essa liberdade vinha acompanhada de grande responsabilidade caso o investimento fracassasse.

De todo modo, os três tinham um caminho alternativo para fechar um acordo pouco ortodoxo. Eles poderiam investir 500 mil na Saasbee, apesar da oposição do restante da equipe. Mas será que valia o risco?

Kashyap e Eggen acabaram por fazer a aposta, com o apoio de Deshpande. Esse acabou sendo, de longe, o melhor investimento, dólar por dólar, da história da Qualcomm Ventures e ajudou a transformar a rotina de centenas de milhões de pessoas em todo o mundo. Você provavelmente é uma delas.

Por que você nunca ouviu falar da Saasbee?

Você até conhece essa empresa de videoconferência, mas com um nome diferente. Ela foi fundada como Saasbee em 2011, mas, quando a participação da Qualcomm teve início, no final de 2012, o fundador da empresa, Eric Yuan, mudou o nome para Zoom Video Communications.

Sim, esse Zoom. O mesmo Zoom que acompanhou milhões de nós pelos sombrios lockdowns da pandemia. A empresa da qual a Qualcomm – graças ao trio de investidores perspicazes – detinha 2% quando abriu seu capital, em 2019, com uma avaliação de mais de 9 bilhões de dólares, atingindo uma capitalização de mercado de mais de 150 bilhões em 2020.[2,3]

Desde então, o Zoom tem sido apontado como uma das maiores inovações da era moderna. Eric Yuan foi celebrado como um empresário extremamente ambicioso, arrojado e visionário. Mas como foi que a Zoom, uma empresa jovem com um orçamento e uma força de trabalho bastante modestos, promoveu tantas revoluções nas comunicações por vídeo? Como conseguiu superar gigantes como Cisco, Microsoft e Google, com seus vultosos orçamentos e centenas de engenheiros talentosos? Qual é a particularidade da história da Zoom em relação à de outras empresas inovadoras de sucesso? O que a torna diferente? Será que os investidores de capital de risco da Qualcomm apenas tiveram sorte?

A Zoom foi de fato um sucesso estrondoso, mas não foi o único. Ela faz parte de uma série de empresas jovens e revolucionárias que alcançaram alturas estratosféricas e transformaram substancialmente o mundo nos últimos cinquenta anos. Pense na Apple, na Cisco, no Facebook, na Google, na Netflix, na Amazon, na Uber, na Tesla, na SpaceX – ou pense em três dos outros investimentos da Qualcomm: Noom, Cruise e Ring. O que a Zoom fez com a forma como as pessoas interagem e se comunicam on-line, essas e muitas outras empresas fizeram em outras áreas, remodelando e revolucionando setores e tradições em todo o mundo. Sem dúvida, muitas outras empresas notáveis estão por vir – empresas das quais ninguém ouviu falar ainda, mas que já foram criadas em algum quarto ou garagem.

Todas essas histórias de sucesso, hoje famosas, têm algo em comum. Todas se referem a entidades privadas criadas por pequenas equipes de empreendedores. Todas são bastante recentes. A Apple, a mais antiga das empresas mencionadas, foi fundada em 1976. E muitas estavam localizadas no Vale do Silício (ou conectadas a ele) durante a parte mais sensível de seu ciclo inicial de crescimento.

A característica mais importante da trajetória dessas empresas, no entanto, é como elas foram financiadas. Em geral, empreendedores têm grandes ideias, mas falta dinheiro para colocá-las em prática. Eric Yuan é um bom exemplo disso. Quando fundou o que viria a se tornar a Zoom, não era de forma alguma um sujeito pobre. Mas, para criar um produto que tivesse alguma chance de sobreviver num mercado concorrido, mais ainda um produto que teria competidores como a WebEx, da Cisco, ele precisava levantar um capital muito maior do que seu patrimônio pessoal. E isso é mais fácil na teoria do que na prática.

O sistema financeiro oferece muitas opções para as empresas em busca de capital. Algumas levantam fundos em mercados públicos de capitais, mas o mercado de ações prefere empresas mais maduras, com fluxos de caixa preexistentes e expectativas razoáveis de lucro futuro. A Zoom não tinha nada disso quando Deshpande e Eggen conheceram Eric Yuan. Aliás, a Zoom só conseguiu seu primeiro cliente pagante – o Stanford Continuing Studies, um departamento da Universidade Stanford – em dezembro de 2012, e esse contrato valia apenas 2 mil dólares. Com esse nível de receita, é difícil passar no teste da intuição da maioria dos investidores. É claro que empresas costumam contrair dívidas com bancos e mercados de títulos – e se você, como agente de empréstimos bancários, estivesse prestes a autorizar um empréstimo para a Zoom, seu supervisor o teria demitido na mesma hora. E teria tomado uma atitude sábia. Além de não ter receita na época, a Zoom não oferecia nenhuma garantia em caso de falência. Os bancos simplesmente não podem conceder empréstimos a empresas sem ativos físicos tangíveis, receitas ou garantias. Outras empresas recebem subsídios e muitas se valem do capital inicial de familiares, amigos e investidores individuais (que não à toa são chamados de investidores-anjo), como fez a Zoom em 2011. Esse capital, no entanto, é insuficiente para financiar empresas na fase de expansão.

Resumindo, pouquíssimas pessoas teriam tido o capital disponível e a coragem de apostar na Zoom em 2012. Mas um tipo específico de investidor apostou.

Entra em cena o capital de risco

Depois que Eggen negociou um acordo para investir 500 mil dólares em nome da Qualcomm Ventures, outra empresa com sede no Vale do Silício, a Emergence Capital, investiu 20 milhões na Zoom em 2014. Dois anos depois, quando o Zoom já se destacava mas ainda não dava lucro, a Sequoia Capital e outros investiram mais 115 milhões.[4,5]

Qualcomm Ventures, Emergence Capital e Sequoia Capital são fundos de capital de risco (FCRs), que até recentemente operavam em grande parte fora do radar. Relativamente pequenos em termos de valores em dólares (em comparação com o tamanho gigantesco do sistema financeiro em geral), eles estão localizados em sua maioria na Califórnia, principalmente no Vale do Silício. São especializados em investir em empresas pequenas, jovens e empreendedoras. Seus nomes não são famosos.

Para se ter uma ideia, em 2014, ano em que investiu na Zoom, a Emergence administrou menos de 600 milhões de dólares em capital. A Sequoia, um dos maiores FCRs do mercado, investiu na Zoom com recursos de um fundo de cerca de 2 bilhões. Em comparação, a Vanguard, uma família de fundos mútuos, geriu mais de 2 *trilhões* em ativos em 2012, cerca de oitocentas vezes o valor dos fundos Emergence e Sequoia juntos. Até cerca de uma década atrás, muitos profissionais e investidores mal tinham ouvido falar de fundos de capital de risco, um setor de nicho escondido dos grandes centros financeiros.

No entanto, os FCRs viabilizaram empresas como Zoom, Uber e SpaceX. Eles investem dinheiro inicial em ideias aparentemente malucas e, às vezes, essas ideias têm um sucesso espetacular, como ocorreu com os FCRs que financiaram a Google, a Cisco, o Facebook, a Netflix, a Amazon, a Tesla e grande parte das outras histórias de maior sucesso das últimas décadas nos Estados Unidos. Além disso, os FCRs são agora um fenômeno global. Tornaram possíveis empresas como Canva e Atlassian, da Austrália; Alibaba e Tencent, da China; Shopee, de Singapura; Mercado Libre, da Argentina; e Gojek, da Indonésia. Os FCRs encontram e financiam startups completamente desconhecidas que geralmente consistem apenas em uma pequena equipe e um plano de negócios rabiscado num guardanapo.

No entanto, mesmo que hoje seja mais reconhecida a importância dos FCRs, sobretudo no setor de tecnologia, a maioria das pessoas fora do Vale do Silício – e muitas dentro dele também – não entende como esses fundos realmente funcionam. Escolher entre as centenas ou até milhares de startups que consideram mais promissoras e que disputam o dinheiro deles é só o primeiro passo. À diferença da Fidelity e de muitas outras firmas de investimento, quando investem numa empresa os FCRs se envolvem ativamente e trabalham para ajudar essas empresas iniciantes a ser bem-sucedidas. Quando a Qualcomm Ventures investiu na Zoom, Sachin Deshpande entrou para a diretoria da startup.[6] Em dezembro de 2014, Santi Subotovsky, da Emergence Capital, se juntou a ele na diretoria da Zoom após o investimento da Emergence. Os FCRs que fazem os maiores investimentos numa empresa quase sempre exigem um assento no conselho como condição para investir. Eles passam a desempenhar um papel muito ativo na vida dessas empresas. Muitas vezes isso atrai outros investidores com ainda mais capital para impulsionar o crescimento.

Apesar de algumas peculiaridades, a história da Zoom não é única. Na verdade, ela é típica de startups de sucesso. Pense no Airbnb, na Uber ou na Salesforce, todas hoje empresas de sucesso, embora inicialmente tivessem menos financiamento, menos recursos, menos apoio e menos experiência do que seus concorrentes mais maduros, ricos e bem-sucedidos.

Então, qual a importância dos FCRs desde seu surgimento, há pouco mais de cinquenta anos? Em 2015, Ilya e um de seus alunos de doutorado em Stanford, Will Gornall, exploraram o histórico de financiamento de todas as empresas fundadas desde meados da década de 1970 e que eram negociadas publicamente nos Estados Unidos na época da pesquisa. Eles queriam descobrir onde cada uma delas obteve seu capital antes da oferta pública inicial (IPO, na sigla em inglês) no mercado de ações.

O que constataram foi que, de cada cem empresas de capital aberto fundadas desde a década de 1970, cinquenta haviam recebido apoio de FCRs. E, usando a capitalização de mercado de cada empresa como parâmetro, descobrimos que as empresas financiadas por FCRs representavam três quartos do valor total de mercado de todos esses negócios. Aliás, em 29 de julho de 2016 ocorreu um evento sísmico (embora relativamente despercebido) no mundo dos negócios. Nessa data, quando o Facebook ultrapassou a Berkshire Hathaway em valor de mercado total, as cinco maiores empresas dos Estados Unidos por capitalização de mercado haviam sido financiadas por FCRs: Apple, Microsoft, Alphabet/Google, Amazon e Facebook. Em meio a todas as oscilações do mercado nos últimos anos desde 2016, essas empresas (às quais recentemente se juntaram Nvidia e Tesla) sempre estiveram próximas do topo.

Ilya e Will também fizeram comparações entre países. Você já se perguntou por que existem tantas empresas de tecnologia novas e enormes nos Estados Unidos? Já ouviu falar de um Google alemão, uma Tesla francesa, uma Amazon japonesa, um Facebook italiano, uma Apple britânica ou uma Microsoft canadense? Não. O motivo: o capital de risco. Mesmo que o setor de capital de risco americano tenha se expandido rapidamente desde o final da década de 1970, outros países do G7 não tinham similares viáveis até recentemente (e, por sinal, alguns ainda não os têm). Após o surgimento do setor nos Estados Unidos, nos anos 1970, o país produziu duas vezes mais empresas novas do que todos os outros países do G7 juntos. A pesquisa de Ilya e Will indica que os FCRs são diretamente responsáveis pelo lançamento de um quinto das trezentas maiores empresas americanas de capital aberto existentes hoje. Além disso, estima-se que três quartos das maiores empresas dos Estados Unidos financiadas por FCRs não teriam nascido ou alcançado sua escala atual sem o apoio do capital de risco. Esse é um dos motivos pelos quais o recente aumento do setor mundo afora é tão importante para o futuro da economia global.

Para nós, os dados sugerem de forma convincente que o setor de capital de risco é o principal mecanismo de crescimento de negócios nos Estados Unidos (e gostaríamos que mais pessoas em Washington, D.C., e em Sacramento reparassem nisso!). Mas este livro não foi escrito para bajular os investidores de capital de risco. Em vez disso, mostra como os líderes de hoje – inclusive você – podem entender e aplicar as habilidades que os FCRs aperfeiçoaram e colocaram em prática com resultados que mudaram o mundo.

E o mundo está mesmo se transformando. Até então, os protagonistas das maiores sagas de sucesso – histórias sobre o desenvolvimento do computador pessoal, da internet comercial, do smartphone, das redes sociais, da "carne" à base de vegetais ou de foguetes espaciais construídos por empresas privadas – eram sempre os fundadores. Embora sejamos fascinados por esses indivíduos singulares, cujo espírito empreendedor os levou a transformar sua visão do futuro em realidade, eles não poderiam ter feito muita coisa sem os investidores que financiaram sua visão. Os FCRs fizeram mais do que impulsionar com seu dinheiro o despontar dessas empresas visionárias; eles trouxeram consigo uma abordagem única para o sucesso e o fracasso que foi incorporada ao DNA de cada empresa financiada. Chamamos essa forma única de pensar e trabalhar de mentalidade de risco.

Mentalidade de risco

Aprendemos com a experiência que esse modo de pensar não é o mesmo que se encontra nas grandes empresas ao redor do mundo. As mentalidades são diferentes, e essas diferenças permeiam quase toda escolha que uma empresa precisa fazer, desde contratações e seleção de investimentos até a incubação de ideias e a tomada de decisões. A mentalidade de risco não aplica o mesmo processo decisório de gestores tradicionais, políticos, órgãos reguladores e organizações sem fins lucrativos.

A mentalidade de risco não surgiu da noite para o dia; ela evoluiu ao longo de décadas, por meio de tentativa e erro, atravessando gerações de líderes, muitos do Vale do Silício. Os investidores de capital de risco (ICRs) desenvolveram essa mentalidade porque precisavam de uma abordagem diferente para se adaptar, sobreviver e prosperar num ambiente que exige extrema seletividade combinada a extrema flexibilidade. Neste livro, apresentamos as muitas maneiras sutis, porém eficazes, pelas quais os comportamentos exclusivos dos ICRs floresceram num ecossistema de milhares de startups – e algumas delas vieram a revolucionar setores ou criar alguns inteiramente novos. Analisamos as empresas que adotaram com sucesso a mentalidade de risco para obter resultados estelares e mostramos como a *sua* pode seguir o mesmo caminho. Explicamos também por que a mentalidade tradicional não funciona, nem tem como funcionar, em ambientes com alto grau de incerteza, como o que estamos vivendo agora.

Em todo o mundo – de Nova York a Londres, de Mumbai a Sydney – o sucesso foi construído com base na continuidade, no conservadorismo e na tradição. O crescimento estável é um mantra corporativo e político há décadas. No mundo das inovações pequenas, discretas e graduais, a estabilidade e a continuidade são coisas ótimas. Se isso descreve sua empresa, você não precisa da mentalidade de risco – ou, pelo menos, não precisa dela para as *partes* da sua empresa que têm como objetivos a estabilidade e a continuidade. Mas talvez esses não sejam mais os únicos objetivos de uma empresa. Com o rápido progresso da tecnologia (em grande parte proporcionado por empresas financiadas por FCRs), nenhum setor pode mais ser realmente estável. Ninguém está imune à possibilidade de disrupção.

Os líderes corporativos sabem disso, é claro. Na verdade, eles agora, em sua maioria, *esperam*, ansiosamente, que a disrupção ocorra em seus setores. Suas reações têm sido, em geral, motivadas tanto pelo medo quanto pela oportunidade. Medo porque a chegada da disrupção torna ultrapassados muitos modelos de negócios e empresas; oportunidade porque as pessoas veem uma excelente chance de sair na frente da concorrência e consolidar a liderança no setor. No entanto, com bastante frequência encontramos ideias inovadoras que foram trabalhadas e desenvolvidas da mesma forma que qualquer outra unidade de negócios de uma empresa. Essa é uma receita para o fracasso. O que os líderes de hoje muitas vezes não entendem é que a inovação disruptiva precisa começar com uma mentalidade diferente.

Os nove princípios da mentalidade de risco

Neste livro, mostramos como aplicar a mentalidade de risco de maneira eficaz em qualquer organização. Em nove capítulos, identificamos nove maneiras distintas pelas quais a mentalidade de risco é bem-sucedida onde a maioria das pessoas fracassa – ou nem mesmo tenta (Figura 1). Em cada capítulo, apresentamos lições específicas e ações práticas que podem ser implementadas num ambiente tradicional com impacto imediato (veja os trinta mecanismos no Manual da mentalidade de risco, ao final do livro).

Figura 1. Os nove princípios da mentalidade de risco

Também mostramos abordagens mais fundamentais que podem exigir que você repense a maneira como sua organização está estruturada. Vamos apresentar até mesmo formas de aplicar a mentalidade de risco em muitas decisões individuais do dia a dia.

Reexaminando a história da Zoom, podemos ver esses princípios em ação. Para os investidores, a principal preocupação era o tamanho da empresa. As pessoas que apostaram na startup de Eric Yuan previram – e acabaram colhendo – enormes retornos. Os ICRs sabem que, nesse universo, **(1) golaços importam; bolas fora, não**. A maioria dos investimentos de capital de risco fracassa; podemos compará-los a chutes a gol desperdiçados. São os investimentos extremamente bem-sucedidos que você encontrou (ou deixou passar!), ou seja, aquele gol olímpico, que determinam se você é um bom investidor de risco. Em muitos ambientes corporativos, um fracasso pode acabar com uma carreira. Em contrapartida, os ICRs insistem enfaticamente que o fracasso é uma opção. Muitos ficam até mesmo preocupados se não fracassam, isto é, se não chutam a gol com frequência suficiente. Para eles, o fracasso não é apenas uma opção – é uma obrigação. Vamos descobrir como os ICRs colocam em prática esse princípio surpreendente e como você também pode fracassar com sucesso para poder inovar mais.

Eggen e seus colegas ICRs não passam muito tempo no escritório. Eggen conheceu o cofundador da Zoom num café e depois visitou o escritório de Yuan, a meia hora de distância. Na prática, é mais provável encontrar um investidor de capital de risco numa cafeteria do que em seu escritório sofisticado. Isso ilustra outro princípio fundamental, poderoso e ao mesmo tempo simples, mas que não é fácil de implementar num ambiente corporativo tradicional: **(2) sair das quatro paredes**. Veremos como a abordagem dos ICRs para obter ideias e conhecer fundadores de empresas pode ser transplantada de maneira lucrativa para o *seu* ambiente.

Igualmente preocupante para muitos executivos que não são ICRs é o princípio de **(3) preparar a mente**. Deshpande insistiu em investir na Zoom imediatamente após conhecer Yuan em seu escritório precário devido ao seu histórico no setor de vídeo. Outro investidor inicial na Zoom fez um aporte antes mesmo de assistir a uma apresentação de Yuan.[7]

Eggen ficou entusiasmado com o Zoom logo de cara, mas já havia conhecido dezenas de fundadores de startups promissoras (afinal, era viciado em negócios) sem se empolgar. E, como vimos, alguns de seus colegas também não demonstraram entusiasmo com o Zoom. O negócio do capital de risco consiste em dizer um "não" atrás de outro. Os ICRs dispensam oportunidades aparentemente boas com mais frequência do que se pode esperar e podem **(4) dizer "não" cem vezes** antes de finalmente dizer um "sim". É claro que eles só prosperam dizendo "não" porque têm um método específico para dizer "sim". Vamos revelar esse método para você.

Da Zoom à SpaceX, passando pelo Facebook, os ICRs acham melhor **(5) apostar no jóquei** do que no cavalo. Deshpande ficou impressionado com o foco obsessivo de Yuan no cliente e com seu conhecimento sobre o universo das videoconferências. Como diz um lendário ICR, ele acha melhor investir numa equipe nota 10 perseguindo uma ideia nota 7 do que numa equipe nota 7 perseguindo uma ideia nota 10. Vamos mostrar como essa abordagem pode funcionar em muitos outros setores e como implementá-la com sucesso.

Em organizações guiadas pelo consenso, Zooms não acontecem. O comitê de investimentos da Qualcomm Ventures rejeitou investir na Zoom, mas os ICRs usaram uma série de mecanismos complicados para ajudar a equipe a **(6) concordar em discordar**. Você também pode aplicar esse princípio à maioria das suas reuniões de tomada de decisões.

A Zoom prosperou e seus investidores rapidamente aportaram mais capital. Da mesma forma que os jardineiros podam as plantas para que restem apenas as melhores e mais fortes, os investidores precisam eliminar muitas de suas apostas para reservar capital para as mais promissoras, como a Zoom. Essa decisão de **(7) dobrar a aposta ou desistir** é fundamental para a mentalidade de risco, e também veremos a aplicação bem-sucedida desse princípio num cenário tradicional.

Uma das primeiras decisões que Eric Yuan tomou depois que a Zoom se tornou uma empresa grande e próspera foi lançar o fundo de capital de risco da própria Zoom, de 100 milhões de dólares, para investir em startups.[8] Assim, Yuan começou a aplicar os princípios de risco da mesma forma que seus investidores haviam feito quando decidiram investir na Zoom, e como ele mesmo os havia aplicado como líder da empresa. É possível ver Yuan, hoje multibilionário, ocupando uma mesa temporária e sentando-se ao lado de sua equipe de engenheiros enquanto eles mergulham num novo projeto. Cada um deles é não apenas um funcionário, mas um acionista determinado a tornar a Zoom uma empresa ainda maior e mais valiosa. Afinal de contas, **(8) fazer o bolo crescer** é outra parte imprescindível da mentalidade de risco.

Quando Eggen fez o investimento de 500 mil dólares na Zoom, não tinha como saber quão bem-sucedida a empresa seria, mas sabia que o sucesso não viria num piscar de olhos. A mentalidade de risco entende que **(9) grandes feitos levam tempo**. Para favorecer o pensamento de longo prazo, os ICRs desenvolveram vários mecanismos inovadores que você também pode usar.

Algumas das lições oferecidas pela mentalidade de risco são fáceis de implementar, com resultados imediatos; outras, nem tanto. Mas cada lição é uma excelente oportunidade de mudar a maneira como você pensa e age em seu negócio.

Nosso caminho para a mentalidade de risco

A ideia deste livro surgiu do nosso hobby e interesse em comum: não os ICRs, mas o vinho. A adega de Ilya tem várias garrafas preciosas, e certo dia ele chamou Alex, seu ex-aluno e amigo, para ajudá-lo a organizá-las e categorizá-las. As conversas sobre diferentes *terroirs*, vinicultores famosos e excelentes safras deram lugar a discussões sobre a tomada de decisões por investidores de capital de risco e sobre o surgimento de negócios inovadores a partir das trincheiras corporativas.

O que começou como uma discussão sobre ICRs logo se expandiu para outros tomadores de decisões: investidores-anjo, empreendedores, inovadores corporativos, executivos de grandes empresas de tecnologia e até mesmo órgãos reguladores. Vimos padrões claros. O que mais chamou nossa atenção foram os muitos pontos em comum entre bons investidores de risco e bons inovadores corporativos. Muitos desses inovadores vinham de empresas que, por sua vez, haviam sido financiadas por FCRs. Em geral, todos seguiam um manual muito parecido. Percebemos também que, em muitos outros casos, podíamos identificar quais decisões se desviavam desse manual – os resultados desastrosos geralmente tornavam isso óbvio. Percebemos que os ICRs bem-sucedidos seguem uma mentalidade específica. Nós a chamamos de mentalidade de risco. Os bons inovadores corporativos também a utilizam. Os menos prósperos, geralmente não.

Acadêmico de Stanford, fundador da Venture Capital Initiative na Stanford Graduate School of Business e consultor de muitas empresas, Ilya está sempre em contato com executivos de todo o mundo. Alex, por sua vez, é um praticante da inovação. Já viveu isso na prática como líder de produto da Amazon, sócio da McKinsey & Company e CEO de uma startup de tecnologia.

Temos apresentado o Manual da mentalidade de risco aos nossos clientes e alunos em palestras, workshops, reuniões e eventos corporativos. Nossa mensagem repercute imediatamente nesses públicos. Os olhos dos executivos brilham quando falamos sobre esses conceitos. Quanto mais conversamos com executivos globais, mais descobrimos que eles ficam surpresos com a maneira peculiar e muitas vezes contraintuitiva de um ICR pensar e tomar decisões. Como bem resumiu um de nossos ouvintes: "Os ICRs trabalham de um jeito próprio. Esqueça tudo que você aprendeu antes, não importa o que seja!"

Sabíamos que estávamos no caminho certo e queríamos ajudar mais líderes a melhorar suas técnicas de inovação por meio da mentalidade de risco. Foi isso que nos levou a escrever este livro, que esperamos que se torne uma referência dentro das empresas. Entretanto, como Sherlock Holmes observou, teorizar sem dados não faz sentido. É na obtenção de dados que muitos pesquisadores e profissionais se deparam com um desafio intransponível. O mundo do capital de risco é extremamente fechado, com pouquíssimos dados disponíveis ao público. Os ICRs preferem não divulgar os contratos de investimento que assinam. Raramente falam sobre como encontram e avaliam ideias inovadoras, algumas das quais estimadas em bilhões de dólares. O mesmo se aplica às iniciativas de inovação corporativa em grandes empresas, escondidas atrás de portas bem fechadas.

Apesar da cultura sigilosa do capital de risco, Ilya e sua equipe de pesquisa de Stanford abriram essas portas após mais de uma década estudando todos os aspectos do setor: startups, fundos, investidores e o impacto das empresas por eles financiadas na economia. Junte isso à experiência de Alex em projetar e lançar ideias num ambiente corporativo e você terá uma ideia dessa supercolaboração que deu origem a insights inesperados e conclusões práticas inéditas.

Este livro também se baseia na pesquisa de Ilya sobre "unicórnios" – empresas inovadoras e prósperas financiadas por FCRs com pelo menos uma rodada de aporte privado e uma avaliação pós-monetária de 1 bilhão de dólares ou mais. São nomes como Zoom, SpaceX, Instacart, Canva, OpenAI, DoorDash e Moderna.

Desde 2015, Ilya e uma equipe de assistentes de pesquisa, doutorandos, advogados e outros profissionais têm acompanhado a tarefa hercúlea de coletar informações sobre cada uma dessas startups nos Estados Unidos. A equipe não deixou passar nada. Para cada unicórnio, pesquisaram-se o histórico e a idade dos fundadores, o período desde a fundação até a transformação em unicórnio ou em empresa de capital aberto e muito mais. Logo percebemos que listar as características dos unicórnios facilitava a identificação precoce de ideias revolucionárias e de empresas destinadas a um sucesso espetacular.

Nossa pesquisa sobre unicórnios atraiu muita atenção não apenas de FCRs e fundadores interessados em alcançar o olimpo do mundo dos empreendimentos, mas também de líderes de empresas tradicionais e de reguladores que queriam saber como ideias inovadoras avaliadas em bilhões poderiam ser plantadas e colhidas em apenas alguns anos.

Entre as empresas, a busca por unicórnios corporativos internos também decolou. Não é fácil atribuir um valor aos unicórnios que as empresas criam internamente, mas muitos novos projetos de grande escala poderiam facilmente estar na lista de unicórnios se fossem empresas autônomas. Pense no Zelle, um serviço de pagamento instantâneo fundado por um consórcio de grandes bancos. Ou no novo negócio sul-americano fundado pela empresa asiática de comércio eletrônico Shopee. Ou na Azure, plataforma de computação em nuvem da Microsoft.

A Alphabet/Google, a Amazon e a Apple são mais do que um mecanismo de busca, uma livraria on-line e um fabricante de uma alternativa ao PC. São fábricas de inovação. Não é preciso que o nome da empresa comece com A para conseguir isso. Pode começar com Z. A Zoom não se vê apenas como uma ferramenta de videoconferência, mas também como uma plataforma inovadora que faz experimentos com hardware, tradução por inteligência artificial e centrais de atendimento. E não esqueça da Zoom Ventures, que investiu em algumas dezenas de startups, desde chatbots até soluções de espaço de trabalho virtual. Ficou claro para nós que as empresas que buscam grande crescimento precisam se valer da mentalidade de risco.

Para desmistificar o funcionamento interno dos FCRs, Ilya e seus colegas fizeram uma pesquisa com mais de mil deles e entrevistaram centenas de investidores, procurando entender o que acontece em seus escritórios (ou, mais frequentemente, fora deles) e como eles tomam decisões. Como resultado, descobrimos que existe um método por trás de sua aparente loucura.

Neste livro, vamos compartilhar o que aprendemos e oferecer conselhos práticos, acessíveis e relevantes. Quanto mais longe você estiver do mundo do capital de risco e do Vale do Silício, e quanto menos achar que seu setor é vulnerável ao que acontece nele, mais você precisa deste livro. Porque, provavelmente, você está errado. Conhecimento é poder, e isso nunca foi tão verdadeiro quanto hoje.

1

Golaços importam; bolas fora, não

Por que os ICRs são os campeões do fracasso e você precisa ser também

1.1 Contra todas as probabilidades

Vamos jogar um jogo chamado: *Você investiria?*

No início de 2013, uma das mais promissoras startups de comércio eletrônico bateu à porta dos principais FCRs. Seu fundador estava tentando levantar uma nova rodada de financiamento. Àquela altura, ele havia construído um negócio do qual podia se gabar. Um milhão de usuários haviam se juntado à plataforma apenas cinco meses após seu lançamento, em 2011. Para colocar isso em perspectiva, o Facebook levou dez meses, e o Twitter, dois anos para atingir o mesmo número. A startup não tinha parado por aí; alcançara 10 milhões de usuários um ano depois, em dezembro de 2012. Também estava gerando bastante receita: nos primeiros dezoito meses, as vendas ultrapassaram 100 milhões de dólares. Agora, o fundador estava levantando dinheiro para multiplicar esse crescimento já surpreendente, alçando-o a níveis ainda maiores. Você investiria?

Como um investidor sensato, talvez você queira saber quem mais estava interessado no negócio. Menos de dois anos antes, famosos FCRs do Vale do Silício, incluindo o Andreessen Horowitz (também conhecido como a16z) e a Menlo Ventures, haviam investido 40 milhões de dólares na startup. Quando a empresa levantou outra rodada de financiamento, em julho de 2012, seu valor reportado havia chegado a 600 milhões.

E o que dizer do fundador? Formado em Stanford, era um empreendedor em série, que tinha montado sua primeira empresa no início dos anos 2000. A empresa de comércio eletrônico de que estamos falando fora fundada em 2010, com foco em produtos exclusivos assinados por designers.

A missão da startup era simples e ambiciosa: "Tornar-se a loja de design número um do mundo." A empresa criou uma linha própria de produtos e fez parcerias com designers para fabricar e vender exclusivamente por meio de sua plataforma. O fundador chegou a cunhar o termo "comércio emocional" para distinguir sua empresa das experiências de cliente comparativamente frias oferecidas por Alibaba, eBay, Amazon e Rakuten. E clientes do mundo todo adoraram o conceito. Em 2013, já havia encomendas vindas de 27 países.

Investir nessa empresa parece algo incontestável, certo? Sem dúvida, foi isso que os investidores pensaram. No início de 2013, eles injetaram mais 150 milhões de dólares na conta da startup.

Antes que você fique triste por ter deixado passar essa grande oportunidade, há um fato que deixamos de fora. O nome da startup era Fab.com.[1,2] Em outubro de 2013, apenas três meses depois de o fundador e CEO Jason Goldberg levantar 150 milhões de dólares, a empresa demitiu a maior parte de sua equipe e foi ladeira abaixo. Uma série de aquisições malsucedidas na Europa e uma taxa de consumo de caixa extremamente alta levaram ao fim da Fab.com. A empresa fracassou por completo e os famosos FCRs perderam todo o dinheiro investido. A Fab.com é um exemplo de empresa avaliada na casa de 1 bilhão de dólares que faliu em apenas três anos e queimou muito dinheiro. É difícil encontrar um fracasso mais retumbante.

O que esses investidores estavam pensando? Para resolver o mistério, levamos você a Nova York, a cena do "crime". Não para a sede abandonada da Fab.com em Gramercy Park, mas para um museu. Após cruzar o país a bordo de um avião, mergulhamos num mundo de pistas e evidências, como se fôssemos Sherlock Holmes e Dr. Watson modernos.

Nova York é famosa por seus museus. Mas talvez você nunca tenha ouvido falar desse. Escondido num antigo distrito industrial do Brooklyn, sua rica coleção exibe com orgulho mais de 150 produtos inovadores. Logo junto à entrada, há um cartão MoviePass vermelho numa prateleira protegida por um vidro. O cartão, de propriedade de uma pessoa chamada Joanna, é válido até outubro de 2024 e permite que seu proprietário assista a um filme por dia num cinema local por apenas 9,95 dólares por mês. Algumas salas adiante, há um cartão eletrônico multifuncional chamado Coin, criado para substituir todos os outros cartões de débito e crédito. Perto dali está um dispositivo que combina um potente videogame com um celular, o N-Gage da Nokia. Em seguida, vê-se um dispositivo chamado Juicero, que pode preparar um copo de suco espremido na hora com o toque de um botão. O museu também tem um sabão em pó chamado Persil Power, com um ingrediente "acelerador" especial, e um tipo de couro sintético conhecido como Corfam, produzido pela DuPont.

O que esses itens têm em comum? São todos fracassos. O que mais poderíamos esperar do apropriadamente chamado Museu do Fracasso? O cartão Coin era volumoso demais e cheio de bugs. O Juicero perdeu seu apelo quando os clientes perceberam que podiam espremer o suco das embalagens da marca com as próprias mãos. O sabão em pó era tão poderoso que destruía não só a sujeira, mas também as roupas. O MoviePass acabou se tornando popular demais e as pessoas foram assistir a muito mais filmes do que a empresa esperava.

Muitos dos itens em exposição foram financiados por conhecidos FCRs. O Coin foi financiado pela Y Combinator, pela Spark Capital e pela Redpoint. O MoviePass recebeu capital da True Ventures e da AOL Ventures. O Juicero foi financiado pela Google Ventures e pela Kleiner Perkins. Para citar o aplicativo que serve de guia do museu: "O que eles estavam pensando?"

Podemos chutar que os investidores estavam pensando em ideias bem-sucedidas que também poderiam ter fracassado. Eles pensaram no Fever (o aplicativo que nos indicou o museu), no PayPal (que usamos para pagar nossos ingressos) e na Uber (que nos conduziu até lá). Cada uma dessas invenções foi criada por uma empresa financiada por FCRs. Cada uma delas se tornou um sucesso extraordinário. E todas poderiam ter ido parar no Museu do Fracasso. O fracasso não é um resultado raro. Na verdade, é justamente isso que os FCRs esperam. Os fracassos são uma parte do trabalho, não um problema. Em termos simples, os FCRs não têm como saber de antemão quais empresas vão fracassar.

A expectativa de fracasso frequente define o setor do capital de risco. Apesar da derrocada da Fab.com, os dois principais FCRs envolvidos no projeto, Menlo Ventures e a16z, atraíram mais capital dos investidores. E o fundador, Jason Goldberg, levantou com sucesso capital para sua startup seguinte, que pode acabar no Museu do Fracasso – mas também pode encontrar um lugar no hall da fama do capital de risco.[3]

1.2 Sonhando alto

O que torna os FCRs tão abertos a fracassos e por que eles não lamentam quando um investimento é perdido? Seu celular pode ajudar a responder a essa pergunta. Que aplicativo de transporte particular você usa? Caso more nos Estados Unidos, provavelmente será Uber, ou talvez Lyft. Se estiver em outras regiões, a resposta pode ser DiDi, Ola ou Careem. Em nossos workshops para executivos, pedimos que digam qual é o terceiro aplicativo de transporte particular mais popular em sua região. Ninguém sabe a resposta. O mesmo acontece com outras categorias. Em cada novo nicho financiado por FCRs, um vencedor claro desponta, seguido de um segundo colocado e ninguém mais na disputa. Isso não acontece por falta de tentativas. Dezenas e dezenas de startups de transporte particular foram financiadas por FCRs. Quase todas fracassaram. Mas algumas se tornaram golaços. É um mundo onde só o melhor importa.

A inovação disruptiva e os novos modelos de negócios separam os titulares dos reservas, e isso se aplica a todos os setores, não apenas ao mundo da tecnologia. A Starbucks detém cerca de 40% de todas as cafeterias nos Estados Unidos.[4] O terceiro da lista? Vinte vezes menos. Os FCRs sempre seguiram a máxima "Só o melhor importa", mentalidade que afeta cada vez mais setores hoje em dia. Inclusive o seu.

Os FCRs tiveram mais tempo para criar mecanismos de sobrevivência e sucesso em ambientes implacavelmente competitivos, nos quais o vencedor leva tudo (ou quase tudo). No Vale do Silício, a melhor startup é mais bem-sucedida que todas as outras do mesmo ramo juntas e a segunda melhor supera todo o restante somado. Como a quarta startup na lista pode não sobreviver, a terceira talvez seja infinitamente melhor do que todas as demais juntas. Basta olhar de novo os aplicativos no seu celular.

Ou então vejamos o futebol, com seus golaços e chutes a gol desperdiçados. Todo torcedor quer que seu time faça gols, mas em geral os artilheiros são notórios por também perderem muitos gols. Ou seja, gols e chances perdidas andam de mãos dadas.

Os ICRs adotam uma abordagem de tentar fazer golaços: esperam fracassar na maioria das vezes, mas, quando ganham, ganham muito. Criaram formas distintas de administrar o fracasso, a disrupção e a incerteza – truques que estão se tornando cada vez mais úteis para todos nós dia após dia. No imprevisível mundo do capital de risco, não é possível saber de antemão quem vai vencer ou perder. Mas se sabe que apenas alguns poucos escolhidos vencerão. O restante vai fracassar, às vezes de maneira catastrófica.

Para entender melhor a proporção entre sucesso e fracasso com a qual os investidores de capital de risco lidam, imagine vinte startups típicas financiadas por FCRs, escolhidas aleatoriamente. Dessas vinte, a maioria vai fracassar e todo o dinheiro investido descerá pelo ralo. Os investidores geralmente perdem cada centavo nesses casos mais graves, porque as startups tendem a ter pouquíssimo ou nenhum ativo tangível. Não dá para obter muita coisa com a venda de cadeiras e mesas de escritório. De vez em quando sobra algo de valor, como patentes, porém, com mais frequência, quando o negócio vai por água abaixo, todo o investimento vai também.

Algumas dessas vinte startups terão bons resultados, apesar de não aparecerem na primeira página do *The Wall Street Journal*. Em média, três ou quatro de cada vinte vão proporcionar o retorno do investimento original e talvez produzir uma modesta cereja no topo do bolo. Por exemplo, a Apple adquiriu o Shazam, aplicativo que identifica músicas, por cerca de 400 milhões de dólares.[5] A negociação proporcionou um retorno decente, mas não espetacular, para os financiadores do Shazam, que haviam investido 150 milhões antes da aquisição.

De cada vinte startups, geralmente apenas *uma* se tornará uma história estrondosa de sucesso, proporcionando aos ICRs um retorno dez ou até cem vezes superior (Figura 2). Esse sucesso de cem vezes cobrirá todos os outros fracassos com sobra. Os ICRs vivem e respiram por esses golaços. É por isso que, para eles, os golaços importam, e as bolas fora, não.

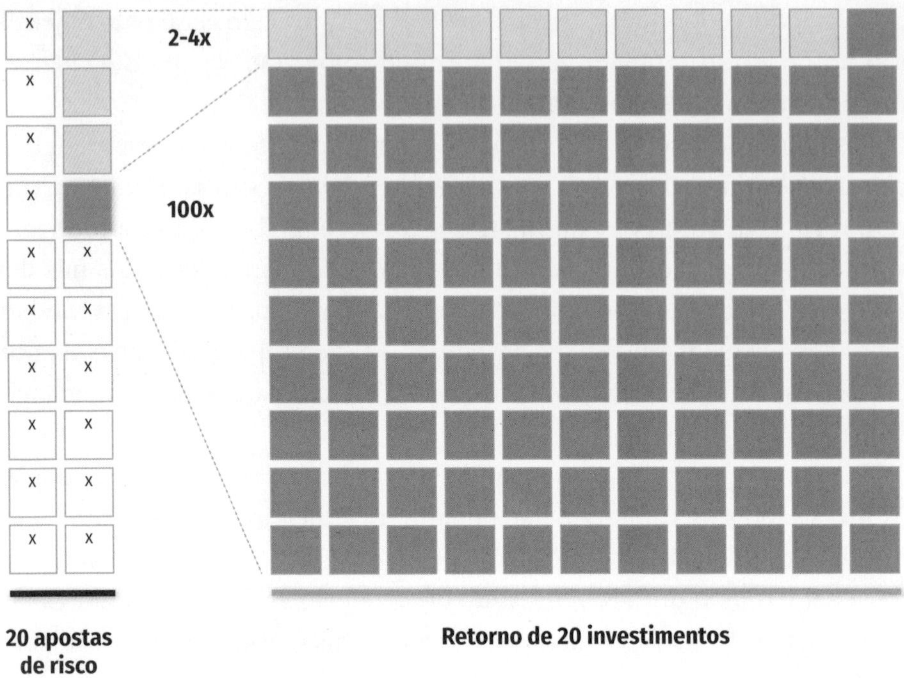

Figura 2. Impacto cem vezes superior de um golaço num investimento de capital de risco

A maneira mais clara de ver o princípio "Só o melhor importa" em ação é observar os FCRs de estágio inicial mais bem-sucedidos – aqueles que estão entre os 10% melhores. Suponhamos que o investimento mais bem-sucedido de cada fundo seja excluído do portfólio. Ao retirarmos apenas uma startup extremamente próspera, muitos dos fundos que estavam superando nove entre dez FCRs de repente se tornam apenas um pouco melhores que a média. Se dermos um passo além e excluirmos do portfólio a segunda startup mais próspera, alguns desses FCRs com melhor desempenho começarão a gerar prejuízos para os investidores.[6]

Para adquirir a mentalidade de risco, primeiro é preciso entender que o sucesso dos ICRs não vem de pura sorte, como você pode estar pensando. Os FCRs bem-sucedidos apresentam um bom desempenho em sequência, ao longo do tempo. A inovação disruptiva está ligada às exceções – tem a ver com ganhos desproporcionais e retornos assimétricos. Em nosso dia a dia, estamos cercados de médias: retornos médios, desempenho médio, classificações médias. Mas as ideias inovadoras quebram o padrão. Em determinado dia não existe Uber, WhatsApp ou Spotify, e poucos anos depois você não consegue imaginar sua vida sem eles. Os investidores de capital de risco identificam sistematicamente essas ideias inovadoras e ignoram as tentativas que deram errado. Eles se preocupam com o portfólio de ideias, e não com apostas individuais. As empresas deveriam fazer o mesmo. Como é possível se manter bem-sucedido num mundo cheio de fracassos? O primeiro princípio que os ICRs empregam é "Golaços importam; bolas fora, não". É claro que, como todos nós, eles também têm noites de insônia. Mas seus pesadelos são diferentes.

1.3 O pior pesadelo de um investidor de capital de risco

Quando damos palestras sobre investimento de capital de risco para pessoas de fora do Vale do Silício, geralmente fazemos as seguintes perguntas: na sua opinião, qual é o maior medo dos ICRs? Qual é a pedra no sapato deles? O que lhes causa insônia? Em geral, os participantes respondem de maneira intuitiva, com base na própria experiência: os ICRs temem tomar uma decisão ruim ao financiar fracassos e perder dinheiro. A mentalidade tradicional enfatiza a aversão ao fracasso.

Para os ICRs no Vale do Silício, é justamente o oposto. "Se investe em algo que não funciona, você perde uma vez o seu dinheiro. Mas, se deixa passar o investimento na Google, perde 10 mil vezes o seu dinheiro", declarou Bill Gurley, famoso ICR e sócio da Benchmark Capital.[7] Como nos disse Alex Rampell, outro ICR de grande sucesso da a16z: "No mundo do capital de risco, os erros de omissão são muito mais prejudiciais que os erros de comissão."

Se você apostar num cavalo manco, vai perder seu investimento. Por mais lamentável que isso seja, o máximo que você pode perder é o que foi investido. Esse seria um erro de comissão. Mas doloroso mesmo é desistir de uma operação que poderia ter lhe proporcionado o melhor investimento de todo o seu fundo, ou mesmo de toda a sua carreira – um investimento que teria coberto de uma só vez todos os seus fracassos acumulados ao longo do tempo. "No modelo de negócios de capital de risco", nos disse Mike Maples, fundador do fundo Floodgate, "é preciso pensar no risco não como uma possibilidade de fracasso, mas como uma possibilidade de sucesso."

Essa dinâmica assimétrica dá origem a uma cultura e a uma mentalidade únicas no ecossistema do capital de risco, que diferem da abordagem da maioria das pessoas em relação ao risco e ao fracasso. Muitos ICRs se lamentam até hoje de terem desistido de investir numa ideia que acabou se tornando um sucesso fenomenal, do tipo que só acontece uma vez a cada década. Muitos ICRs até mantêm registros do que chamam de "antiportfólio", ou seja, empresas que rejeitaram e que mais tarde se tornaram muito bem-sucedidas. A Bessemer Venture Partners, um dos mais antigos fundos de capital de risco, criou até uma página em seu site listando as empresas em que decidiu não investir. Entre os fracassos mais notáveis estão Apple, Airbnb, Google, FedEx, PayPal e Zoom. Mas essa celebração dos fracassos não a impediu de pegar outros peixes grandes, como Shopify, Twitch, LinkedIn, Pinterest, Yelp e Skype.

David Cowan, da Bessemer, o criador da lista antiportfólio, nos disse que não se orgulhava do fato de o fundo não ter identificado essas startups geniais. Mas se orgulha de ser transparente em relação a isso. "Se não pudermos confessar nossos erros, como poderemos melhorar?", reflete ele. Claro, você precisa ter sucessos grandes o suficiente para compensar esse tipo de erro (ou logo não terá nem mesmo um site para anunciar seus fracassos).

Erros são inevitáveis, e os ICRs admitem que não sabem tudo. "Os erros que identificamos no antiportfólio nos ajudam a não os repetir", explicou Cowan, antes de acrescentar: "Em vez disso, cometemos erros novos."

Então, como os ICRs conseguem golaços? Fazendo apostas relativamente pequenas e aceitando de antemão que a maior parte delas vai fracassar. Os ICRs inteligentes sabem que não é possível escolher apenas vencedores, então diversificam suas apostas. A diversificação, claro, não é uma novidade; é um mantra para muitos consultores de investimentos. Mas a diversificação que os ICRs buscam é diferente. Eles apostam em empresas individuais, não no mercado como um todo. A estratégia do capital de risco, portanto, é algo que poderíamos chamar de "diversificação significativa". As apostas são relativamente pequenas, porém cada uma delas, se bem-sucedida, pode afetar bastante o retorno de todo o portfólio. Mas lembre-se: para ter sucesso com essa estratégia, você precisa lidar com muitas bolas fora antes de fazer um golaço.

Somos, em maioria, treinados para pensar que o fracasso não é uma opção, e essa mentalidade restringe nossa disposição a correr riscos. Os

ICRs pensam o contrário. Eles fazem mais do que diversificar; eles sonham alto. Buscam o negócio com resultados dez ou cem vezes superiores que vão compensar os fracassos. Quando se buscam pequenos ganhos num mercado típico – seja no mundo das finanças ou numa grande corporação –, a mentalidade de risco geralmente não é útil e pode até ser perigosa. Porém, quando uma empresa busca um crescimento extraordinário e quer deixar a concorrência para trás, quando um setor está passando por uma disrupção e novos mercados subitamente conquistam os antigos, a mentalidade de risco é a única que funciona. Nesse contexto, correr riscos ajuda o investidor inicial a obter um sucesso espetacular.

1.4 A inovação vem do fracasso

A mentalidade de risco sempre esteve presente em recantos do mundo corporativo, embora sua existência seja frágil. Em 2001, após 38 anos de carreira na 3M, o Dr. Geoff Nicholson decidiu se aposentar. É quase certo que você já tenha usado uma das invenções da equipe dele em seu escritório ou em casa, mesmo que o produto não tenha gerado tanto burburinho na imprensa quanto o lançamento do iPhone. Estamos nos referindo aos blocos de Post-it – aqueles pedacinhos de papel colorido que grudam sem esforço em qualquer superfície, mas que podem ser retirados em um segundo. Hoje, o Post-it é um negócio gigantesco para a 3M, gerando vendas anuais de mais de 1 bilhão de dólares. Visto em perspectiva, esse número é mais do que as vendas mensais da Office Depot, a maior revendedora de materiais de escritório dos Estados Unidos.[8,9] É difícil acreditar que o sucesso do Post-it possa ter sido um acidente.

Tudo começou em 1968, quando a 3M estava desenvolvendo um adesivo ultraforte em seus laboratórios de pesquisa para uso na fabricação de aeronaves. Acidentalmente, um cientista sênior criou um adesivo fraco e sensível a pressão. Para seu desgosto, a equipe não conseguiu encontrar nenhum uso prático para sua invenção, então a empresa a arquivou na gaveta de "soluções sem problema".

Seis anos mais tarde, um dos colegas de Nicholson, Art Fry, encontrou um problema que aquela invenção poderia resolver. Fry cantava no coral da igreja e marcava seu hinário com pequenos pedaços de papel, que viviam caindo. "Enquanto todo mundo já estava cantando, eu ainda tentava achar a página certa", lembrou. Essa era uma situação em que um pedaço de papel adesivo, mas removível, poderia resolver um problema real. Fry decidiu testar as notas adesivas com alguns de seus colegas de trabalho. Para sua surpresa, todos gostaram do produto. Fry preparou um relatório sobre a invenção, ao que seu supervisor respondeu com comentários... numa nota adesiva! "Foi um momento eureca, de extrema empolgação!", relembrou Fry.[10,11]

Pode até parecer que o Post-it foi inventado por acaso, e de fato foi, se olharmos para o episódio isoladamente. Mas o Post-it está longe de ser o único exemplo de produtos inovadores e inesperados desenvolvidos pela 3M, empresa que começou como um pequeno empreendimento de mineração (daí seu nome, Minnesota Mining and Manufacturing Company) e, por meio de sucessos e fracassos, tornou-se uma gigante global. Seu constante apoio gerencial e sua cultura de tolerância ao fracasso certamente não aconteceram por pura sorte. O diretor da 3M, Richard Carlton, chegou a documentar essa característica corporativa num manual interno da empresa em 1925: "Toda ideia desenvolvida deve ter a chance de provar seu valor", escreveu. "Se ela for boa, vamos querê-la. Se não for, ficaremos com a consciência tranquila ao comprovar que não tem uso prático."[12]

Nesse sentido, Carlton (já em 1925!) tinha claramente uma mentalidade de risco, e a empresa desenvolveu processos internos que colocavam essa mentalidade em prática muito antes do início da era moderna do capital de risco. A 3M incentivava explicitamente o risco e o fracasso. Essa estratégia rendeu – literalmente. A empresa pagou dividendos a seus investidores por mais de cem anos e nunca reduziu seus proventos em um período superior a cinquenta anos.[13] Wall Street chama essas empresas de "reis dos dividendos", e elas são poucas, na casa das dezenas. Os analistas chegaram a chamar a 3M de "máquina de invenções".[14] A equipe da 3M criou a fita adesiva Scotch, as esponjas Dobie, as bandagens ACE e muito mais (a 3M obteve mais de 100 mil patentes).[15] Igualmente notável – talvez até mais – é o fato de a empresa ter sido extremamente bem-sucedida na comercialização dessas invenções. Ela usou uma métrica revolucionária para medir a "capacidade de inovação", estabelecendo como meta que 25% a 30% de todas as suas vendas fossem de produtos lançados nos cinco anos anteriores.[16,17] O próprio Post-it passou a ser amplamente utilizado em sessões de brainstorming, associando-se assim à ideia de inovação.

Mas, por fim, essa tradição de inovação foi abandonada. Em dezembro de 2000, James McNerney, um veterano que trabalhava diretamente com o lendário CEO Jack Welch na General Electric, foi nomeado CEO da 3M, quebrando a tradição centenária da empresa de promover seus funcionários.[18] Logo de cara, McNerney se concentrou no desempenho financeiro, levando para a 3M o apreciado manual da GE que exige simplificação das operações, redução de custos e estabelecimento de uma disciplina financeira com mão de ferro. McNerney imediatamente reforçou os controles, intensificou o processo de avaliação de desempenho e introduziu o famoso programa Six Sigma.

O Six Sigma, elogiado em todo o mundo por melhorar os processos de fabricação e aplicado numa ampla variedade de setores, busca eliminar a variabilidade de um processo. Por exemplo, se o número de defeitos ou de mau funcionamento num processo de fabricação estiver aumentando, o Six Sigma exige que o problema seja resolvido sem demora. Dessa forma, obtêm-se resultados mais previsíveis, pois evitar defeitos – que poderíamos considerar fracassos – melhora radicalmente a eficiência e, portanto, economiza tempo e dinheiro. Não surpreende que a GE tenha aplicado o Six Sigma em seus processos de fabricação com grande êxito.

Quando a 3M anunciou a contratação de McNerney, os acionistas aplaudiram a decisão, acreditando que a redução de custos deveria ser mesmo uma meta importante para um novo CEO. Mas será que o Six Sigma, focado diretamente na redução de incertezas e na minimização de custos, funcionaria num ambiente criativo e inovador? Algumas pessoas tinham suas dúvidas.

Como Charles O'Reilly, colega de Ilya em Stanford, observou certa vez: "Se você assume o controle de uma empresa que vive de inovação, é claro que poderá achatar os custos." Em seus primeiros anos como CEO da 3M, McNerney fez exatamente isso. Cortou despesas de capital e começou a controlar rigorosamente os gastos com pesquisa e desenvolvimento. Mas é aí que entra a segunda parte da observação do professor O'Reilly: "A questão é: qual será o prejuízo para a empresa a longo prazo?"[19]

Muitas partes interessadas dentro e fora da 3M acham que a empresa perdeu sua criatividade sob a liderança de McNerney.[20] Os pesquisadores Mary Benner e Michael Tushman concluíram que a 3M não foi a única vítima dessa abordagem.[21] A análise de patentes feita por eles confirmou que, embora levem a uma melhoria significativa no desempenho, programas como o Six Sigma também provocam uma mudança de perspectiva: pesquisas sem um fim determinado dão lugar a inovações mais discretas.

Isso nos leva a concluir o seguinte: tanto a mentalidade de risco quanto a abordagem Six Sigma têm seus méritos, mas sua utilidade em determinado ambiente dependerá dos objetivos. A atmosfera cultural e os processos organizacionais criados pela mentalidade de risco são produtivos quando se precisa estimular os funcionários a criar produtos e ideias radicalmente novos. O Six Sigma, por outro lado, funciona melhor num ambiente de relativa previsibilidade. Art Fry, o primeiro a ter a ideia de usar o adesivo como marcador de página, comentou: "A inovação é uma questão de números. É preciso passar por 5 mil ideias brutas para encontrar um negócio bem-sucedido. O Six Sigma perguntaria: por que não eliminar todo esse desperdício e simplesmente ter a ideia certa logo de cara?"[22,23]

Talvez tragicamente para o mundo corporativo, a mesma palavra, "inovação", é usada para descrever dois tipos de processo: um que leva à criação e ao estrondoso sucesso de vendas de produtos como o Post-it, e outro, como o Six Sigma, capaz de obter reduções de custo na fabricação de produtos já existentes. Na maioria dos casos, essa segunda forma de inovação funciona muito bem. Mas há ocasiões em que pode ser prejudicial.

A história da 3M mostra que a mentalidade de risco numa grande organização não é apenas frágil, mas também extremamente rara. Quando analisamos uma ampla gama de empresas por um período prolongado, fica óbvio que a 3M conseguiu sobreviver por mais de cem anos por seguir uma estratégia totalmente diferente de quase todas as outras organizações. Se compararmos as listas das quinhentas maiores empresas segundo a revista *Fortune* em 2022 e em 1955 (ano em que a famosa lista foi publicada pela primeira vez), veremos que apenas cerca de 10% das empresas originais estiveram na lista todos os anos, com a 3M entre as sortudas.[24] Hoje, as organizações estão desaparecendo dessa lista mais rápido que nunca, geralmente substituídas por outras muito mais jovens do setor de tecnologia. Em 1958, as empresas do índice S&P estavam presentes há uma média de 61 anos; em 2012, a média foi de apenas vinte anos.[25] BlackBerry, Nokia, Sears – a lista de desaparecimentos recentes é longa.

Há várias razões pelas quais empresas fortes e bem-sucedidas tendem a inovar menos e lançar menos produtos à medida que envelhecem. Um dos motivos é que com o Six Sigma sua cultura e seus processos se tornam mais parecidos – projetados para evitar fracassos, que são vistos como defeitos que precisam ser eliminados. Repetindo: em muitos casos, o Six Sigma pode ser uma técnica de gestão excepcional para reduzir custos e aumentar a eficiência, o que geralmente agrada aos acionistas; no entanto, em tempos de disrupção e incerteza, uma empresa precisa estar aberta à experimentação, o que anda de mãos dadas com a aceitação do fracasso.

Um problema inerente à vida corporativa é que os gestores são incentivados a ser cautelosos e evitar ideias ousadas.[26] No ambiente corporativo, os erros de comissão são muito mais importantes na mente dos tomadores de decisões do que os erros de omissão. Executivos raramente são demitidos por não terem corrido atrás de iniciativas promissoras, mas facilmente se tornam bodes expiatórios de projetos fracassados. Os fracassos são temidos e lembrados. Projetos não iniciados que teriam rendido um retorno enorme e assimétrico não aparecem no balanço patrimonial e raramente perduram na memória corporativa. Assim, os gestores acham melhor deixar passar uma oportunidade e manter o *status quo* do que correr riscos e fracassar.

A lição que fica é a seguinte: defina as metas da sua empresa com cuidado. Se ela comemora e recompensa somente as metas atingidas com sucesso, não se surpreenda com o interminável nivelamento por baixo e com funcionários estabelecendo metas de pouco risco e facilmente atingíveis.

Permita que seu pessoal fracasse. Divulgue tanto os projetos bem-sucedidos quanto os malsucedidos. Reserve parte do orçamento para apostas inovadoras, como as notas adesivas da 3M. Espere que a maioria delas fracasse, tendo em mente que uma ou duas podem lhe render um enorme prêmio. Incentive sua equipe a apresentar grandes ideias em vez das mesmas de sempre. Não é possível faturar alto sem fazer apostas ousadas.

O objetivo não é ganhar todas as vezes, e sim não perder a oportunidade de ganhar alto pelo menos uma vez.

Certa ocasião, quando Ilya estava explicando a mentalidade de risco para a diretoria de uma grande empresa, o CEO ficou visivelmente impressionado com as estatísticas de fracasso dos ICRs. Voltando-se para o chefe do setor de inovação corporativa, ele perguntou: "E quantos fracassos nós temos tido?" E recebeu uma resposta orgulhosa e um tanto condescendente: "Quase nenhum. Estamos fazendo um ótimo trabalho." Se o setor de inovação corporativa não registra ou não admite muitos fracassos, provavelmente suas inovações não são tão inovadoras assim. A triste verdade é que muitas empresas são intolerantes ao fracasso. Para entender por quê, vamos nos transformar numa mosquinha na sala e observar como normalmente se aprova um orçamento de investimento corporativo.

1.5 Tudo tem seu tempo

Empresas tradicionais geralmente são máquinas bem azeitadas, com processos de planejamento que funcionam tão bem quanto um relógio suíço. Isso vale especialmente para a aprovação de novos investimentos. Em geral, a aprovação do orçamento exige a apresentação de um conjunto detalhado de métricas financeiras voltadas para o futuro, como o retorno sobre o investimento (ROI, na sigla em inglês). Projetos pequenos são eliminados logo de cara, considerados indignos de atenção. Em seguida, os grandes projetos são comparados entre si e os que tiverem o maior impacto e as métricas mais impressionantes recebem verba. O ciclo orçamentário costuma ocorrer uma vez por ano, com atualizações trimestrais. Uma vez aprovado o orçamento, ele raramente é reformulado ao longo do ano, a menos que haja fortes motivos externos para isso. Em geral, as atualizações trimestrais são reuniões tranquilas, com pequenos desvios do plano inicial.

Mas será que os projetos mais experimentais não são peixes pequenos no momento de sua concepção? Será que as ideias mais inovadoras têm como ser medidas no início? Elas tendem a ser rejeitadas logo de cara por falta de informações ou são facilmente criticadas por não terem sido analisadas por completo. Além disso, enlouquecem os setores de planejamento com sua natureza imprevisível. O processo corporativo de alocação de verbas foi formulado para evitar que as empresas invistam em projetos muito pequenos ou muito imprevisíveis, que podem se tornar um fracasso total em poucos meses. É claro que, para a mentalidade de risco, essas são justamente as oportunidades a ser exploradas. É por isso que pensar como um ICR não é tão natural para os executivos e gestores de empresas tradicionais. Os projetos são pequenos e arriscados demais, e podem exigir intervenções imediatas e abruptas para se adaptarem rapidamente. As corporações tradicionais não estão preparadas para fazer isso.

Ser avesso a riscos e, ao mesmo tempo, administrar cuidadosamente os ativos de uma empresa não é pecado nenhum. E ser diligente com o capital e com os recursos é uma responsabilidade do alto escalão. Os mecanismos corporativos são projetados para proteger os acionistas, e, muitas vezes, proteger os acionistas significa evitar fracassos, especialmente os custosos. Veja, por exemplo, como a Procter & Gamble convence os clientes a comprar suas lâminas de barbear e produtos de limpeza todos os anos. O lançamento de um novo barbeador ou amaciante é um processo muito sistemático e organizado, com testes superdirecionados, modelos de preços e grupos focais. Ou vejamos a Intel, uma grande fabricante de processadores. Sua nova fábrica de 20 bilhões de dólares não pode ser tratada como uma aposta; pelo contrário, ela passa por um processo robusto de orçamento e investimento, como deve ser. O que esses exemplos têm em comum é um cenário relativamente calculado: o mercado é previsível, a empresa conhece seus consumidores e cada modificação de um produto é discreta, mesmo que custe 20 bilhões de dólares.

No entanto, esse processo prenuncia sérios problemas em épocas mais turbulentas, quando grandes mudanças sacodem os setores. Nesse contexto, evitar fracassos com maestria e fazer um planejamento minucioso pode se tornar uma maldição, não uma vantagem. Empresas tradicionais não mudam de marcha com facilidade. Enquanto optam pela cautela, os agentes menores e mais tolerantes ao risco – geralmente financiados por capital de risco e não responsáveis perante acionistas externos – estão desenvolvendo novas formas de aproveitar as oportunidades dos mercados emergentes. Muitas de suas tentativas fracassam – com empresas inteiras indo à falência –, mas algumas terão sucesso. As que tiverem êxito vão começar a diminuir o poder de mercado de uma empresa bem estabelecida, desestabilizando seu modelo de negócios.

Essa é justamente a história das redes de livrarias tradicionais, como a Borders, que foi esmagada pela entrada da Amazon na venda de livros on-line.[27,28] Na virada do milênio, a Borders era a segunda maior rede de livrarias dos Estados Unidos e não esperava um impacto tão dramático de uma pequena startup de tecnologia de Seattle. Mas essa startup inicialmente insignificante acabou forçando a Borders a fechar todas as suas lojas e declarar falência. A mesma história se repetiu várias vezes, num setor após o outro. A Google e a Netflix desestruturaram a mídia tradicional e os titãs da publicidade. O Skype e, posteriormente, o Zoom desafiaram as velhas operadoras de telecomunicações. Um dos motivos pelos quais você, líder corporativo, deve continuar lendo este livro é que, mais cedo ou mais tarde, haverá uma Amazon em seu setor. Talvez ela já esteja à espreita numa garagem do Vale do Silício ou num pequeno escritório em Berlim ou Xangai.

1.6 Toda empresa infeliz tem seu ponto fraco

Como preparar uma empresa para fazer golaços e lidar com inúmeros fracassos inevitáveis? Ao conversar sobre isso com líderes corporativos, geralmente começamos com algumas perguntas simples: sua empresa costuma fazer apostas ambiciosas e ousadas de modo a causar um impacto desproporcional? Ela tem um portfólio de ideias para diversificar os riscos? Tem mecanismos para desfinanciar e encerrar iniciativas que não estão funcionando? Cada um desses elementos é fundamental; ignorar qualquer um deles pode impedir que a empresa aproveite o potencial do fracasso. Então vejamos três armadilhas a ser evitadas.

Não exagere na cautela

E se você fizesse apostas, mas apenas dentro da sua zona de conforto? Elas não seriam arriscadas e ousadas o suficiente. Excesso de cautela é uma das principais falhas que observamos. Muitos executivos, ao ouvirem as palavras "aposta" ou "experimento", imediatamente pensam em testes A/B ou na introdução de novos dispositivos e tecnologias em alguns setores. Sem dúvida, os testes A/B podem ser úteis. Quando o *The New York Times* faz um teste A/B em suas manchetes e descobre que uma delas atrai três vezes mais leitores para o mesmo artigo do que outra, trata-se de um resultado significativo que os editores podem usar no futuro para otimizar a entrega do produto a seus clientes.[29,30] Mas, embora sejam qualificados como experimentos, os testes A/B são exemplos de inovação discreta, análogos a um grupo focal da Procter & Gamble para uma nova lâmina de barbear ou a um teste da 3M para uma nova cor de Post-it em alguns mercados específicos. Você precisa fazer jogadas mais ousadas e arriscadas que isso.

Não aposte tudo de uma vez

E se você fizer uma aposta ousada, mas ela for a única aposta da sua empresa? Um segundo erro que costumamos observar em grandes corporações é o comportamento do tipo "tudo ou nada" – o oposto do princípio de diversificação do capital de risco em muitas apostas pequenas. Num cenário típico, um líder corporativo procura uma grande ideia e, por fim, após longa reflexão, decide "apostar tudo", colocando todas as fichas nesse projeto e rolando os dados. Mas, para ganhar muito, nem sempre é preciso apostar muito.

A literatura de administração está repleta de estudos de caso em que empresas fazem uma aposta única, grande e ousada e não conseguem mudar de direção no futuro. Quando a Airbus se comprometeu a projetar e construir o maior avião de passageiros do mundo, o superjumbo A380, seus executivos provavelmente esperavam tirar a sorte grande. O A380 deveria se tornar a oitava maravilha. Infelizmente, ele se tornou um caso exemplar de empresa que colocou todas as fichas na mesma aposta – um fiasco dramático que custou ao consórcio europeu mais de 25 bilhões de euros (contra um orçamento inicial de menos de 10 bilhões!). A aeronave enfrentou vários atrasos e custos excedentes e, quando finalmente ficou pronta, vinte anos depois, quase nenhuma companhia aérea quis comprá-la. Nos anos que se seguiram à realização do projeto, as viagens aéreas passaram por uma grande mudança de paradigma, pois os passageiros agora preferiam voos diretos em vez de priorizar grandes aeroportos. As companhias aéreas que a Airbus esperava que se tornassem clientes do A380 voltaram-se, em vez disso, para o 787 Dreamliner, da Boeing, muito menor, mais econômico e com menor consumo de combustível.[31] Assim como na Airbus, a cada trimestre executivos do mundo inteiro continuam a colocar dinheiro em ideias ruins, impulsionados por uma mentalidade de "O fracasso não é uma opção" combinada com uma postura do tipo "tudo ou nada".

No dia a dia, sabemos subconscientemente que fazer muitas apostas pequenas é uma estratégia mais segura do que fazer uma única grande aposta. Podemos aguardar, ver os resultados e, em seguida, escolher um favorito e transferir nossas fichas para a opção mais promissora. No entanto, aplicar a mesma abordagem num ambiente corporativo é um desafio, por vários motivos. É mais fácil se concentrar numa única iniciativa do que fazer malabarismo com várias. É muito mais fácil garantir orçamento para um projeto genial do que alocar recursos a um portfólio de ideias menores. Com isso, os executivos geralmente apostam suas carreiras numa única ideia. As empresas fazem o mesmo, às vezes de maneira irreversível. Por outro lado, os ICRs não fingem que conhecem o futuro vencedor; eles permanecem sempre no modo "esperar para ver".

Capine seu jardim de ideias regularmente

E se você criasse um fluxo de ideias e tivesse uma infinidade delas flutuando por aí? Infelizmente, isso também não funcionaria. Um erro comum é manter apostas demais no portfólio sem eliminar as que fracassam e sem se comprometer de verdade com nenhuma delas. Isso é quase o oposto da mentalidade "tudo ou nada", em que um único "Projeto Manhattan" absorve todos os recursos e a atenção de uma empresa. Nesse caso, as ideias inovadoras recebem financiamento suficiente apenas para alegrar os criadores num ambiente corporativo, mas não o bastante para causar impacto significativo.

O excesso de ideias pode distrair e confundir a gestão. A Lego é hoje um famoso exemplo de empresa que, em algum momento, inovou *demais*.[32,33] Ideias eram lançadas em profusão: parques temáticos, software com peças virtuais, parcerias com o McLanche Feliz, séries de TV, novos personagens e bonecos de ação. No entanto, faltava uma coisa: foco. Em 2003, a empresa passava por problemas e novos líderes foram contratados. A primeira atitude deles foi estabelecer uma abordagem disciplinada para a inovação. A disciplina foi o primeiro passo que revitalizou uma quase centenária Lego que ficou conhecida como "a Apple dos brinquedos".

PARA O FUNDADOR DE UMA PEQUENA STARTUP, é fácil dizer para sua equipe de recém-formados: "Fracassem rápido, fracassem sempre." Mas, se você lidera uma organização grande e bem estabelecida, não é tão fácil dizer isso. Por essa razão é tão fundamental evitar essas três armadilhas. É importante saber como fracassar sem levar a empresa à ruína.

Para se tornar um campeão da inovação, talvez primeiro você tenha que se tornar um campeão do fracasso.

1.7 Campeões do fracasso, caçadores de golaços

Cinquenta adultos na faixa dos 40 e 50 anos ficam de pé e levantam a mão. Todos são bem-sucedidos. Muitos são altos executivos de grandes empresas globais. Com um sorriso no rosto, cada um deles grita "Eu fracassei!", exclamação que se repete pela sala inteira. Essa não é uma reunião de uma seita religiosa nem um exercício de autocrítica. É o início de uma famosa aula de improvisação em Stanford, ministrada por Dan Klein.[34] O exercício permite que nosso corpo e nossa mente aceitem a ideia de fracasso, mesmo que de brincadeirinha. Todo ser humano tem medo do fracasso, pois somos treinados pela natureza e pela sociedade a evitar erros e perigos. É necessário esforço para desconstruir essa lógica e admitir que o alto risco (incluindo o fracasso) é um efeito colateral das altas recompensas.

Mudar uma empresa é muito mais difícil do que fazer alguém levantar a mão numa sala de aula. A esta altura, você já deve ter concluído que muitos obstáculos sistêmicos impedem organizações grandes e bem estabelecidas de ser tão flexíveis e inovadoras quanto empresas menores e FCRs. Entretanto, com processos adequadamente pensados, as empresas têm, na prática, uma chance muito maior de sucesso do que as startups. Startups são como pequenos experimentos autônomos que podem ou não ser bem-sucedidos. Toda startup tem recursos limitados e há muitas maneiras de fracassar. Se ficar sem dinheiro antes de encontrar um ajuste entre seu produto e o mercado, ela vai falir. Se o produto não chegar ao mercado, ela vai falir. Se os fundadores não conseguirem atrair funcionários talentosos, ela vai falir. Startups apostam tudo numa chance frequentemente pequena de sucesso. Empresas maiores, por outro lado, têm recursos suficientes para jogar o jogo da inovação. Elas podem realizar muitos experimentos como os das startups, pois têm recursos, talentos e clientes para fazer testes, e podem sobreviver a muitos fracassos. Como vimos, a maioria das empresas não aplica esse paradigma porque ele entra em conflito com sua natureza corporativa. Mas há exceções.

Quais são as empresas mais inovadoras da atualidade? Há muitos critérios e metodologias para se medir a inovação, e poderíamos debatê-los infinitamente. Mas é indiscutível que as empresas de tecnologia financiadas pelos FCRs do Vale do Silício estão entre os melhores exemplos.

O que esses inovadores tecnológicos que fazem tanto sucesso têm em comum? O que sua empresa pode aprender com eles? O diferencial dessas empresas dominantes não é a tecnologia em si, mas outros fatores. De maneira consciente ou não, todas compartilham a mesma abordagem que herdaram naturalmente dos ICRs que as financiaram. Essas empresas aplicam dia após dia a mentalidade de risco para melhorar seu desempenho. Elas vivem em busca do próximo motor de crescimento, ou *flywheel*, que vai determinar seu sucesso futuro. Correm muitos riscos e fazem muitas apostas. Estão preparadas para o fracasso; esperam até mesmo que muitas de suas apostas fracassem. São movidas pela expectativa de que pelo menos uma dessas apostas, muitas vezes aparentemente malucas, vai se tornar maior que seus negócios atuais. Quando começa a parecer que uma das ideias vai decolar, essas empresas dobram a aposta e abandonam os projetos claramente menos promissores. Em suma, internalizam e replicam em si mesmas o modelo que lhes deu origem.

A Apple começou no setor de computadores pessoais; hoje, o iPhone responde por mais de 40% de sua receita. Todo mundo conhece o sucesso do iPhone, mas a Apple também teve muitos fracassos. Você se lembra do Newton, um tablet arcaico da Apple? Provavelmente não. Lançado em 1993 com a expectativa de vender 1 milhão de unidades no primeiro ano, ele vendeu apenas 50 mil nos primeiros três meses e foi oficialmente extinto em 1997.[35] E, para cada Newton que você pode ou não recordar, muitos outros nem sequer chegaram aos olhos do público. Da mesma forma, os lucros da

AWS, a plataforma de nuvem da Amazon, e seus negócios de publicidade constituem bem mais da metade dos lucros operacionais da Amazon atualmente. No entanto, tanto a AWS quanto a área de publicidade da Amazon eram ideias pequenas e controversas na época de seu lançamento. E, é claro, muitos outros produtos lançados pela Amazon fracassaram miseravelmente.

Um exemplo dramático é o Fire Phone, lançado com grande alarde em 2014.[36,37,38,39,40] O fundador e CEO da Amazon, Jeff Bezos, apresentou pessoalmente o produto em Fremont, badalado bairro de Seattle. Foi um momento de glória após quatro anos de trabalho duro de centenas de funcionários. No entanto, assim que o aparelho foi lançado, ao preço de 650 dólares, o feedback dos clientes foi cruel. O Fire Phone vendeu apenas 35 mil unidades nas duas primeiras semanas. No mesmo ano, o iPhone da Apple vendeu 4 milhões de unidades – pelo mesmo preço do Fire Phone – em suas primeiras 24 horas, uma humilhação para a Amazon. O Fire Phone era caro demais para o que podia fazer e os críticos reclamaram de seus recursos desnecessários e da interface desajeitada. Meses depois, a Amazon cancelou o projeto.

A história de fracasso do Fire Phone não é incomum por si só. O aspecto peculiar nesse caso foi a postura da Amazon em relação ao fracasso. Numa organização tradicional, o vice-presidente encarregado do produto teria sido rebaixado ou demitido, e o CEO, depois de cortar algumas cabeças, teria varrido a história para debaixo do tapete como um pesadelo a ser esquecido. Na Amazon, entretanto, aconteceu o contrário. Jeff Bezos ainda se refere ao Fire Phone com mais frequência do que a quase qualquer outra coisa que a Amazon já fez. Ele até se gaba para os jornalistas: "Estamos trabalhando em fracassos muito maiores agora. E não estou brincando. Alguns deles vão fazer com que o Fire Phone pareça um pequeno contratempo."[41]

É claro que fiascos como o Fire Phone precisam ser contrabalançados com sucessos como o Echo, o alto-falante inteligente da Amazon.[42] Ele foi uma febre, para dizer o mínimo. Dezenas de milhões de famílias usam o Echo em suas casas hoje em dia. E adivinhe só: os lançamentos de ambos os produtos foram liderados pela *mesma* pessoa, Ian Freed. "Você não pode, nem por um minuto, se sentir mal com o Fire Phone. Prometa que não vai perder uma única noite de sono", disse Jeff Bezos a Freed após o cancelamento do produto.[43] A ascensão meteórica e o sucesso contínuo da Amazon se devem muito à forma como Bezos e sua equipe aplicam a mentalidade de risco diante do fracasso. Empresas tradicionais podem aprender com eles.

1.8 Construa sua pirâmide

Então quer dizer que os caçadores de golaços fazem apenas apostas perigosas e de alto risco? Claro que não. A Amazon continua expandindo sua rede de armazéns, a Google segue aumentando sua capacidade de servidores e a Apple vem aprimorando seus produtos ao introduzir gradualmente novos recursos e serviços. Todos esses investimentos são de risco relativamente baixo e representam uma inovação discreta nos negócios mais lucrativos das empresas. Nenhum deles chega perto de negócios de alto risco. Essas empresas sabem combinar apostas arriscadas com investimentos mais tradicionais.

Acreditamos que os líderes corporativos devem olhar para seus portfólios de investimento como uma pirâmide com três tipos de projeto (Figura 3). A parte mais larga, na base, engloba os principais negócios. Ali, a inovação gradativa acontece o tempo todo, mas não há mudanças radicais nos produtos existentes (por exemplo, altera-se uma cor, acrescenta-se um recurso supérfluo ou ajusta-se um produto para lançá-lo num novo país).

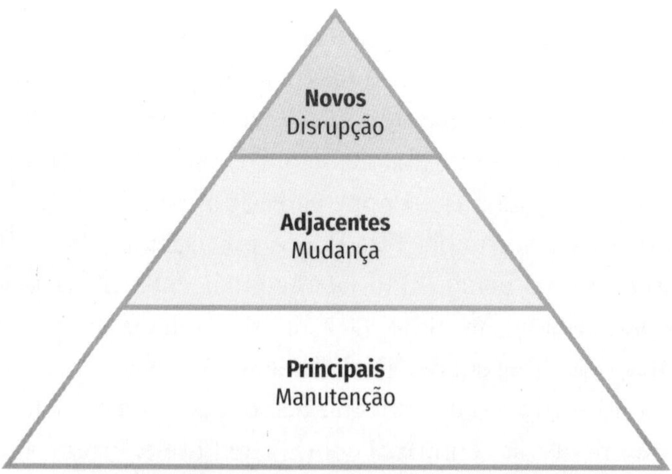

Figura 3. Três tipos de projeto, iniciativa ou aposta num portfólio corporativo bem equilibrado

Normalmente, esses programas têm um plano bem definido, semelhante a um manual. Representam a parcela de baixo risco de um portfólio e, em geral, o custo e o prazo são bastante previsíveis.

Ao subir um pouco o nível de risco, encontramos novos programas e serviços – por exemplo, mecanismos de personalização que mudam a maneira de fazer compras ou novas tecnologias de perfuração de petróleo – que se baseiam em tecnologias e modelos de negócios preexistentes ou modificam um produto ou serviço. Chamamos essa parte intermediária da pirâmide de "inovação adjacente". São inovações mais discretas que não miram a Lua, mas miram "o telhado", como costuma brincar a diretoria da Google.

Por fim, no topo da pirâmide está a inovação disruptiva. São as apostas que podem transformar fundamentalmente a empresa e seus negócios se forem bem-sucedidas, como a plataforma de nuvem da Amazon, o Alipay da Alibaba ou o serviço de streaming da Netflix (na época em que seu principal negócio era alugar DVDs pelo correio). Essas apostas são inerentemente arriscadas e incertas no momento de seu lançamento. Podem ser fracassos custosos – ou podem revolucionar o setor, introduzir um modelo de negócios inteiramente original ou arrebanhar um novo conjunto de clientes para a empresa. No topo da pirâmide, a aplicação da mentalidade de risco é fundamental.

A Google, sob a liderança de Eric Schmidt, estabeleceu até uma regra prática: a proporção entre esses três tipos de projeto deve ser 70/20/10, com pelo menos 10% do tempo e do esforço empregados em iniciativas verdadeiramente revolucionárias. A Google abriga sua coleção de apostas arriscadas na Google X, seu braço secreto de inovação. A Google X funciona quase como uma fábrica de novidades. Sua missão é criar empresas que possam vir a se tornar a próxima Google – e isso não é exagero. Após a criação da Alphabet (empresa controladora da Google), Larry Page e Sergey Brin lembraram aos acionistas: "Faremos apostas menores em áreas que podem parecer muito especulativas, ou até mesmo estranhas, quando comparadas ao nosso negócio atual."[44] A Google X avalia centenas de ideias todos os anos, desde energia limpa até inteligência artificial. Poucas são contratadas e financiadas. Algumas dessas sementes já se tornaram grandes árvores, como a Waymo, empresa de carros autônomos que pode transformar todo o setor de transporte.[45] Em alguns aspectos, a Google X se parece muito com um FCR administrado internamente.

A Google X tem suas cicatrizes, é claro. O Google Glass é uma das mais óbvias; a primeira versão desses óculos inteligentes foi ridicularizada e rapidamente descontinuada. No entanto, num contraste impressionante com outras empresas, os funcionários da Google X são *recompensados* por seus fracassos.[46] Da mesma forma, Ratan Tata, ex-presidente do conglomerado indiano Tata, criou um prêmio para a melhor ideia fracassada; a Intuit, empresa americana de softwares, não apenas concede um prêmio especial de melhor fracasso a seus funcionários como também organiza "festas do fracasso" para comemorá-los. Essas empresas sabem que, entre suas muitas pequenas apostas, um sucesso estrondoso pode superar todos os fracassos somados.[47]

A mentalidade de risco tem sido empregada com sucesso em muitos setores. Hollywood é um exemplo perfeito. A indústria cinematográfica, com seus sucessos e fiascos, é surpreendentemente semelhante ao mundo do capital de risco. Os filmes também têm alta taxa de fracasso.[48] Acredita-se que, de cada dez roteiros comprados por um dos principais estúdios de Hollywood, apenas um seja efetivamente filmado e lançado. E somente metade de todos os filmes lançados consegue recuperar o orçamento de produção. Assim como no mundo do capital de risco, o setor de filmes e séries é um jogo de sucessos estrondosos. Exemplos como *Game of Thrones* ou *House of Cards* são esmagadoramente bem-sucedidos; 20% das produções que estão no topo geram 80% da receita.[49] E elas demandam muito tempo: no caso de *Homem-Aranha*, filme dirigido por Sam Raimi e lançado em 2002, o intervalo entre a aquisição dos direitos e o sucesso de bilheteria chegou a dezessete anos.[50] Esse é um período extraordinariamente longo, mas é o mesmo tempo que a Palantir, empresa de softwares para análise de dados, levou para abrir seu capital e proporcionar um ganho de 20 bilhões de dólares a seus fundadores e investidores.[51]

Em sua busca por grandes sucessos, executivos inteligentes no setor audiovisual se valem da mentalidade de risco. Eles toleram os fracassos e incentivam a experimentação. Quando era CEO da Netflix, Reed Hastings chegou ao ponto de criticar sua equipe por uma taxa de acerto muito alta. "Estou sempre pressionando a equipe de conteúdo", afirmou ele. "'Temos que correr mais riscos; vocês têm que tentar mais coisas malucas', costumo dizer, porque deveríamos ter uma taxa de cancelamento mais alta no geral."[52] A Netflix, claro, foi uma startup financiada por capital de risco. O ex-presidente da Pixar, Ed Catmull, fez eco a essa abordagem, observando que, "no início da produção dos nossos filmes, simplesmente não sabíamos se eles dariam certo". Depois acrescentou: "Nós, como executivos, temos que resistir à nossa tendência natural de evitar ou minimizar riscos."[53,54]

Outro setor que emprega a mentalidade de risco é a indústria farmacêutica. As empresas bem-sucedidas fazem apostas arriscadas para faturar alto. Uma startup de tecnologia pode começar a testar sua ideia em poucos meses, mas uma equipe de biotecnologia leva anos para saber se sua ideia - que na verdade é apenas uma molécula específica a ser usada numa determinada intervenção de saúde - terá êxito ou não. Muitos medicamentos conhecidos, como a penicilina, o Valium e o Viagra, foram descobertos por acidente. Com alto custo de entrada, cronogramas extremamente longos antes de chegar ao mercado e baixas chances de sucesso, as empresas farmacêuticas tiveram que estabelecer uma cultura de alto risco e tolerância ao fracasso para sobreviver.

Cogite aplicar a mentalidade de risco em sua empresa para obter golaços e bolas fora. Se alguém lhe perguntar por onde começar, sugira que comece pelo fracasso.

Há uma piada maravilhosa sobre um homem chamado Jacó que entra em sua sinagoga e reza: "Deus, veja como sou pobre e infeliz. Por favor, me faça ganhar na loteria." Chega o dia do sorteio, mas Jacó não ganha. Na semana seguinte, ele volta à sinagoga: "Deus, por favor, estou desesperado. Se eu não ganhar, estarei perdido. Me faça ganhar na loteria." Mais uma vez, ele não ganha nada. A história se repete por várias semanas. Por fim, depois de mais uma oração, Deus aparece com raios e trovões e exclama: "Jacó, eu quero muito ajudá-lo, mas, por favor, compre um bilhete!" Muitos líderes corporativos hoje em dia são como Jacó e não compram o bilhete de loteria da inovação.

CHECKLIST DA MENTALIDADE DE RISCO

- ☐ Sua empresa faz apostas ousadas, com um impacto dez a cem vezes superior ao investimento em caso de sucesso?
- ☐ Sua empresa está preparada para fazer diversas apostas pequenas, ciente de que muitas delas vão fracassar?
- ☐ Sua empresa evita errar a todo custo ou vê o fracasso como um resultado normal?

2

Saia das quatro paredes

Como não perder a próxima grande oportunidade

2.1 Você veio para comprar um tapete ou para conseguir financiamento?

Você passaria um cheque de 1,2 milhão de dólares para jantar no Pane e Vino, um tradicionalíssimo restaurante italiano em São Francisco? É dinheiro demais, mesmo para uma ótima refeição. Mas e se o cheque também incluísse um investimento em estágio inicial relativamente pequeno numa empresa chamada Evenflow Inc.? Alguns ICRs acharam que isso parecia um bom negócio. Eles apostaram numa startup de tecnologia até então desconhecida e conseguiram transformar esse pequeno investimento inicial num impressionante retorno de 2 *bilhões* de dólares em cerca de dez anos.[1]

O cheque milionário, passado no Pane e Vino numa noite de setembro de 2007, estava em nome da Sequoia Capital, um dos mais famosos fundos de capital de risco do Vale do Silício. A empresa da qual ela comprou uma participação ficou conhecida mais tarde como Dropbox, um serviço popular de compartilhamento de arquivos. O acordo de investimento foi acertado durante um jantar entre Sameer Gandhi, então sócio da Sequoia, e os fundadores do Dropbox, os jovens Arash Ferdowsi e Drew Houston, recém-saídos do MIT (embora Ferdowsi não tenha se formado).[2]

Aquele jantar no Pane e Vino talvez não tivesse sido possível sem um dos mais improváveis ICRs do Vale do Silício, Pejman Nozad. Em 1992, Nozad abandonou a faculdade no Irã e emigrou para os Estados Unidos. Em quinze anos, o jovem que trabalhava numa iogurteria e morava no sótão logo acima dela se tornou um dos investidores mais respeitados do Vale do Silício, um homem cujas ligações são sempre muito aguardadas e atendidas por parceiros de prestigiados fundos de capital de risco.

Poucos dias antes do jantar no Pane e Vino, Nozad cumprimentou Arash Ferdowsi e seu amigo Drew em persa numa loja de tapetes no centro de Palo Alto, uma pequena cidade da Califórnia que abriga a Universidade Stanford e está sempre listada entre as regiões mais valorizadas dos Estados Unidos. Arash e Drew não estavam na loja de tapetes para comprar um belo artigo de decoração para seu apartamento recém-alugado, que, de qualquer forma, era pequeno demais para a maioria dos tapetes vendidos ali. Nozad havia conhecido os dois dias antes, num evento organizado pela Y Combinator (YC), que promove oportunidades para que fundadores de startups promissoras façam apresentações a possíveis investidores-anjo e de capital de risco.[3]

Nozad percorreu um caminho tortuoso até participar dos eventos da YC.[4] Anos antes, tinha visto na TV um anúncio da Medallion Rug Gallery, em Palo Alto. O anúncio dizia que eles estavam procurando um vendedor. Nozad conseguiu o emprego. Enquanto trabalhava naquela loja de tapetes de alta qualidade, percebeu que a maneira de vender um tapete caro, que geralmente custa mais de 20 mil dólares, era estabelecer relações de confiança com seus clientes. Ao longo de anos construindo essas relações, indo à casa dos compradores e aprendendo sobre sua vida e seu trabalho, Nozad se familiarizou profundamente com as incríveis tecnologias que estavam sendo desenvolvidas em seu entorno no Vale do Silício. Certo dia, ele procurou seu chefe e o convenceu a montar – em meio a milhões de possibilidades –, nos fundos da loja de tapetes, uma firma de capital de risco focada em empresas de tecnologia. Foi assim que Nozad foi parar no evento da YC e ficou entusiasmado com a ideia apresentada por aqueles dois jovens do MIT.

O mundo em 2007 era bem diferente do que é hoje. O primeiro iPhone acabara de ser lançado. As pessoas ainda dependiam muito de pen drives USB (e até mesmo de disquetes) e tinham que levá-los de um computador para outro. No entanto, o dia em que os pen drives não seriam mais necessários estava cada vez mais perto. Estava claro para muita gente no Vale do Silício que o compartilhamento e a sincronização de arquivos se tornariam um enorme mercado.

A ideia do compartilhamento de arquivos contagiou muitos empreendedores iniciantes. Em julho de 2007, o blog de tecnologia Mashable publicou uma lista de empresas que trabalhavam com armazenamento de dados e compartilhamento virtual.[5] A lista continha oitenta concorrentes! Muitos deles haviam sido financiados por investidores-anjo e de capital de risco. Mais da metade fracassou e apenas alguns ainda estão em operação hoje. Dois deles se tornaram nomes conhecidos: Box e Google Drive. Nem o Dropbox nem o Evenflow (nome original da empresa) apareceram na lista do Mashable, porque a startup ainda não havia entrado no radar.

Enquanto tomavam chá preto, Pejman Nozad ficou entusiasmado com a oportunidade apresentada por Houston e Ferdowsi (que também era descendente de iranianos). Enviou imediatamente uma mensagem para seu amigo Doug Leone, sócio da Sequoia Capital. Dois dias depois, Mike Moritz, da Sequoia, um dos mais lendários ICRs (que estivera envolvido com Google, YouTube e Zappos, para citar apenas alguns exemplos), encontrou-se com Drew e Arash no pequeno apartamento que dividiam, repleto de caixas de pizza vazias.[6] O hoje famoso jantar no Pane e Vino aconteceu logo depois e o negócio foi fechado em pouco tempo. Essa sequência de eventos aparentemente aleatórios levou ao sucesso extraordinário do qual muitos de nós desfrutamos sempre que compartilhamos arquivos uns com os outros por meio do Dropbox.

Para fazer investimentos, os ICRs primeiro precisam encontrá-los. Numa longa cadeia de ações, essa é a primeira que torna a mentalidade de risco tão diferente da mentalidade dos tomadores de decisões corporativas e de quase todas as outras pessoas.

A história de como a Sequoia acabou investindo no Dropbox não é uma exceção nem é aleatória. Pelo contrário, é uma consequência natural da mentalidade de risco, que contrasta significativamente com a mentalidade predominante no mundo corporativo. Os tomadores de decisões corporativas têm muitas pessoas e muitos recursos à disposição dentro de suas quatro paredes. Com isso, as ideias de projetos surgem a partir do que está disponível *dentro* da empresa. Segundo uma pesquisa com trezentas grandes organizações, mais de seis em cada sete líderes de inovação consideram as fontes internas de ideias as mais importantes.[7] Isso seria impossível para os ICRs. Seus escritórios são pequenos e o único lugar onde se pode procurar novas ideias é fora de suas quatro paredes. Eles sabem que negócios como o Dropbox estão acontecendo fora de seus escritórios – em garagens e apartamentos, cafés e eventos, reuniões e laboratórios de universidades. É por isso que a história de Nozad, Leone, Moritz e Gandhi é mais comum do que singular, mais instrutiva do que apenas interessante.

Mark Siegel, um ICR da Menlo Ventures, listou todas as startups de consumo que conseguiu encontrar que tinham um Net Promoter Score (métrica que calcula a probabilidade de as pessoas recomendarem uma empresa) maior do que o da Apple.[8] Foi assim que ele encontrou a recém-fundada startup de óculos Warby Parker e se tornou seu primeiro investidor.

Steve Anderson, um ICR da Baseline Ventures, conheceu Kevin Systrom por acaso. Estavam num bar quando Systrom sacou seu iPhone e começou a mostrar o aplicativo que estava desenvolvendo, chamado Burbn (em homenagem à sua bebida preferida, bourbon).[9] Em poucos dias, Anderson transferiu uma pequena quantia e se tornou o primeiro investidor do que hoje conhecemos como Instagram.

Jeremy Liew, da Lightspeed, outro fundo de capital de risco, encontrou a filha de seu sócio e suas amigas reunidas em volta da mesa da cozinha, olhando atentamente para seus celulares.[10] Jeremy pediu para ver o aplicativo que tinha atraído a atenção delas. Ele descobriu quem estava por trás do aplicativo, enviou uma mensagem pelo Facebook para seu cofundador, Evan Spiegel, e logo se tornou o principal investidor do Snapchat.

Exemplos como esses são abundantes. Se você procurar, vai encontrar vários.

Ser capaz de identificar um diamante bruto em meio às pedras é fundamental. Os ICRs chamam isso de habilidade de *picking*: como um coletor de cogumelos que separa os comestíveis dos venenosos. Mas pergunte a qualquer coletor de cogumelos e ele lhe dirá que, antes de encontrar o cogumelo certo, você precisa achar uma floresta repleta deles. No mundo do capital de risco, isso é chamado de *sourcing*.

"O sucesso dos FCRs provavelmente se deve apenas 10% ao *picking* e 90% ao *sourcing* dos negócios certos", afirmou Chris Dixon, sócio do proeminente FCR a16z.[11] Dixon lidera a lista dos ICRs que consideram a busca de negócios a contribuição mais importante para a criação de valor e sucesso. Embora todos os primeiros investidores do Dropbox tenham percebido a oportunidade de mercado no compartilhamento de arquivos, eles levaram algum tempo buscando equipes empresariais para serem analisadas. Gandhi provavelmente se reuniu com dezenas de startups de compartilhamento de arquivos. Para decidir em qual delas investir, é preciso encontrar uma forma de conhecer o maior número possível de startups e depois escolher a mais promissora. E lembre-se: essas startups podem ser encontradas em lugares inusitados.

Será que empresas tradicionais são ótimas, ou pelo menos boas, na busca por ideias e negócios? Vamos pensar sobre essa questão. Você consegue imaginar um executivo lado a lado com dois jovens recém-saídos do MIT numa loja de tapetes? Quais são as chances de um gerente de alto escalão passar o sábado num pequeno apartamento com dois empreendedores, absorvendo suas ideias quando eles não têm nenhum produto pronto para apresentar - nem mesmo um protótipo, ou até um fantasma de protótipo? Qual a probabilidade de empresas como GM ou AT&T passarem de uma primeira reunião com criadores de ideias para o comprometimento de recursos em apenas semanas (mesmo que o valor do investimento seja insignificante em comparação com o faturamento da empresa)? Muitos dos tomadores de decisões no mundo corporativo com quem trabalhamos dão de ombros e dizem: "Isso é simplesmente impossível."

O *sourcing* é um grande desafio para a maioria dos gestores e líderes com quem falamos. Essa incapacidade de encontrar negócios de fora das quatro paredes, e de encontrá-los rapidamente, é um dos principais motivos pelos quais a inovação é sufocada em muitas empresas. O canal interno de ideias simplesmente não é grande o bastante. O desafio não costuma ser a falta de recursos ou de pessoas inteligentes, mas a falta de uma massa crítica de ideias, ou uma semelhança muito grande entre essas ideias. Com bastante frequência, as empresas selecionam iniciativas a partir de um pequeno número de opções disponíveis internamente. Isso funciona se a meta for obter uma pequena melhoria em algo que a empresa já faz muito bem, mas não traz ideias totalmente novas que poderiam fazer a empresa crescer de forma significativa. Os ICRs analisam centenas, se não milhares, de startups todos os anos para fazer talvez uma dúzia de investimentos. Que tomador de decisões corporativas pode analisar essa quantidade de projetos internos por ano? Em nossa experiência, quase nenhum.

Então, onde os ICRs encontram negócios em potencial? Afinal, não há tantas lojas de tapetes persas assim em Palo Alto.

2.2 Amplie suas redes

A Zynga, desenvolvedora de games populares como o *FarmVille*, talvez não tivesse prosperado sem a conexão entre o cofundador Mark Pincus e Reid Hoffman. Eles se conheceram em 2002, quando Reid ainda era um executivo sênior do PayPal (antes de cofundar o LinkedIn) e Mark buscava conselhos sobre suas ideias de startups. Cinco anos mais tarde, em 2007, quando Pincus teve a ideia de lançar um game de pôquer na plataforma do Facebook, ele ligou para Hoffman para falar sobre seu projeto. Hoffman rapidamente entrou na equipe como investidor da Zynga. Da mesma forma, quando Hoffman estava levantando dinheiro para montar o LinkedIn, um de seus amigos do PayPal, Peter Thiel, lhe deu uma mãozinha.[12,13]

Mesmo antes de conhecer Hoffman, Pincus foi fundador de uma empresa chamada Freeloader e, em 1995, contratou Sean Parker como estagiário quando o rapaz ainda estava no ensino médio. Parker acabou por se tornar o fundador do Napster (um precursor do iTunes). Em 2004, Parker tomou conhecimento do Facebook ao olhar o laptop da namorada de um colega de quarto quando ela estudava em Stanford. Na época, o Facebook estava em seu estágio inicial, mas Parker ficou curioso e, fanático por redes, imediatamente enviou um e-mail para o endereço genérico, na tentativa de se conectar com Mark Zuckerberg, então com 20 anos. Pouco tempo depois eles estavam jantando num restaurante chinês em Nova York. Como você pode imaginar, Parker acionou os contatos de sua rede e Thiel, Hoffman e Pincus se tornaram investidores na hoje famosa startup de Zuckerberg.[14,15,16]

Se excluíssemos qualquer ponto dessa rede de conexões, talvez jamais tivéssemos conseguido nos conectar com pessoas por meio de redes sociais como o Facebook e o LinkedIn ou jogar com elas os games criados pela Zynga.

Por mais óbvio que possa parecer, o networking ainda é importante. Ilya e seus colegas fizeram vários estudos para analisar os processos de tomada de decisões dos ICRs. Num desses estudos, pediu-se a mais de mil deles (quase um sexto do total de ICRs!) que identificassem as principais fontes de startups em que haviam investido. Cerca de metade de todos os negócios tinha vindo de outros investidores do fundo ou da rede profissional do investidor (Figura 4).[17] Ao contrário de muitos executivos, os ICRs trabalham incansavelmente para expandir e manter suas redes profissionais.

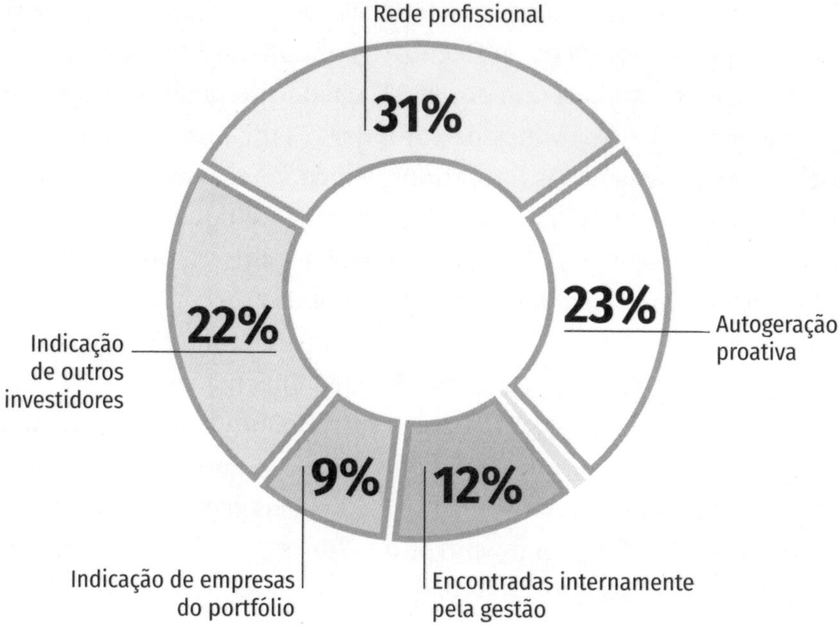

NOTA: Os dados foram extraídos de "How Do Venture Capitalists Make Decisions?", de Paul Gompers, Will Gornall, Steven N. Kaplan e Ilya A. Strebulaev (2020). As porcentagens representam os negócios fechados nos doze meses anteriores de acordo com o tipo de fonte; os valores não somam 100% porque foram arredondados; a pequena fatia de 1% representa "*sourcing* quantitativo".

Figura 4. Fontes de investimentos para negócios de capital de risco em estágio inicial

Outro estudo de Ilya comparou os contatos e seguidores no LinkedIn de ICRs institucionais (como os sócios da Sequoia e da Benchmark) com os de ICRs que trabalham para grandes corporações.[18] Embora se espere que os ICRs corporativos olhem para fora, já que estão investindo dinheiro em startups independentes, suas redes do LinkedIn têm, em média, apenas metade do tamanho da rede dos ICRs institucionais! Apostamos que a situação é ainda pior quando se trata de equipes internas das empresas. É claro que é natural que as pessoas que trabalham em grandes empresas não sejam tão ativas externamente quanto os ICRs, mas esse pode ser um dos motivos pelos quais os planos de negócios dessas empresas são tão frequentemente abalados por pequenas equipes financiadas por capital de risco do Vale do Silício e de outros lugares. As conexões e as redes levam tempo para se materializar em negócios e ideias extraordinárias, e nunca se sabe de onde poderá vir a próxima.

Mas networking é mais do que a simples quantidade de contatos. Você pode conhecer mil pessoas, mas, se todas tiverem a mesma formação ou estiverem em cargos, setores ou empresas semelhantes, essa falta de diversidade vai limitar seu fluxo de ideias. Não é só o tamanho de sua rede que importa; são também a qualidade e a diversidade.

Os ICRs desenvolvem redes diversas. Suas oportunidades de negócios vêm de outros investidores, membros da equipe de gestão das empresas em seu portfólio, advogados, contadores, professores e consultores acadêmicos, conhecidos em grandes empresas, banqueiros ou amigos dos tempos de faculdade.

Essas reuniões de networking são naturais para os ICRs. Veja o caso de Cami Samuels, sócia da Venrock, um dos mais antigos FCRs. Samuels investe em startups de saúde e biotecnologia há mais de duas décadas. Um de seus investimentos foi numa pequena startup chamada RegenXBio, que estava trabalhando para desenvolver tratamentos genéticos para doenças da retina, neurodegenerativas e metabólicas. Você poderia achar que ela passa o tempo todo fazendo análises científicas frias de estudos clínicos. Nada está mais longe da realidade. Embora Samuels se dedique avidamente a detalhes científicos sobre medicamentos novos e promissores, seus dias são repletos de reuniões com especialistas, acadêmicos, executivos, funcionários e fundadores de empresas que ela financiou no passado. Durante as refeições, ela se informa sobre as tendências e oportunidades emergentes e sobre as empresas que estão prestes a desenvolvê-las. Assim, constrói uma rede complexa de conexões que podem levar a ideias ou investimentos revolucionários.

Como nos confidenciou, Samuels dá muita atenção à construção de relações e parcerias duradouras em sua diversificada rede profissional. Essa estratégia deu bons resultados. Como ICR júnior e observadora do conselho, ela estabeleceu e cultivou uma boa relação com um jovem empreendedor, Ned David. Samuels ligava para ele com frequência enquanto dirigia de volta para casa após o expediente no escritório da Venrock em Palo Alto, para debaterem ideias. Ela financiou cinco empresas de David. Se não tivesse se associado a ele, essas empresas biomédicas talvez nunca tivessem saído do papel.

Algumas conexões podem surpreender até os maiores networkers. Pode um coach executivo ser fundamental para a criação da maior empresa de comércio eletrônico do mundo? Aparentemente, foi isso que aconteceu em 1996, quando o coach Bill Campbell apresentou John Doerr, da Kleiner Perkins, a Leslie Koch, diretora de marketing de uma startup então incipiente chamada Amazon.[19] Essa conexão resultou num dos melhores investimentos de Doerr. Ou, por exemplo, David Cheriton, professor de ciência da computação em Stanford.[20] Certa vez, ele apresentou dois desconhecidos estudantes de pós-graduação de Stanford a Andy Bechtolsheim, cofundador da Sun Microsystems, e Bechtolsheim acabou lhes passando um cheque de 100 mil dólares. Quem poderia imaginar que esses dois jovens ambiciosos se tornariam os fundadores da Google? A decisão de Cheriton de investir faria dele um dos professores mais ricos do mundo, com um patrimônio líquido de quase 10 bilhões de dólares.

É difícil pensar num lugar mais incomum para encontrar financiamento para uma startup do que um vestiário. Mas foi numa academia em Palo Alto que Philip Winter conheceu Tim Cook, CEO da Apple. Winter tinha acabado de inventar um chuveiro ecológico chamado Nebia e convenceu sua academia a experimentá-lo.[21] Ele estava à porta de um dos boxes, perguntando aos frequentadores o que achavam do novo chuveiro, quando Tim Cook saiu do banho. Cook, que geralmente não investe em outras empresas além da Apple, tornou-se um investidor da Nebia.

O que você faria se fosse apresentado a alguém com uma ideia incomum? Muitas vezes, mesmo diante de um possível revolucionário, as pessoas descartam a ideia. Essa tendência se aplica a todo mundo – executivos das maiores empresas, especialistas em diferentes áreas e também o investidor comum. "Será que esse nerd de camiseta preta amassada e moletom azul-marinho realmente merece quinze minutos da minha atenção?", alguém pode pensar. "Não, deixa pra lá. Meu dia está cheio demais."

Esse é um pensamento muito comum. Mas os ICRs bem-sucedidos são diferentes. Como parte de seus esforços incansáveis para diversificar sua rede de contatos e interagir com pessoas interessantes e suas ideias, eles estão abertos a encontros inusitados. Quando Don Valentine, um investidor da Sequoia, foi encontrar Steve Jobs pela primeira vez e avaliar o novo computador da Apple, ele se deparou com um Jobs barbudo e cabeludo vestindo jeans e sandálias.[22,23] Mais tarde, Valentine perguntou à pessoa que os tinha apresentado: "Por que você me mandou esse renegado da raça humana?" Mesmo assim, Valentine deu seguimento a sua diligência e, por fim, se tornou um investidor.

Num mundo de mudanças rápidas, incertezas e disrupções, nunca se sabe de onde pode vir sua melhor oportunidade. As conexões que você estabeleceu há muito tempo têm a vantagem de ser familiares, mas podem ser todas muito similares e desatualizadas. Se a sua rede profissional for composta de pessoas que compartilham o mesmo histórico e a mesma experiência, é menos provável que você se depare com uma ideia incomum e inovadora – e, mesmo que encontre uma, as pessoas da sua rede podem rejeitá-la em uníssono.

Num dos nossos workshops, pedimos a um grupo de altos executivos de um grande banco europeu que avaliassem sua equipe de liderança. Quando examinaram com atenção, perceberam a semelhança de seus históricos. A maioria havia crescido profissionalmente dentro das mesmas quatro paredes e estava na empresa havia muitos anos. Não havia ninguém de fora. Mesmo as pessoas recém-recrutadas tinham vindo de concorrentes diretos. É alguma surpresa que eles estivessem penando para obter novas ideias?

Para gerar novas ideias, você precisa diversificar a origem de seus funcionários. Diferentes origens são sinônimo de diferentes ideias, culturas e perspectivas. Os líderes daquele banco tiveram a coragem de fazer uma mudança. Uma de suas novas contratações foi um executivo experiente de uma empresa inovadora do setor de produtos de consumo, a primeira contratação externa desse tipo na longa história do banco.

Quanto mais incomum e ambiciosa for a oportunidade, maior será a probabilidade de ela vir de fontes inesperadas. Examine sua empresa e sua rede. Dê uma olhada na sua lista de contatos, com centenas de pessoas com as quais você interage profissionalmente. Talvez seja hora de ligar para alguém de fora do seu setor e da sua organização e ter uma conversa.

Para descobrir novos territórios, você precisa sair do seu.

2.3 Não fique esperando oportunidades; crie as suas

Será que uma nova oportunidade pode ser encontrada num canteiro de obras? Se você for curioso, prestar atenção e esperar o inesperado, a resposta é um categórico *sim*. Pergunte a Brian Jacobs, cofundador da Emergence Capital, fundo de risco que investiu na Salesforce e em muitas outras startups inovadoras de SaaS. Quando a Salesforce estava construindo sua famosa torre de 326 metros de altura em São Francisco, um dos produtos que a empresa utilizou vinha de uma pequena startup chamada Building Robotics. O software que a Salesforce adquiriu ajudava a otimizar o aquecimento e a refrigeração em grandes edifícios comerciais. Brian e um associado da Emergence, Jake Saper, estavam procurando oportunidades na área da internet das coisas. Enquanto visitavam a construção da Salesforce Tower, Brian e Jake imediatamente enxergaram o potencial do controle avançado de temperatura. Eles pediram para conhecer os fundadores e logo a Building Robotics se tornou um dos investimentos da Emergence. Mais tarde, ela foi adquirida pela alemã Siemens. Em vez de esperar que uma oportunidade caísse em sua rede, Brian criou a sua.

Bons ICRs são bons pescadores. Grandes ICRs, como Brian Jacobs, são também ótimos caçadores. Eles assumem a liderança, aventuram-se além do conforto de seus escritórios e estão sempre atrás de novas ideias.

Vejamos o caso de Paul Madera, um ex-piloto da Força Aérea dos Estados Unidos que cofundou o fundo de capital de risco Meritech em 1999. Um dos primeiros investimentos da Meritech foi uma aposta nos sistemas de relacionamento com o cliente (CRM, na sigla em inglês); foi quando o fundo investiu na Salesforce, a startup que acabamos de mencionar. O investimento foi um sucesso estrondoso. A Salesforce, com sua primeira solução baseada em nuvem, fácil de implantar e de usar, logo conquistou o coração e a mente dos vendedores. Que nicho se tornaria o próximo mercado de CRM e a próxima Salesforce?, eles se perguntaram.

A resposta: redes sociais. Em 2005, Madera percebeu que as redes sociais transformariam todo o ecossistema da imprensa e tornariam difícil para gigantes como a CNN ou o *The New York Times* acompanhar o ritmo das comunidades virtuais. Naquele ano, apenas 7% dos adultos americanos usavam uma rede social, mas Madera sabia que esse número logo explodiria.[24] A empresa começou a explorar proativamente todas as startups de redes sociais (pode ser difícil imaginar agora, mas havia apenas algumas na época). Eles se concentraram no MySpace, líder indiscutível: uma empresa de dois anos com sede em Santa Monica e mais de 20 milhões de usuários em junho de 2005.[25] Madera e seus sócios fizeram uma avaliação preliminar, localizaram os fundadores e marcaram uma reunião com eles em Beverly Hills.

Eles negociaram o investimento e estavam muito perto de fechar negócio. No entanto, apenas alguns dias depois, Madera leu, ressentido, as manchetes dos jornais anunciando que o MySpace havia sido vendido para a News Corporation, de Rupert Murdoch, por mais de meio bilhão de dólares![26] Ficou claro que os sócios da Meritech não eram as únicas pessoas que haviam notado aquele novo fenômeno.[27] O palpite de Madera foi certeiro: um ano depois, o MySpace ultrapassou o Google e o Yahoo como o site mais visitado nos Estados Unidos. Logo se tornou a primeira rede social a atingir um público global e, em 2008, chegou a 100 milhões de usuários.[28]

Só que Madera não perdeu tempo lamentando. Analisou todas as startups de rede social que havia identificado e uma delas se sobressaiu. Chamava-se TheFacebook. Era aberta apenas a estudantes em universidades seletas e muito menor que o MySpace. Mas Madera logo percebeu que aquela pequena startup tinha recursos melhores e uma interface de usuário superior. Ficou particularmente impressionado com um artigo do *The Stanford Daily* que dizia que os alunos estavam vivendo "naquele tal de Facebook".[29] De acordo com o artigo: "Aulas estão sendo perdidas. Trabalhos estão sendo ignorados. A mania do thefacebook.com varreu o campus." A manchete era particularmente intrigante: "Todos os jovens descolados estão ali." Um gráfico ilustrava o fenômeno. Desde que aparecera pela primeira vez no campus, o TheFacebook tinha ganhado 2.815 novos usuários de Stanford – em apenas sete dias.[30]

Madera se encontrou com Mark Zuckerberg, CEO do TheFacebook, e decidiu investir 10 milhões de dólares para ter cerca de 2% da empresa.[31]

Alguns outros investidores acharam o preço inflado demais, como Madera nos disse anos mais tarde, mas não é preciso ser professor de economia para adivinhar que a Meritech acabou tendo um retorno considerável.

Alguns ICRs praticam o que toda a espécie humana fez por milhares de anos: eles caçam e coletam. Hoje, muitos usam a ciência de dados para identificar melhor as startups mais promissoras. Paul Arnold fundou a Switch Ventures com essa intenção; sua abordagem algorítmica faz dele um garimpeiro incomum na maneira como distingue diamantes de quartzo. Toda semana, sua equipe de ciência de dados explora centenas de fundadores de startups recém-formadas. Usando um modelo que se baseia em dados de mais de 100 mil empreendedores, Arnold atribui pontuações a cada equipe com base na probabilidade de ela criar uma startup unicórnio. Em seguida, tenta entrar em contato com os fundadores das 5% melhores. Recentemente, o modelo levou Arnold a procurar a equipe fundadora da Ribbn, startup com sede na Suécia que Arnold descreve como o Shopify da economia de revenda. Sem essa abordagem, Arnold jamais teria ouvido falar dessa startup. Um fator que ajudou a colocar a Ribbn no topo do sistema de classificação foi a composição de sua equipe. "A diversidade de experiências é muito importante para a pontuação", disse Arnold, acrescentando com um sorriso: "Mas não posso contar todos os fatores, não é mesmo?"

Os ICRs fazem de tudo para serem notados pelos fundadores de startups interessantes. A Sequoia e seu sócio Jim Goetz criaram um sistema que chamaram de "Early Bird" para rastrear a atividade das lojas de aplicativos e identificar logo no início os líderes emergentes. Certo dia, em 2010, o alarme do sistema soou de maneira particularmente escandalosa quando um mesmo aplicativo começou a liderar o mercado em dezenas de países com base no número de downloads. Hoje, o WhatsApp é o aplicativo de mensagens predominante, conhecido por uma em cada quatro pessoas no mundo, mas naquela época poderia facilmente ter passado despercebido, com sua baixa classificação na lista de aplicativos nos Estados Unidos. O sistema "Early Bird" pode ter ajudado Jim Goetz a enxergar o alvo, mas acertá-lo ainda exigiria uma longa caminhada. Literalmente.

A Sequoia decidiu investir no WhatsApp.[32] Mas como? Os fundadores não estavam em busca de capital e, em vez disso, contavam com o *bootstrapping*, ou seja, autofinanciamento. Eles ignoravam e-mails e não tinham um endereço físico para receber possíveis investidores. Mesmo quando se espalhou a notícia de que seu "escritório" ficava em algum lugar em Mountain View, cidade californiana de 80 mil habitantes que também é sede da Google, o local exato era desconhecido. Portanto, os sócios da Sequoia decidiram contar com a sorte e andar a esmo pelas ruas de Mountain View. Você leu certo: os ICRs da Sequoia saíram andando por uma cidade de 30 quilômetros quadrados com o único propósito de encontrar os fundadores do WhatsApp. Meses mais tarde, a Sequoia conseguiu investir 8 milhões de dólares na startup, adquirindo uma participação de cerca de 11%. Pouco tempo depois, em 2014, o Facebook adquiriu o WhatsApp por 19 bilhões de dólares.

Os sócios da Sequoia personificam perfeitamente a mentalidade de risco. Ilya e seus colegas descobriram que, em cerca de 25% dos negócios da Sequoia, são os ICRs que correm atrás. Eles formulam uma tese sobre o que é uma boa ideia e vão em busca de qualquer vislumbre de startup que a esteja desenvolvendo. Participam de todo tipo de evento, desde apresentações até feiras comerciais, onde podem conhecer startups promissoras, torcendo para que ninguém mais as tenha notado. Usam algoritmos sofisticados de IA para identificar os melhores empreendedores e, em seguida, recorrem à sua rede de contatos para fazer as apresentações.

Você ficaria surpreso com a quantidade de ideias que são concebidas ou que encontram capital em lugares inusitados. Na Finlândia, inovações e tecnologias visionárias são discutidas a 90 graus Celsius.[33] Não se trata do Inferno de Dante, mas de "festas na sauna", num país frequentemente descrito como o mais feliz do mundo. A Slush – importante conferência para empreendedores, investidores e profissionais de tecnologia – ocorre no rigoroso inverno da Finlândia. Para estimular um networking incomum, em 2017 os organizadores montaram uma atraente Slush Sauna Village. Da mesma forma, o festival Burning Man, realizado em pleno verão no clima árido de Nevada, atrai um número surpreendente de ICRs e inovadores da tecnologia em busca de oportunidades de networking.[34] Conforme descrito pelo jornal *SFGate*, de São Francisco, o Burning Man é "o lugar certo para os titãs da tecnologia".

Para pensar da mesma forma que os ICRs, você precisa estar disposto a enfrentar o frio e o calor. Precisa estar aberto a fontes incomuns de novas ideias. Mas não é preciso fazer uma peregrinação às saunas finlandesas nem vestir uma fantasia extravagante para um festival no deserto de Nevada. Há muitos eventos comuns a ser explorados. Afinal de contas, foi num evento de apresentações que Pejman Nozad conheceu os fundadores do Dropbox.

Muitas vezes, ao conversar com líderes de empresas grandes e bem-sucedidas, mostramos exemplos de startups recém-fundadas que tentam desestabilizar o setor em que eles atuam. Em geral, descobrimos que nem os líderes nem seus colegas, inclusive aqueles que trabalham diretamente com inovação e desenvolvimento, tinham sequer ouvido falar dessas startups. Se esse é o seu estilo, cuidado.

Não espere que as ideias batam à sua porta. As ideias *são* a porta; você é quem deve bater.

2.4 Cada resposta conta

"Professor, tem certeza de que não seremos bloqueados pelo Google?", indagou um assistente de pesquisa quando recebeu a tarefa de enviar alguns e-mails fictícios para investidores dos principais FCRs do Vale do Silício. Bem, sim, era possível, mas quem não arrisca não petisca. Além disso, a maioria dos e-mails provavelmente acabaria na caixa de spam. No fim das contas, esse foi um dos experimentos mais bem-sucedidos de Ilya sobre como os ICRs tomam decisões.

Em 2018, mais de 30 mil investidores-anjo e ICRs ativos em nosso banco de dados receberam um breve e-mail introdutório do fundador de uma startup. A mensagem apresentava o fundador e a empresa (em estágio bastante inicial) e era concluída com um pedido de reunião para tratar de um possível investimento. Não há nada de incomum nessas abordagens "do nada". Os ICRs recebem dezenas delas todos os dias.

Mas dessa vez havia algo diferente.

As startups e os empreendedores eram fictícios, inventados pelo bem da ciência. Ilya e seu colaborador Will Gornall criaram cinquenta startups falsas com tudo a que tinham direito: site, logotipo, fundadores, e-mails e apresentações. Como você pode imaginar, os pesquisadores e os alunos de MBA de Stanford que participaram do curso de capital de risco de Ilya se divertiram criando cinquenta argumentos de venda de startups fictícias, mas muito plausíveis! Eis um exemplo:

PARA: John Smith
DE: Erica Snyder
DATA: 28 de agosto de 2018
ASSUNTO: Investimento na MysticGame Inc.

Olá, John.

Meu nome é Erica Snyder. Sou estudante de engenharia em Stanford e cofundadora de uma startup chamada MysticGame. Entro em contato porque estamos buscando investidores para nossa rodada inicial de financiamento.

Na MysticGame queremos ajudar as pessoas a se reaproximarem no mundo real, e não apenas nas redes sociais. Oferecemos serviço de "mestre de jogos" sob demanda em reuniões sociais. Nossos mestres são treinados para orientar grupos de várias idades e tamanhos por meio de uma série de jogos que são não apenas divertidos, mas também intelectualmente desafiadores. Nossos serviços são perfeitos para eventos de formação de equipe, bem como para familiares e amigos que querem se divertir juntos.

Nossa equipe trabalhou com cientistas comportamentais, desenvolvedores de jogos e roteiristas e testou nossos jogos com sucesso em diversas comunidades.

Você estaria disponível para uma ligação rápida nas próximas duas semanas?

Obrigada por sua atenção.
Erica Snyder
CEO E FUNDADORA, MYSTICGAME
[link do site]

Como costuma acontecer em pesquisas, resultados interessantes surgem de maneira inesperada. Nossa intenção era explorar como os investidores respondem a fundadores de diferentes gêneros e etnias. No entanto, se você enviar informações sobre startups reais fundadas por mulheres e homens reais de diferentes etnias, a taxa de resposta não lhe dirá muito, porque as apresentações em si são muito diferentes. Precisávamos de comparações equivalentes. Assim, para cada startup falsa, associamos a mesma apresentação a quatro diferentes fundadores. Os fundadores da MysticGame eram Erica Snyder, Gregory Stone, James Wu e Grace Wong. Dessa forma, pudemos estudar as respostas dos investidores com base no fato de o fundador ser percebido como um homem branco, um homem asiático, uma mulher branca ou uma mulher asiática.

Descobrimos que os investidores-anjo e os ICRs foram um pouco mais propensos a responder às fundadoras do sexo feminino e aos asiáticos.[35] Mas também fizemos uma descoberta bônus inesperada: as abordagens "do nada" foram mais eficazes do que esperávamos. Elas têm má reputação e as pessoas tendem a ignorá-las, desligando o telefone, jogando a correspondência no lixo ou excluindo o e-mail praticamente sem ler. Quando planejamos o experimento (com muita discrição, porque não queríamos que os destinatários descobrissem), nossa maior preocupação era que os investidores simplesmente não respondessem e que todos os nossos esforços fossem em vão. Embora os ICRs, em nossa pesquisa anterior, tenham relatado que 10% de seus negócios resultavam de fundadores que entravam em contato com eles, alguns amigos ICRs que usamos como consultores (sob condição de sigilo) previram que nossos empreendedores fictícios não receberiam nenhuma resposta. Um proeminente investidor nos disse: "Alguns tolos podem até responder, mas nenhum investidor de sucesso se dará ao trabalho."

Após meses de preparação e planejamento, enviamos o primeiro lote de e-mails, dispostos a aguardar com paciência. *Minutos* depois, recebemos as primeiras respostas. O experimento começou a parecer um pouco menos desesperador. Dez respostas, vinte, mais de cem. Horas depois, não podíamos acreditar no que estávamos vendo. As respostas positivas não paravam de chegar. Em geral, um em cada doze e-mails recebia uma resposta significativa e dois terços das respostas continham uma proposta de reunião, ligação ou chamada de vídeo, pedindo mais informações ou uma indicação de um parceiro do investidor para que fossem feitas as devidas análises.

Uma resposta a cada doze e-mails é incrível, especialmente porque, sem dúvida, boa parte dos e-mails foi parar na caixa de spam. Ainda mais impressionante é o fato de que as cinco propostas com o maior número de respostas obtiveram uma taxa geral de reação positiva de 15%. Ou seja, um em cada seis ICRs respondeu a uma apresentação "do nada" feita por essas startups! Um em cada dez investidores contatados no estudo respondeu com interesse a pelo menos um pitch (a maioria dos investidores recebeu de um a três pitches e ninguém recebeu mais de quatro). Os ICRs bem-sucedidos, com um histórico comprovado e investimentos de alta qualidade, responderam numa taxa igualmente alta. Nosso amigo cético estava errado.

Por que os investidores fazem isso? Embora a qualidade geral das propostas "do nada" seja menor do que a das indicações ou da autogeração proativa, essas propostas *ainda assim* podem revelar um unicórnio. Deixar passar uma única grande oportunidade que seja é um enorme prejuízo. É por isso que os ICRs – mesmo aqueles que supostamente menosprezam abordagens "do nada" – ficam atentos a esse tipo de contato. Em seguida, eles aplicam a abordagem do alerta vermelho (que veremos no próximo capítulo) para filtrar essas oportunidades de maneira rápida e eficiente.

Enquanto executivos tradicionais estão cansados de receber e-mails aleatórios e tendem a abrir primeiro as mensagens de dentro da empresa, a mentalidade de risco parte da premissa inversa. Quando perguntamos aos ICRs sobre seus maiores arrependimentos, quase ninguém menciona investimentos fracassados nos quais perderam todo o dinheiro. Invariavelmente, eles citam alguma startup bem-sucedida que deixaram passar. Muitas vezes, foram os primeiros investidores a conhecer essa startup. Muitas dessas oportunidades apareceram na forma de contatos "do nada".

Certa vez, David Cowan, da Bessemer Ventures, foi visitar sua amiga Susan Wojcicki em sua casa, onde ela tentou apresentá-lo a "dois estudantes muito inteligentes de Stanford" que estavam "programando um mecanismo de busca".[36] Ela havia alugado um espaço na garagem dela para Sergey Brin e Larry Page. A reação de Cowan foi: "Estudantes?" Ele literalmente saiu correndo e fez questão de não passar nem perto da garagem. Com isso, perdeu a chance de ser o primeiro ICR da Google. Décadas após o erro, Cowan ainda se lembra do episódio com um sorriso. Um sorriso triste. Sim, até os ICRs erram – aliás, erram com frequência. E provavelmente é por isso que, hoje em dia, muitos ICRs acham que um mero e-mail pode levar à próxima Google.

Mas será que algum investidor já tirou a sorte grande nesse jogo tão selvagem de e-mails "do nada"? Pergunte a Garry Tan, que respondeu a um e-mail enviado por contact@bitbank.is em março de 2012.[37] A mensagem continha 0,05 BTC, sigla para "bitcoin", hoje uma famosa moeda digital. Parecia tão suspeito quanto um spam do infame "príncipe nigeriano" (e você sabe que não deve dar atenção a esse tipo de mensagem). Tan leu até o fim. Pouco tempo depois, investiu 300 mil dólares no Bitbank, que mais tarde se tornou a Coinbase, a maior plataforma de moedas digitais.[38] Em apenas alguns anos, seus 300 mil se transformaram em mais de meio bilhão de dólares!

Agora imagine o que poderia ter acontecido com a diretora de marketing corporativo de alguma empresa tradicional se ela tivesse buscado uma oportunidade semelhante em tecnologia de marketing oferecida por um prestador de serviços desconhecido. Alguém a elogiaria por ter se arriscado? Será que nossa mentalidade mais tradicional e de bom senso não nos diz para evitar esses riscos? Todos nós subestimamos a probabilidade de encontrar um diamante bruto. Só que, diante da disrupção, as empresas precisam incentivar seus membros não a se proteger do mundo lá fora, mas a ser mais curiosos.

Mark Cuban, que já investiu em muitos unicórnios e é um tubarão frequente no programa *Shark Tank*, respondeu a um e-mail "do nada" do fundador Aaron Levie, um jovem de 21 anos que tinha abandonado os estudos na Universidade do Sul da Califórnia. Em pouco tempo, Cuban estava liderando a rodada inicial de investimentos na empresa de Levie, a Box, que se tornaria uma das principais concorrentes do Dropbox, que citamos no início do capítulo.[39] Cuban é especialmente sistemático ao reservar um tempo de sua agenda lotada para ler e-mails aleatórios. Adam Lyons, de 25 anos, fundador da The Zebra, descobriu o endereço de e-mail de Cuban e lhe enviou uma mensagem curta com o assunto "Quer revolucionar o setor de seguros?". Vinte minutos depois, Lyons recebeu uma resposta. Cuban investiu na The Zebra – que hoje oferece aos clientes acesso em tempo real a 1.800 produtos de seguro automotivo de mais de duzentas seguradoras nacionais – e atua como consultor de seu fundador. A startup foi avaliada em 1,1 bilhão de dólares em abril de 2021.[40]

A sorte está ao nosso redor. Basta olharmos para um dos casos mais comoventes na história da ciência. No início do século XX, um pobre auxiliar administrativo da zona rural do sul da Índia chamado Srinivasa Ramanujan aprendeu matemática sozinho.[41] Ele enviou aos principais matemáticos do mundo calhamaços com provas que havia descoberto – o equivalente aos e-mails "do nada" dos fundadores de startups. Todas as correspondências foram devolvidas ainda fechadas. Até que G. H. Hardy, um famoso matemático de Cambridge, abriu um dos pacotes e deu uma olhada no conteúdo. Hardy ficou intrigado com aquelas estranhas fórmulas, provas e notações matemáticas. O fato é que Ramanujan havia redescoberto, por conta própria, muitos resultados matemáticos importantes e, no processo, fez descobertas surpreendentes. Por quê? Porque ele não sabia o que já era ou não conhecido. Hardy percebeu sua genialidade e convidou Ramanujan para ir à Inglaterra. Anos depois, Ramanujan entrou para a British Royal Society e se tornou um dos maiores matemáticos de todos os tempos.

Até o dia de sua morte, Hardy acreditou que ter descoberto Ramanujan havia sido sua mais importante contribuição para a matemática. Como não querem deixar passar seus Ramanujans, os ICRs respondem aos empreendedores que fazem contato "do nada". Afinal, um deles pode se tornar o próximo unicórnio.[42]

Não importa o que você faça, não deixe seu Ramanujan passar despercebido.

2.5 Quem precisa de uma copiadora?

Pode-se dizer que uma tecnologia realmente revolucionária conquistou o mundo quando o nome da empresa entra no vocabulário cotidiano. Hoje, *damos um Google* para obter informações, *photoshopamos* nossas fotos, *tuitamos* mensagens. Xerox também era o nome de uma empresa revolucionária antes de *xerocar* se tornar sinônimo de fazer fotocópias.

A tecnologia da Xerox trilhou um caminho inesperado rumo ao sucesso. Hoje em dia, é difícil imaginar um mundo sem copiadoras, mas houve uma época em que essa tecnologia poderia ter sido ignorada sem nunca vir à tona. Chester Carlson, que nasceu em Seattle e cresceu na Califórnia, teve o azar de iniciar sua carreira durante a Grande Depressão da década de 1930.[43] Formado pelo Instituto de Tecnologia da Califórnia e também bacharel em direito, ele conseguiu um emprego como engenheiro de pesquisa na Bell Telephone Laboratories, em Nova York. Tendo achado o trabalho muito monótono e repetitivo, pediu transferência para o departamento de patentes, mas acabou sendo demitido. Quando enfim se tornou gerente do departamento de patentes de uma empresa de equipamentos eletrônicos, a P. R. Mallory, em Nova York, ele reparou que não havia cópias suficientes de documentos importantes no escritório.[44] Essa observação casual logo o levou ao seu momento eureca.[45] Carlson inventou a xerografia, o termo científico para uma técnica de fotocópia a seco.

A empresa que surgiu a partir disso, a Xerox, virou a queridinha dos investidores, apresentando um crescimento de quase 1.500% nas ações nos primeiros quatro anos após sua estreia na Bolsa de Valores de Nova York em 1961.[46] Até 1971, a empresa foi a quinta corporação de crescimento mais rápido nos Estados Unidos. Sua copiadora 914 se tornou "o produto mais bem-sucedido de todos os tempos".[47] Mas a empresa teve um caminho acidentado e tortuoso rumo ao sucesso. Durante cinco anos, entre 1939 e 1944, a invenção de Carlson foi rejeitada por uma superempresa atrás de outra: RCA, GE, Kodak, IBM.[48,49] Carlson descreveu a reação delas como "uma entusiasmada falta de interesse", algo como "Estamos ocupados demais com outras coisas". Talvez os tomadores de decisões dessas poderosas empresas tenham ficado céticos com relação ao histórico inexpressivo de Carlson, considerando-o um advogado de patentes bom de papo e um engenheiro não muito bem-sucedido. Sem dúvida, mais tarde eles desejariam ter investido na xerografia.

A história da Xerox é uma exceção? Não, de forma alguma! Steve Jobs, cofundador da Apple, começou a carreira na Atari como seu quadragésimo funcionário e ajudou a criar jogos de fliperama. Quando estava levantando capital para uma nova empresa, em 1976, ele procurou seu antigo empregador, o fundador da Atari, Nolan Bushnell. Bushnell rejeitou a oferta de investir 50 mil dólares em troca de um terço (!) da Apple Computers.[50,51] "É até engraçado pensar nisso quando não estou chorando", disse Bushnell mais tarde.[52,53] Enquanto isso, o cofundador da Apple, Steve Wozniak, ou Woz, era um fiel funcionário da Hewlett-Packard (HP) e apresentou aos seus chefes a ideia do que logo se tornaria o Apple I, um computador pessoal de oito bits.[54] A ideia foi rejeitada cinco vezes. A empresa não conseguia entender por que alguém usaria um computador pessoal e "ninguém na HP estava interessado" na ideia. Em vez disso, Woz recebeu sinal verde do departamento jurídico da HP para continuar com sua invenção fora da empresa, e logo a Apple estava no caminho do sucesso, tornando-se a primeira companhia a atingir uma avaliação na casa de trilhões de dólares. Enquanto a Apple continuava sua trajetória de crescimento em 1984, o novo proprietário da Atari Corporation ordenava grandes demissões em toda a organização após adquiri-la por 240 milhões de dólares.[55] Que reviravolta!

A história se repete várias vezes: inventores apresentam aos seus chefes, sem sucesso, uma ideia que acaba sendo tão revolucionária que muda todo o cenário do mercado. Esses chefes nem precisam se esforçar muito ou enviar mensagens "do nada"; são os futuros empreendedores que batem à sua porta – o problema é que são ignorados ou até mesmo enxotados. E, para cada Chester Carlson, Steve Wozniak e Eric Yuan, certamente houve dezenas e dezenas de outros inovadores que não abandonaram suas empresas de origem. Suas ideias simplesmente morreram e, portanto, não temos nada a escrever sobre eles. Compare tudo isso com os ICRs que estão suando com empreendedores no deserto de Nevada ou numa sauna finlandesa para serem os primeiros a pôr as mãos numa ideia inovadora.

Executivos que raramente são vistos longe do escritório estão trancados dentro de suas "quatro paredes" físicas e mentais. Com isso, tendem a rejeitar ideias que vêm de fora. Essa mentalidade comum tem até um nome: síndrome do "não inventado aqui" (NIH, na sigla em inglês). A síndrome do NIH pode assumir várias formas, desde "Não achamos que a empresa seja capaz disso" até "Não é assim que trabalhamos aqui" e "Podemos fazer muito melhor", dando origem a uma mentalidade de "Simplesmente não vamos fazer". Se isso fosse uma doença, você não gostaria de encontrar uma cura?

Sabemos que a síndrome do NIH é bastante comum. Num estudo de quase um milhão de patentes, Ajay Agrawal, da Universidade de Toronto, e os coautores Iain Cockburn e Carlos Rosell descobriram que inventores empregados por grandes corporações tendem a se basear desproporcionalmente nas invenções anteriores da própria empresa.[56] Essa "miopia criativa" (como os pesquisadores chamaram) leva os inventores de grandes empresas a notar menos (ou mesmo a ignorar) o que colegas de outras empresas estão fazendo. Essa evidência é bem confirmada pela experiência prática. Ilya trabalhou em estreita colaboração com Claudia Fan Munce, fundadora e, por muitos anos, diretora administrativa do IBM Venture Capital Group (a IBM estava entre as empresas estudadas por Agrawal e seus colegas). O maior desafio que Fan Munce enfrentou em vinte anos foi a síndrome do NIH. Ela apresentava uma startup incrível e os tecnólogos da empresa diziam: "Podemos fazer muito melhor." E talvez pudessem, mas a ideia não estava entre as cem maiores prioridades e, por isso, nunca era posta em prática.

Em outro estudo revelador, Markus Reitzig, da Universidade de Viena, e Olav Sorenson, de Yale, analisaram quase 12 mil propostas de inovação apresentadas numa multinacional de bens de consumo.[57] As propostas foram avaliadas pelos gestores intermediários da empresa. O estudo constatou que esses avaliadores eram tendenciosos a favor de ideias apresentadas por funcionários que trabalhavam na mesma divisão corporativa que eles. Diga-me com quem andas...

Portanto, a síndrome do NIH se aplica não apenas às novas ideias que vêm de fora da organização, mas também àquelas que vêm de outros setores dentro da mesma empresa. O "aqui" do "não inventado aqui" é bastante específico.

Não se pode culpar os líderes corporativos e tecnólogos por essa postura. A síndrome do NIH pode, de fato, parecer uma resposta racional, embora míope, pelo menos para alguns membros de uma organização. Os tecnólogos dentro da empresa costumam ter mais conhecimento e são mais competentes tecnicamente do que seus correspondentes em startups em dificuldades. Eles têm prioridades e mentalidades distintas. Muitos executivos seniores, líderes de corporações multibilionárias, nos disseram que geralmente precisam adicionar 1 a 3 bilhões de dólares em novas receitas todo ano para justificar o trabalho em determinado produto. Se essa for a estratégia, a receita inicial típica de dezenas de milhões de dólares advinda de um spin-off bem-sucedido não faria diferença do ponto de vista financeiro.

Novos produtos também podem ter que competir com um produto interno lucrativo, como quando a ideia do Zoom teve que competir com o WebEx, da Cisco. Os investimentos digitais da Kodak competiram com seu filme analógico. Outro motivo comum para a síndrome do NIH é que quanto mais tempo as pessoas passam umas com as outras dentro da empresa, mais elas começam a ouvir as próprias palavras, no que se costuma chamar de efeito "câmara de eco". Uma câmara de eco é um ambiente no qual as pessoas encontram apenas informações ou opiniões que refletem e reforçam as suas. Por exemplo, vejamos a crença de que a Terra é plana. Hoje essa crença lhe pareceria bizarra – a menos que você esteja cercado de terraplanistas. Se todos os seus amigos acreditam que a Terra é plana, talvez você também passe a acreditar em breve. Esse tipo de efeito não é menos perigoso no mundo dos negócios.[58]

A Nortel foi outra empresa estudada pelos pesquisadores da "miopia criativa".[59,60] Tratava-se de uma multinacional canadense fabricante de equipamentos de rede de dados e telecomunicações que já foi líder do setor. No seu auge, em 2000, a Nortel empregava mais de 94 mil pessoas, era responsável por mais de um terço do principal índice de mercado da Bolsa de Valores de Toronto e estava entre as quinze empresas mais valiosas do mundo. No entanto, ao ouvir esse nome hoje, é provável que você se pergunte: "Quem?"

A Nortel é um exemplo de como um líder de mercado pode deixar passar várias tendências e se tornar excessivamente especializado e focado no que faz bem.[61] Ainda em 1982, os gestores da empresa foram apresentados à tecnologia de telefonia celular por sua equipe de inovação. A proposta foi recusada. Um executivo sênior comentou: "Quem iria querer andar por aí com um telefone na mão?" A mesma história se repetiu em 1997, quando inovadores internos apresentaram o conceito de smartphone. Em vez de olhar e pensar além de suas quatro paredes, os executivos da Nortel concentraram cada vez mais seus recursos de pesquisa e desenvolvimento (P&D) no aprimoramento de produtos já existentes, deixando de lado as iniciativas de longo prazo. Chama a atenção que, entre 2000 e 2008, a Nortel não tenha lançado um único produto importante. Quando começou a investir pesado em tecnologia celular e smartphones, já era tarde demais.

A cultura do "não inventado aqui" e da câmara de eco, temperada com alguma arrogância e prepotência, levou ao fim da Nortel. Esse é um exemplo claro de mentalidade avessa ao risco, que se torna particularmente desoladora quando se percebe que ideias viáveis e disruptivas existiram, evoluíram e foram desenvolvidas internamente, muitas vezes antes que em qualquer outro lugar do mercado, mas não conseguiram superar as paredes virtuais (e às vezes físicas) da empresa.

Vejamos um exemplo ainda mais desolador: desenvolvido em 1973, o Alto foi um computador sem precedentes em muitos sentidos. Foi o primeiro sistema a ter interface gráfica de usuário, o que significa que era operado com um mouse e uma tela onde era possível dar cliques. Foi o primeiro computador a usar programação orientada a objetos. E foi o primeiro do qual um e-mail foi enviado. Alguns até argumentam que, sem o Alto, a internet teria levado muito mais tempo para ser desenvolvida - se é que seria.

O Alto não foi um produto típico de "empresa de garagem"; foi uma invenção corporativa. Esse minicomputador revolucionário foi projetado e desenvolvido num laboratório de P&D em Palo Alto, próximo ao campus de Stanford. Uma inovação desse tipo seria suficiente para justificar a existência do laboratório. No entanto, dezenas e dezenas de projetos também tiveram origem ali. Pelo menos dez se tornaram públicos, incluindo a Adobe (fabricante do Adobe Acrobat) e a 3Com (uma força por trás de produtos de rede de enorme sucesso na década de 1980).[62]

Os gestores da empresa criaram excelentes condições para os inventores corporativos, atraíram talentos excepcionais e, assim, tiveram acesso a dezenas de ideias revolucionárias. Ironicamente, eles evitavam implementá-las. Os dez projetos bem-sucedidos que saíram do laboratório foram desmembrados ou comercializados fora da empresa. A companhia não investiu nessas empresas derivadas nem se beneficiou delas. Por que não? Porque elas eram diferentes demais da tecnologia principal da empresa e a receita inicial era insignificante perto das principais unidades de negócios. Era a síndrome do NIH atacando mais uma vez.

E quanto ao Alto? A inovação deu certo? Bem, apenas cerca de 2 mil unidades foram montadas, e nunca disponibilizadas para venda. Os proprietários do laboratório de P&D não enxergaram seu potencial e foram lentos demais para comercializar o produto. Quando a geração seguinte do Alto (chamada Star) foi lançada, o computador pessoal da IBM já havia chegado ao mercado, com um preço dez vezes menor. Um triunfo da IBM.

Certa vez, numa entrevista, Steve Jobs disse que a empresa por trás do Alto "poderia ser hoje a dona de todo o setor de computadores. Poderia ter sido a IBM [...] e a Microsoft".[63] A avaliação da IBM, da Microsoft e da Apple somadas está na casa dos trilhões de dólares. Isso ultrapassa em mais de mil vezes a capitalização de mercado da empresa que criou aquele laboratório em Palo Alto. Essa empresa ainda existe. Já adivinhou o nome dela?

Xerox.

Sim, a Xerox não conseguiu se beneficiar de muitas de suas invenções, apesar de seu histórico visionário.[64,65,66] A Xerox montou um laboratório de P&D perto do campus de Stanford em 1970. O Palo Alto Research Center, ou PARC, como ficou conhecido, ficava a 4 mil quilômetros de distância da sede da Xerox em Rochester, Nova York.[67] O PARC gerou um fluxo notável de invenções. De fato, foi tão revolucionário em sua época que uma revista de tecnologia o incluiu no "Top 12 Locais Sagrados da TI".[68] Infelizmente, nenhuma empresa resiste aos malefícios da arrogância. Como um colosso com pés de barro, a Xerox cometeu o mesmo erro das empresas que disseram "não" a Chester Carlson e ignoraram a xerografia.

A síndrome do NIH é como uma resposta do sistema imunológico contra invasores. As organizações, assim como os organismos, se protegem das forças externas, sejam elas da concorrência, dos órgãos reguladores ou dos ativistas. Quando as defesas funcionam, elas preservam a cultura e estimulam o talento interno. As pessoas acreditam com orgulho que sua equipe ou empresa é superior à de outras organizações. No entanto, o sistema imunológico pode entrar em colapso, e a síndrome do NIH é um exemplo disso. O que antes era uma força protetora agora provoca reações alérgicas. A síndrome do NIH é especialmente perigosa sempre que uma organização enfrenta mudanças profundas. Assim como o mofo, ela se espalha por todos os cantos, principalmente à medida que a organização fica mais velha, mais lucrativa e mais avessa ao risco. Tome cuidado com esse padrão e elimine a síndrome do NIH o quanto antes. As formalidades não importam. A mentalidade precisa mudar.

2.6 Sempre à espreita

Para pôr a mão na massa, veja alguns mecanismos específicos que uma organização pode implementar.

Você ficou surpreso ao saber que muitas redes de cafeterias foram inicialmente apoiadas por ICRs? Embora Starbucks, Blue Bottle e Philz sejam marcas conhecidas hoje em dia, todas já foram uma ideia nova e arriscada. Muitos insights até mesmo começam com uma xícara de café, e esse estimulante aponta para alguns mecanismos específicos que você pode usar para obter ideias. Aqui está um deles.

Acredite nos seus Favres

Se algum dia você estiver em Roma, cogite visitar o pequeno café Sant'Eustachio, localizado a uma curta caminhada do Panteão. Alex visitou o local no verão de 2022 e pediu o que os italianos chamam de *specialità della casa*, o "Gran Caffè". Alex estava esperando um expresso normal, ainda que delicioso, mas acabou sendo agraciado com uma bebida única. A espuma aromática, espessa e levemente borbulhante sobre o expresso – ou *crema* – era nada menos que mágica. É difícil igualar essa experiência em outros cafés, mesmo na Itália.

Alex não estava sozinho em sua admiração; esse mesmo café também chamou a atenção de um visitante suíço. No verão de 1975, quase cinquenta anos antes de Alex desfrutar de seu Gran Caffè mágico, Eric Favre, um engenheiro aerodinâmico, passou as férias explorando a cultura do café na Itália, em busca do melhor expresso do mundo. A esposa de Eric, Anna-Maria, de origem italiana, disse certa vez ao marido que o café suíço era insípido e muito abaixo dos padrões italianos. Essa afirmação deu início à busca que o levou ao Sant'Eustachio, em Roma. Quando Eric tentou obter do barista os segredos do Gran Caffè, ouviu apenas "Eu só aperto um botão", o que não satisfez sua mente exigente de engenheiro.[69] Por fim, Eric descobriu que a chave para a *crema* inigualável do Sant'Eustachio era a aeração repetida enquanto a água passava pelo café. Em vez de bombear o pistão da máquina apenas uma vez, o barista puxava a alavanca rapidamente várias vezes. Favre explicou a regra simples numa entrevista: "É química: a oxidação traz à tona todos os sabores e aromas."[70]

A história poderia ter terminado ali, exceto por um pequeno detalhe. Eric Favre não era apenas um engenheiro; ele tinha acabado de entrar para o departamento de embalagens da Nestlé. A Nestlé, uma empresa de alimentos e bebidas fundada no século XIX, era bem conhecida por seu café instantâneo, seu leite em pó e seus alimentos congelados. Na época, a marca estava pensando em desenvolver uma cápsula para seu café instantâneo, o Nescafé. Ao retornar ao escritório da Nestlé em Vevey, na Suíça, Eric desenvolveu um protótipo de máquina de café expresso.[71,72] Ao fazer isso, inventou uma cápsula selada na qual o ar fica preso antes que a água seja forçada a passar, enchendo a xícara com um expresso rico em espuma. Esse produto reuniria o sabor e o aroma do café numa pequena cápsula. Nascia a lendária Nespresso, marca amada por milhões de pessoas em todo o mundo.

A Nespresso reimaginou toda a cultura de consumo de café. Suas máquinas exclusivas e uma longa lista de cápsulas agora podem ser compradas por meio de um aplicativo com apenas alguns cliques. Hoje, a Nespresso é um negócio global multibilionário para a Nestlé. Embora seu caminho para o sucesso tenha sido longo e espinhoso, começou como uma invenção proposta por um inovador interno que estava fora da sede da empresa.

No entanto, se você acha que os chefes da Nestlé ficaram inicialmente muito felizes com a invenção, está enganado. Afinal de contas, a Nestlé já fabricava o Nescafé e suas vendas estavam aumentando. Os gestores continuaram céticos por muito tempo após a invenção. Foram necessários dez anos para que a perseverança de Favre fosse recompensada. Depois de muitos outros desafios e reviravoltas, a Nespresso se tornou uma marca mundialmente famosa.

Da próxima vez que você vir uma cápsula Nespresso, lembre-se de que ela foi uma inovação criada por um funcionário fora da sede da empresa. Se você é um tomador de decisões corporativas, considere dar apoio aos seus Eric Favres, às pessoas que ousam se aventurar, se expor a ideias arriscadas e criar mecanismos de crescimento.

Use olheiros e equilibre a inovação interna com a externa

Assim como a Nespresso, outra invenção famosa e de grande sucesso comercial começou a quilômetros de distância de uma sede corporativa graças a um café – mais especificamente, a uma xícara de café derramada. Quando um vendedor da companhia química alemã BASF derramou café durante um telefonema numa empreiteira japonesa, a primeira coisa que ele pegou foi um material isolante de espuma, o Basotect.[73,74] Essa espuma de resina de melamina, fabricada pela BASF, é usada em estúdios de gravação, cinemas e salas de exibição. Para surpresa do vendedor, o material funcionou excepcionalmente bem. Não só absorveu o líquido como teve um contato suave com a superfície. O que havia sido desenvolvido como um material de isolamento acústico parecia ter uma nova e inesperada aplicação.

Em pouco tempo os clientes japoneses podiam encontrar uma esponja removedora de manchas à venda no varejo local. Essa descoberta surpreendente, no entanto, poderia ter permanecido um segredo bem escondido entre a clientela japonesa se não fosse por outra reviravolta nessa história. Entra em cena a Procter & Gamble. Um empresário de tecnologia do Japão que trabalha para a P&G descobriu a esponja numa mercearia de Osaka e imediatamente percebeu seu potencial global. O que antes era apenas um material de isolamento agora é conhecido por milhões de clientes como Mr. Clean Magic Eraser, um produto de sucesso da P&G e um salva-vidas para inúmeros pais que tentam limpar paredes rabiscadas com giz de cera.[75]

Será que a esponja Magic Eraser foi um acaso, nada mais que a consequência de uma ação aleatória? Não. Ela é uma das muitas invenções que a P&G foi deliberadamente buscar fora de suas paredes corporativas. O creme facial Olay Regenerist, os espanadores Swiffer Dusters e os sacos de lixo Glad ForceFlex são outros produtos inovadores que resultaram da estratégia "Conectar e Desenvolver", iniciada pelo ex-CEO da P&G, Alan George Lafley.[76] Após sua nomeação em 2000, ele desafiou suas equipes de pesquisa e desenvolvimento a reinventar todo o modelo de inovações e buscar novas ideias fora da empresa.[77] A P&G conta com um dos maiores exércitos de cientistas talentosos, mas Lafley sinalizou que, para cada engenheiro dentro da empresa, havia duzentos não empregados pela P&G "que eram igualmente bons". Lafley estabeleceu uma meta ambiciosa de adquirir fora da empresa metade das inovações de produtos. Mais tarde, antigos executivos da P&G admitiram que o maior desafio era mudar a postura da empresa de "não inventado aqui" para "orgulhosamente encontrado em outro lugar".[78]

Para fazer essa mudança, a P&G designou dezenas de funcionários como olheiros de tecnologia para criar conexões externas com pesquisadores de universidades, fornecedores e outros potenciais colaboradores do setor. Eles deveriam compartilhar imediatamente com a matriz o que descobriam. O número total de ideias identificadas por essa equipe ultrapassou 10 mil, o que supostamente levou a mais de cem novos produtos introduzidos pela P&G vindos de fora da empresa. Os resultados falam por si. Alguns anos após o lançamento da estratégia "Conectar e Desenvolver", os executivos seniores da empresa declararam com orgulho que "mais de 35% dos nossos novos produtos no mercado têm elementos que surgiram da P&G, [...] e 45% das iniciativas em nosso portfólio de desenvolvimento de produtos têm elementos-chave que foram descobertos externamente".[79] A P&G combinou o modelo de "Conectar e Desenvolver" com o de Pesquisa e Desenvolvimento, reconhecendo que o suprimento de ideias não deve ser limitado por fronteiras corporativas nem pelos corredores dos departamentos.

A Procter & Gamble está sozinha nessa? Com certeza, não. Paul Stoffels, ex-diretor científico da gigante farmacêutica Johnson & Johnson, atribuiu seu sucesso em inovação ao fato de dar "peso igual às inovações internas e externas".[80] Esse comentário sublinha o simples e poderoso fato de que o melhor na área da ciência e tecnologia tem a mesma probabilidade de surgir tanto dentro quanto fora das organizações. Uma ferramenta que a J&J usa com eficácia é a JLABS, a incubadora de empresas onde, após um processo de triagem, centenas de inovadores externos obtêm acesso a muitos dos recursos, especialistas e serviços da J&J, com a chance de aprofundar a parceria e ter seus produtos comercializados. Seus produtos visionários incluem soluções de saúde materna, plataformas de cuidado com a pele, ferramentas de cirurgia de câncer e vacinas orais de mRNA.[81]

Os líderes da JLABS criaram um modelo que imita o mecanismo de criação das startups. Embora seja fácil, na teoria, dizer que as inovações externas e internas têm chances iguais de sucesso, a realidade é mais desafiadora. Quando a ideia vem de fora, há muito mais obstáculos para que ela se torne uma entidade comercial viável e chegue até os consumidores. Pessoas de fora precisam de ajuda. Nada vai acontecer se não houver apoio.

Para solucionar esse problema, a J&J teve uma ideia. Ela convida seus funcionários de todo o mundo a servir como "guias" para inovadores externos. Esses guias são chamados de JPALs. Eles são especialistas e mentores da J&J, principalmente no ramo de Pesquisa e Desenvolvimento – colaboradores de dentro para ajudar e capacitar os de fora.

A aposta valeu muito a pena. O pessoal externo abriu um impressionante canal de ideias que levou à criação de oitocentas empresas, 47 ofertas públicas iniciais, quarenta aquisições e 69 bilhões de dólares em negócios e parcerias para a J&J.[82] Por trás dessas estatísticas notáveis estão vários produtos que salvam vidas, consequência da disposição de uma empresa muito bem-sucedida de se aventurar fora de suas paredes para obter ideias. Não é de surpreender que, em 2023, a J&J estivesse entre as vinte primeiras na lista da *Fortune* das empresas mais inovadoras dos Estados Unidos.

Confie na sabedoria das multidões

Para aprimorar seu algoritmo Cinematch, projetado para recomendar filmes com base nas classificações dos espectadores, a Netflix deu início a uma competição.[83,84] O agora famoso Netflix Prize reuniu ideias de *crowdsourcing* para tentar responder a uma pergunta nada trivial: "Se você gostou de *Uma mente brilhante*, vai preferir ver *Gladiador* ou *O fabuloso destino de Amélie Poulain*?" Mais de 30 mil "data geeks" e fãs de ciência da computação trabalharam no problema e dezenas de milhares de soluções foram recebidas. A melhoria da experiência do cliente para milhões de usuários resultou num prêmio de 1 milhão de dólares para a equipe que conseguiu obter resultados de recomendação consideravelmente mais precisos do que o algoritmo original da Netflix. Os amadores (entusiasmados e bem-informados) venceram os profissionais. Ainda mais notável é que, apenas seis dias após o início da competição, uma equipe externa de nerds já havia superado o Cinematch. Passadas duas semanas, três equipes o haviam superado, incluindo a que ganhou o prêmio. Além disso, a competição aumentou as candidaturas de emprego na Netflix, além de promover muitas conexões e novas amizades. Pedir o feedback e a opinião do público em geral ou de uma comunidade mais especializada sobre um problema pode ser um jeito eficaz de obter novas ideias.

Esses três mecanismos são parte da mentalidade de risco. Ponha os pés fora da empresa, crie redes de informantes e olheiros, convide o público para seus maiores projetos – e espere por um golpe de sorte, que pode ocorrer numa mercearia em Osaka ou num café em Roma.

2.7 O poder do imprevisível

Onde você conheceu o amor da sua vida? E onde conheceu seus melhores amigos? Pesquisadores de Stanford e da Universidade do Novo México exploraram essas questões.[85,86] Eles pediram a milhares de participantes que escrevessem como conheceram e se aproximaram de seus pares. Assim como no mundo do capital de risco, descobriu-se que os encontros tinham acontecido por meio de redes variadas: escola, trabalho, igreja... Há maneiras "internas" e "externas" de encontrar um par. E, é claro, há sempre espaço para o acaso. Muitos cupidos (quase 40%) atiraram suas flechas pela internet, por meio de sites de namoro, redes sociais, fóruns e até mesmo games.

O mais bonito nesses encontros imprevisíveis e transformadores é que é difícil prever exatamente quando e onde acontecerão. Aceitamos bem a ideia de que podemos encontrar nossa alma gêmea por mero acaso, mas costumamos rejeitar o conceito quando se trata de negócios.

O mesmo se aplica à busca de emprego. Acredita-se que 85% das vagas no mercado de trabalho sejam preenchidas por meio de networking.[87] Dois terços das pessoas são contratados em empresas com as quais já têm ligação.[88] Em contrapartida, apenas um em cada dez empregos é obtido com abordagens diretas (ou seja, quando o candidato entra em contato "do nada" com a empresa).[89] Isso também vale para ideias inovadoras. Não dá para saber o local exato onde elas se encontram – e isso, por si só, já é uma informação relevante. Mas se sabe que as ideias vêm do networking, muitas vezes de maneira imprevisível.

Você não sabe qual dos seus contatos trará a próxima ideia revolucionária, mas é mais provável que esse contato venha de fora. Novas ideias de marketing, novas soluções para a cadeia de suprimentos e novos parceiros financeiros podem chegar à sua caixa de entrada não pela intranet corporativa, mas por suas diversas redes, vindos de lugares distantes, como um vilarejo no sul da Índia.

Os ICRs trabalham duro para diversificar suas redes, e você deveria fazer o mesmo. Eles não se prendem a um único setor e não dependem de uma única fonte de ideias. Brian Jacobs, que já mencionamos neste capítulo, também ministra com Ilya em Stanford um curso sobre capital de risco. Brian gosta de dizer à turma que o melhor momento para trabalhar na expansão da rede profissional é ontem. Mas é claro que nunca é tarde demais. Hoje pode ser o momento certo para escrever alguns e-mails para contatos antigos ou para refletir sobre o valor que você pode oferecer a eles.

A história do Dropbox mostra que desdobramentos grandiosos podem começar com uma conexão aleatória. Sem Pejman Nozad, muitos empresários talvez não tivessem recebido financiamento da Sequoia Capital. Mas, para início de conversa, como Pejman conheceu Leone, sócio da Sequoia?

Bem, Doug Leone era um cliente de Pejman Nozad na loja de tapetes. Certo dia, quando estava saindo da casa de Leone após entregar um tapete cuidadosamente escolhido, Nozad sugeriu que poderia ajudar a Sequoia, pois tinha acesso a muitos iranianos com doutorado. Na mais pura demonstração da mentalidade de risco, Leone respondeu: "Esteja em seu escritório na segunda-feira, às sete da manhã."[90] E, na hora marcada, ele estava lá.

Talvez sua melhor ideia venha de um e-mail aleatório ou de uma bela loja de tapetes. Nunca se sabe.

CHECKLIST DA MENTALIDADE DE RISCO

- ☐ Sua empresa obtém ideias exclusivamente de dentro ou tem um fluxo de ideias que vêm das redes externas?
- ☐ Sua equipe dedica alguma atenção a startups, laboratórios de pesquisa e especialistas do setor?
- ☐ Quão aberta é a cultura da sua empresa para ideias inesperadas vindas de pessoas de fora?

3

Prepare sua mente

Que pergunta certa feita pelos ICRs vai mudar sua maneira de avaliar oportunidades?

3.1 Por que eu não quero investir?

Sim ou não, eis a questão! Um dia por ano, um auditório da Stanford Graduate School of Business se transforma numa grande feira de ideias, com startups convidadas a fazer apresentações para os alunos. Convidamos você a participar!

Imagine que você é um dos seis membros de um grupo de estudantes de MBA de Stanford fazendo de conta que são sócios de um fundo de capital de risco. Sua tarefa: aprovar ou recusar oportunidades de investimento em startups. A sala está lotada e você sente a competição se acirrando entre os 144 alunos que querem identificar e financiar a startup mais promissora. Cinco fundadores, um após o outro, apresentam suas startups para os FCRs de mentirinha.

O que há de especial nessa aula de Ilya é que, embora os 24 fundos que os alunos representam sejam fictícios, as startups são reais. São cuidadosamente selecionadas para que, no momento da aula, elas estejam de fato levantando capital. Isso é o que chamamos de *case* "ao vivo", o que significa que ninguém – nem os alunos, nem Ilya, nem o professor Brian Jacobs, nem os fundadores das startups – sabe qual delas será bem-sucedida. Para dar um toque mais realista, oferecemos orçamentos limitados aos FCRs dos alunos, de modo que eles possam investir em apenas uma das cinco startups.[1]

Pois bem, que comecem as apresentações!

Primeiro, imagine um dispositivo terapêutico para aliviar o estresse, do tamanho de um pequeno celular, capaz de acalmar e tratar problemas de saúde mental quando colocado sobre o tórax. O nome do produto é Sensate e ele já pode ser comprado pela internet. Como explica a cofundadora Anna Gudmundson, o Sensate gera ondas sonoras que, combinadas com fones de ouvido, criam um efeito calmante por todo o corpo.

Em seguida, os alunos ouvem Christof Wittig, um apaixonado fundador da Queer Spaces, que está criando um lugar on-line seguro para a comunidade LGBTQIAPN+. Descrito pela *Forbes* como uma "startup em expansão", o Queer Spaces permite que os usuários criem comunidades mais seguras, centradas em interesses compartilhados e conexões autênticas.

Depois, as atenções se voltam para Mandar Shinde, da Blotout, que promete ajudar pequenas empresas com sua publicidade on-line sem comprometer a privacidade na internet.

Na sequência, Thomas Kunjappu, cofundador e CEO da Cleary, fala entusiasmado sobre como sua jovem startup simplifica a experiência das empresas com a integração digital de seus funcionários.

Por fim, ouvimos Fran Maier, ex-aluna de Stanford e cofundadora do Match.com. Maier pergunta quantos alunos presentes já têm filhos. Alguns levantam a mão. Ela então questiona: "Não seria maravilhoso viajar sem nenhum equipamento pesado para bebês?" Sua empresa, a BabyQuip, promete facilitar para os pais a viagem com crianças, permitindo que eles aluguem carrinhos de bebê, cadeirinhas de carro, berços e outros equipamentos em mais de mil cidades.[2] Será que ela vai se tornar o Airbnb dos equipamentos infantis?

Essas são apenas algumas das dezenas de startups que fizeram apresentações para a turma de Stanford nos últimos anos.[3]

Então, qual foi sua preferida? Qual você teria escolhido?

Os alunos precisam dizer um "não" relativamente rápido a todas as oportunidades, exceto a uma, com base apenas no material impresso, numa rápida discussão em equipe e na opinião de cada um a respeito dos fundadores durante a apresentação. Os alunos parecem perplexos. Como é possível tomar uma decisão com tão poucos dados sobre a empresa e os fundadores? Todas as startups parecem incríveis. Mas você tem que escolher uma.

Antes de assistirem a cada apresentação de vinte minutos, os alunos analisam os resumos das startups e os decks dos investidores, fazem debates preliminares em grupo e apresentam uma infinidade de perguntas que poderiam facilmente deixar atordoado até mesmo um apresentador experiente. Em seguida, decidem em qual startup desejam fazer uma diligência mais cuidadosa. Muitas decisões precisam ser tomadas na hora, sem mais informações. Você não tem tempo para realizar uma diligência prévia aprofundada em todas as startups, portanto precisa selecionar uma das preferidas, tendo plena consciência de que ainda não sabe tudo sobre todas as candidatas. Depois de selecionar uma startup para explorar melhor, os alunos se debruçam sobre os materiais (projeções financeiras, análises de clientes, apresentações detalhadas para investidores), reúnem-se novamente com os fundadores, testam o produto e escrevem memorandos de investimento resumindo o trabalho que fizeram.

Talvez você se surpreenda com o fato de que esses alunos têm *mais* informações do que muitos ICRs da vida real, que com frequência precisam decidir sobre a ideia de uma startup sem conhecer os fundadores ou ver o teaser deck. Além disso, os ICRs da vida real são soterrados com milhares de oportunidades, não apenas cinco em um dia. Assim, precisam manter um equilíbrio delicado. Trabalham incansavelmente para aumentar o fluxo de grandes ideias que chegam até eles e, sem tempo para analisar todas minuciosamente, precisam aumentar a velocidade de processamento sem sacrificar a qualidade. Guiados apenas por algumas perguntas, decidem rapidamente se cada ideia é uma mina de ouro ou uma armadilha.

Os alunos sempre se surpreendem ao descobrir que os ICRs nunca inspecionam cada aspecto sobre cada oportunidade em potencial, mesmo que as informações estejam bem diante deles. Em vez disso, procuram um sinal que os levaria a *rejeitar* a oportunidade. Esse é um dos atalhos da mentalidade de risco, que chamamos de "abordagem da falha crítica" ou "abordagem do alerta vermelho". Ao tomar decisões durante uma triagem, os investidores procuram sinais de alerta e fazem a si mesmos uma pergunta crucial: "Por que eu *não* quero investir?"

3.2 Tubarões, dragões e falhas críticas

Essa mentalidade de rejeição rápida pode parecer estranha para você e, de fato, soa diferente da forma como normalmente tomamos decisões. Mas será que é mesmo? Imagine que você esteja conhecendo uma nova cidade e precise escolher um restaurante para jantar com a família. Você abre o Yelp ou o Google e vê uma centena de opções. Se analisar todas com o mesmo nível de atenção, corre o risco de passar fome a noite inteira, talvez com uma criança chorando ao seu lado. Em vez de examiná-las minuciosamente, você pode descartar algumas aplicando a abordagem do alerta vermelho. Por exemplo, pode eliminar todos os restaurantes que sejam caros demais, que tenham avaliações abaixo de quatro estrelas ou que não sejam adequados para uma criança. Você não precisa conhecer *todos* os dados para reduzir a lista a um pequeno número; para rejeitar a maioria das opções, basta um único alerta vermelho.

Muitas vezes, precisamos tomar decisões rápidas ao lidar com um grande número de opções, como ao reservar um hotel, escolher um livro para dar de presente ou comprar utensílios de cozinha na Amazon. Nesses casos, você provavelmente aplica a abordagem da falha crítica de forma bastante eficaz, muitas vezes sem perceber. Mas, quando se trata de decisões profissionais e de negócios, por algum motivo deixamos de confiar na abordagem do alerta vermelho. Conferimos todos os fatores, quando um único bastaria.

Isso é justamente o que encontramos num ambiente de negócios tradicional. Você começa com uma lista bastante limitada de ideias e analisa cada uma delas em detalhes, mas o que funciona no dia a dia do escritório pode não funcionar em momentos de disrupção. Então como sobreviver a esse processo exaustivo? Fácil: *não* analisando todas as opções. Em vez disso, os ICRs começam com um grande e aparentemente caótico fluxo de negócios e, em seguida, vão afunilando as opções de maneira ágil e eficaz para se concentrar nas mais promissoras. Essa mentalidade amplia o conjunto inicial de oportunidades – um ingrediente essencial para o sucesso dos ICRs.

Os ICRs reduzem a complexidade aparentemente desordenada da seleção de negócios ao procurar uma razão definitiva para rejeitar uma oportunidade em vez de passá-la para o estágio seguinte de avaliação. "Rejeitar" é uma palavra-chave e uma característica distinta da mentalidade dos ICRs, pois eles começam procurando não um motivo convincente para fazer o investimento, mas para não o fazer. As taxas de rejeição nesse estágio do funil do capital de risco são altíssimas. A maioria das startups que chamam a atenção dos investidores jamais chega ao estágio seguinte de avaliação. Os investidores as descartam imediatamente depois de uma rápida análise, em geral após minutos. Se você não acredita, então venha com a gente até Los Angeles.

Luz, câmera, ação! Estamos no Sony Pictures Studio, onde é filmado o famoso programa *Shark Tank*. Os empreendedores apresentam suas startups a investidores-anjo (chamados de "tubarões") na esperança de levantar capital. Eles fazem uma breve apresentação de sua ideia e sua trajetória. Os tubarões então interrogam os empreendedores sobre sua experiência e sobre os detalhes do negócio. Essa interação prossegue até que todos os tubarões se retirem da negociação (ou seja, se recusem a investir) ou até que pelo menos um tubarão proponha um investimento. Antes de fazer a apresentação para os alunos de Stanford, Fran Maier, da BabyQuip (a startup de aluguel de equipamentos para bebês), o fez também para os tubarões. Vamos ver se a BabyQuip conseguiu levantar fundos. Maier estava tentando obter meio milhão de dólares em troca de 5% de participação acionária na BabyQuip.

Entre os tubarões estão empreendedores e investidores experientes, como Mark Cuban e Katrina Lake, que, desde o início, provocaram Fran e o cofundador Joe Maier com perguntas. "Qual é o custo de um carrinho duplo para bebês?", "Quanto vocês ganham em cada transação?", "Falem mais sobre o seu histórico", "Quanto vocês estão pagando pelas aquisições em cada lado de um marketplace?". Parece um conjunto aleatório de perguntas. Os espectadores veem os tubarões, um após o outro, se retirando da negociação. Se você analisar as reações com cuidado, vai perceber que, ao identificar um fator que acredita ser uma "falha crítica", cada tubarão perde imediatamente o interesse. O último tubarão restante, Kevin O'Leary – cuja empresa já foi adquirida pela Mattel, fabricante da Barbie –, faz uma oferta para adquirir 20% da empresa, mas os fundadores recusam.[4]

Esse é um episódio representativo? Fomos conferir. Escolhemos aleatoriamente dezenas de propostas de diferentes temporadas do *Shark Tank* e anotamos todas as perguntas sobre cada proposta e as reações dos tubarões.[5] Eis o que descobrimos: em média, os tubarões fazem uma dúzia ou mais de perguntas antes de tomar uma decisão. O mesmo padrão acontece repetidas vezes. Os investidores se aprofundam e fazem perguntas até identificarem um ponto fraco que consideram um alerta vermelho. Começam com perguntas gerais e, se os fundadores sobreviverem a essa rodada inicial, passam a fazer perguntas mais específicas sobre a empresa. Quando uma falha crítica é identificada, os tubarões rejeitam a proposta quase imediatamente. É a abordagem do alerta vermelho em ação.

Existe um fator específico de sucesso ou fracasso? Pesquisadores canadenses analisaram as interações de investidores-anjo e empreendedores no reality show *Dragons' Den*, semelhante ao *Shark Tank*.[6] Os pesquisadores gravaram e destrincharam as interações entre fundadores e investidores. Usaram pistas verbais e não verbais para codificar a lógica dos investidores e examinaram de perto o processo de tomada de decisões.

Mais uma vez, descobriram que os investidores usam a abordagem da falha crítica. Os pesquisadores identificaram oito tipos de falha principal. Um deles foi a adoção, ou seja, se os clientes num mercado-alvo adotariam facilmente aquele produto. Se os dragões não enxergassem benefícios claros para os clientes ou descobrissem grandes problemas que não pudessem ser ajustados, era provável que desistissem do negócio na hora, sem dedicar tempo a outros fatores. Se esse fator crítico fosse superado, os dragões analisariam outros, como a estratégia de entrada no mercado, a experiência dos empreendedores e o tamanho do mercado-alvo. Na maioria das vezes, se a ideia de negócio ou o empreendedor fracassava em qualquer um desses fatores críticos, os dragões se retiravam da negociação imediatamente.

Esse atalho para a tomada de decisões diverge bastante de um processo tradicional, em que cada fator é analisado em minúcias, numa ponderação equilibrada. Um curso tradicional de administração de empresas enfatiza essa abordagem: avaliar benefícios e custos (prós e contras), reunir todos os dados e examinar todas as consequências. Essa poderia ser uma abordagem viável se o tempo fosse infinito – mas quem tem tempo de sobra hoje em dia? Essa também pode ser uma boa abordagem se o número de oportunidades for pequeno. Está claro, portanto, por que a mentalidade tradicional não se interessa em sair das quatro paredes para ir atrás de oportunidades. Afinal, por que iríamos querer mais opções do que conseguimos avaliar com calma? Só que, se você está no universo da inovação, da disrupção, da incerteza e da turbulência, essa abordagem não funciona. É por isso que os ICRs usam a abordagem do alerta vermelho para dizer "não" rapidamente e passar para a próxima oportunidade (mesmo sabendo que talvez se arrependam anos depois).

Sempre que há um grande grau de incerteza, o equilíbrio entre velocidade e precisão é fundamental. A alta velocidade garante que o tomador de decisões examine rapidamente muitas oportunidades em potencial. A alta precisão permite que o investidor tome uma decisão mais adequada coletando e processando o máximo de informações possível. E há uma tensão natural entre velocidade e precisão. A precisão exige que mais informações sejam obtidas e processadas, o que toma tempo e reduz a velocidade. Se você puder dedicar mil horas por ano à avaliação de novas oportunidades, poderá analisar vinte negócios por ano de maneira cuidadosa e lenta, reservando cinquenta horas para cada negócio, ou poderá analisar milhares de negócios muito rapidamente. É por isso que, nesse estágio, aqueles que têm a mentalidade de risco preferem a velocidade. Em última instância, os ICRs não decidem investir; eles decidem *não* investir.

Da próxima vez que tiver que tomar uma decisão, pergunte a si mesmo: "Estou priorizando a precisão ou a velocidade? Estou deixando passar oportunidades porque gasto tempo demais com a precisão?" Às vezes, é melhor acelerar o processo de decisão e encontrar maneiras eficientes de dizer "não" logo de início, para que mais ideias possam ser avaliadas com mais rapidez.

E quanto ao acaso? O que permite que os ICRs escolham startups promissoras num golpe de sorte? A história que veremos agora nos levará dos laboratórios franceses do século XIX aos laboratórios de inovação pertinho de Stanford.

3.3 Quando estiver na sua frente, você vai saber

Lembra como Sameer Gandhi, um ICR do Vale do Silício, conheceu os dois fundadores do Dropbox, que em 2007 já sonhavam com o futuro do compartilhamento de arquivos? Pode parecer que a decisão de Gandhi e de seus sócios de investir quase imediatamente foi um golpe de sorte. Mas, na verdade, ele estava muito bem preparado para aquela reunião. Ele entendia de compartilhamento de arquivos e tinha certeza de que aquela tecnologia se tornaria realidade mais cedo ou mais tarde.

Para se aprofundar no assunto, Gandhi havia se encontrado com dezenas de empreendedores que trabalhavam com compartilhamento de arquivos, portanto já estava familiarizado com o tema antes mesmo de ouvir falar do Dropbox. "O problema de todos os serviços anteriores de armazenamento on-line é que eles não sabiam tornar o processo incrivelmente simples para o usuário", declarou Gandhi.[7] Até conhecer Drew Houston e Arash Ferdowsi, ele dizia "não" a um investimento atrás de outro: "Ninguém antes havia resolvido os desafios técnicos e de design", lembrou ele. "E, naquele momento, os fundadores da Dropbox também não haviam resolvido, mas entendiam todos eles." Gandhi teve sorte? Claro que teve! Mas perceber que Houston e Ferdowsi "entendiam" todos os desafios exigiu muito suor. Como Thomas Jefferson supostamente disse certa vez: "Quanto mais eu trabalho, mais sorte parece que tenho."[8] Essa frase também se aplica a Gandhi e à mentalidade dos ICRs.

Gandhi sabia que havia uma solução para o problema do compartilhamento de arquivos; ela só não havia sido inventada ainda. É como quando Dmitri Mendeleev propôs sua elegante tabela periódica de elementos químicos e teve que deixar algumas lacunas para elementos ainda desconhecidos. No campo da inovação, David Singer, da Maverick Ventures, chama essas áreas promissoras de "espaços em branco". Para preencher a lacuna, ele se reúne com uma infinidade de startups nessas áreas até descobrir aquela que se encaixe perfeitamente na "tabela". Gandhi e Singer desenvolveram o que chamamos de "mente preparada".

A mente preparada dos ICRs de sucesso fica mais ativa quando eles descartam ideias em sequência ou decidem "por acaso" analisar a fundo as mais promissoras. Os ICRs confiam em suas habilidades para reconhecer padrões, habilidades que aprimoraram fazendo inúmeras reuniões com empreendedores, folheando apresentações e estudos do setor por horas a fio e tentando decifrar o vago universo de dados e resultados das startups. Esse é o método de preparação deles. Com isso, quando chega a hora de tomar uma decisão, os ICRs estão bem informados e podem tomá-la em minutos. Pode parecer, até mesmo para eles, uma decisão instintiva, mas ela foi se delineando por um longo tempo de incansável dedicação.

Essa preparação ajudou a Sequoia a garantir um dos melhores negócios de risco de todos os tempos. Sua participação total no Airbnb chegou a 12 bilhões de dólares na época em que o Airbnb abriu seu capital. O crescimento exponencial da plataforma talvez não tivesse sido possível sem Greg McAdoo, investidor da Sequoia que liderou uma rodada inicial de 600 mil dólares na incipiente startup.[9] David Rosenthal, um investidor-anjo, observa que Greg "já havia analisado a HomeAway, a Vrbo e o setor de aluguel por temporada antes. Ele disse: 'Acho que esses caras do Airbnb estão fazendo algo diferente'".[10] De acordo com Paul Graham, outro investidor, Greg "talvez tenha sido o único ICR que entendeu quão promissor era o Airbnb".[11] E acrescentou: "Ele havia passado boa parte do ano anterior estudando negócios semelhantes." Essa é a mente preparada em ação.

É claro que os ICRs não são os únicos que se beneficiam de uma mente preparada. A história da ciência está repleta delas. Um dos muitos exemplos notáveis que podemos citar é a descoberta milagrosa da penicilina por Alexander Fleming.[12] Fleming deixou placas repletas de bactérias em sua bancada quando saiu de férias no verão. Ao retornar, viu que algumas placas – as que haviam sido contaminadas por um fungo – estavam livres de bactérias. O resto é história. Na realidade, anos antes Fleming havia descoberto, após incansáveis experimentos, uma substância antisséptica que ocorre naturalmente, chamada lisozima. Ele publicou muitos artigos sobre o assunto, que foram recebidos com indiferença por seus colegas. Destemido, Fleming preparou milhares de amostras para observar minuciosamente as mudanças nas colônias de bactérias. Quando o acaso interveio, Fleming estava preparado. Como observou mais tarde: "Não fosse pela experiência anterior, eu teria jogado a placa fora, como muitos bacteriologistas devem ter feito antes. [...] Também é provável que alguns tenham notado coisas semelhantes. [...] Mas, na ausência de qualquer interesse em substâncias antibacterianas naturais, as culturas devem simplesmente ter sido descartadas."[13] Embora muitos cientistas talvez tenham notado e ignorado o que Fleming havia visto, a mente dele estava preparada. Percebe a semelhança com a mentalidade de risco?

As descobertas científicas e os investimentos em startups têm muito em comum: em ambos os casos, a tomada de decisões ocorre em circunstâncias de enorme incerteza. Mesmo que os pesquisadores chamem essas descobertas de "acidentes", elas não são. Raios X, micro-ondas e marca-passos são todos resultados de coincidências aparentemente mágicas que teriam sido muito improváveis sem meses e anos de trabalho duro.[14,15] Louis Pasteur, um gigante da ciência do século XIX, resumiu a mente preparada dos cientistas quando disse numa palestra na Universidade de Lille, em 1854: "Nas áreas de observação, o acaso privilegia apenas as mentes preparadas."[16]

Assim como a mente preparada pode dar origem a uma descoberta científica, com a mesma frequência se revela uma veia comercial. Em 1979, pouco antes da bem-sucedida abertura de capital da Apple, Steve Jobs e vários de seus engenheiros visitaram o PARC, o centro de pesquisas da Xerox Corporation. Para conseguir agendar a visita, Jobs fez a seguinte proposta: "Se vocês nos abrirem as portas do PARC, eu deixo que invistam 1 milhão de dólares na Apple." A Xerox aceitou. Seus executivos concordaram em mostrar à Apple suas novas tecnologias. Em troca, a Xerox conseguiu comprar 100 mil ações da Apple por cerca de 10 dólares cada.[17,18,19]

Existem várias versões sobre o que exatamente aconteceu no laboratório naquele dia, e alguns afirmam que muitos dos futuros produtos que mais tarde fizeram da Apple uma empresa tão próspera foram, no mínimo, inspirados pelo que seus engenheiros observaram ali. Jobs e sua equipe ficaram vidrados com diferentes dispositivos em desenvolvimento no PARC, desde impressoras a laser até a versão comercial de um mouse, e ficaram maravilhados com muitos softwares. Jobs percebeu na hora o potencial de muitas daquelas invenções: "Isso é o máximo! Isso é revolucionário!", saiu gritando. Como ele mesmo disse mais tarde: "Foi um daqueles momentos apocalípticos. Em dez minutos percebi que todo computador funcionaria daquela maneira um dia." E então acrescentou: "Depois que você enxergava, parecia muito óbvio."[20]

Era óbvio para Jobs, mas ele tinha passado anos preparando a mente, criando o próprio negócio de computadores pessoais, pensando em cenários futuros para os computadores e debatendo suas suposições com colegas. Com esse histórico, Jobs levou apenas dez minutos – menos tempo do que gastamos para fazer uma lista de compras – para reconhecer o potencial revolucionário das invenções do PARC.

Mas por que Jobs, e não o PARC?[21] Por que não foi a Xerox que alcançou uma avaliação na casa de trilhões de dólares com essa mina de ouro localizada em seu laboratório? Embora fossem competentes e qualificados, os funcionários do PARC não tinham mentes preparadas e sintonizadas na mesma frequência. Pior ainda: todos os executivos seniores da Xerox eram acometidos pela "ignorância dos engenheiros", de acordo com o fascinante livro *Fumbling the Future: How Xerox Invented, Then Ignored, the First Personal Computer* (Deixando o futuro escapar: como a Xerox inventou, depois ignorou, o primeiro computador pessoal), de Douglas K. Smith e Robert C. Alexander. A Xerox era uma empresa bem estabelecida e altamente lucrativa, com a maior parte de sua receita proveniente de impressoras e copiadoras. De acordo com um executivo sênior, embora a empresa gastasse centenas de milhões de dólares por ano em pesquisa, desenvolvimento e engenharia, não havia ninguém no alto escalão capaz de explicar aos engenheiros que esse ou aquele produto deveria custar menos ou funcionar mais rápido.

A maioria dos analistas acredita que os executivos da Xerox não conseguiram enxergar a luz porque não tinham conhecimentos de informática, já que os principais produtos da empresa não eram computadores. No entanto, Elon Musk não tinha expertise em viagens espaciais nem em fabricação de automóveis, e veja o que ele fez com a SpaceX e a Tesla. O principal problema da Xerox era que seus executivos não tinham a mentalidade de risco. Eles não tinham o menor interesse no que estava acontecendo no PARC. Embora aquele laboratório tenha gerado muitas invenções revolucionárias, nenhuma delas era uma questão de "vida ou morte" para a Xerox.

Vejamos a história do mouse de computador.[22] A versão do PARC custava mais de 350 dólares, tinha três botões e, devido a uma falha de projeto, não deslizava suavemente. Os engenheiros do PARC e seus chefes na Xerox não estavam buscando uma oportunidade para comercializar suas invenções. Jobs, por outro lado, logo contratou uma equipe de design para criar um mouse de botão único que custasse 15 dólares. E, sim, ele queria que o dispositivo se movesse suavemente em qualquer superfície – até mesmo sobre sua calça jeans, como fez questão de enfatizar. Jobs podia ver numa fração de segundo o sinal promissor em meio ao ruído branco. Ele conseguiu transformar uma pequena faísca numa grande inovação graças à sua mente preparada.

Quando estiver na sua frente, você vai saber, dizem por aí. Talvez o mais correto seja: *Você vai saber porque já viu antes.*

Num primeiro momento, pode parecer que os ICRs e outras pessoas munidas da mentalidade de risco tomam decisões de um jeito muito rápido e espontâneo. No entanto, essa velocidade vertiginosa é impulsionada por um cérebro bem preparado que está sintonizado para reconhecer padrões e consegue identificar rapidamente falhas críticas e reviravoltas inesperadas. Sem um estudo cuidadoso do setor, investidores como Gandhi ou McAdoo não teriam identificado futuros sucessos como Dropbox e Airbnb. Jobs conseguia "ver" e "sentir" as conexões que outros não percebiam porque passava incontáveis dias e noites pensando sobre aquelas questões. Marc Andreessen, cofundador da Netscape e da conhecida empresa de capital de risco Andreessen Horowitz (a16z), disse certa vez aos alunos de Stanford a respeito da seleção de startups: "Depois de um tempo nesse ramo, fica fácil concluir se uma equipe ou empresa deve ser financiada por um grande fundo."[23] Para Andreessen, é fácil identificar essas empresas devido à mente preparada que ele cultivou ao longo de muitos anos de investimentos.

Então, como treinar sua mente? Bem, sabemos o que *não* funciona. A velha história de que você precisa de 10 mil horas de prática para se tornar um especialista talvez não ajude muito quando se opera num mundo de incógnitas. Essa abordagem pode até mesmo engessar você, transformando-o em alguém que sabe muito sobre bem pouco. Para identificar padrões, você não precisa necessariamente de 10 mil horas, mas de uma visão privilegiada a 3 mil metros. É por isso que vamos decolar agora rumo ao céu e aprender não com os pássaros, mas com um ex-piloto que se tornou um investidor de capital de risco.

3.4 A expertise é um combustível para voar alto

Quando novas ideias surgem, as empresas tradicionais usam velhas ferramentas para avaliá-las. Os analistas coletam informações sobre o mercado, a concorrência e os clientes; o departamento financeiro cria modelos detalhados; o pessoal da cadeia de suprimentos avalia a confiabilidade do modelo de aquisição. Chamamos isso de "paralisia da análise", que não apenas provoca atrasos como impede que as empresas analisem outras ideias. E algumas dessas ideias passam voando. Uma startup ágil pode lançar uma campanha nas redes sociais mais rápido do que você consegue elaborar seu relatório analítico para convencer seus chefes de que o TikTok é um canal promissor a ser explorado.

Mas andar mais rápido não significa andar às cegas e sem direção. Para deixar a concorrência para trás, a mentalidade de risco se baseia em três mecanismos principais.

Faça sua parte fora das quatro paredes

"Não viaje até aqui só para me ver", disse o então CFO do Facebook, Gideon Yu, ao investidor russo Yuri Milner. Sua mensagem era a seguinte: o Facebook tinha uma fila enorme de pessoas querendo investir e Milner era apenas mais uma. Alguns meses depois, no entanto, o fundo DST de Milner, uma incógnita no Vale do Silício na época, conseguiu um acordo com o Facebook com uma pessoa mais receptiva: Mark Zuckerberg. Milner atribui seu sucesso à preparação e à experiência. Em meados dos anos 2000, passou a acreditar piamente no potencial das redes sociais e começou a procurar sucessos em todo o mundo. Sua meta era se encontrar com empreendedores e escolher uma equipe que pudesse pôr em prática a melhor solução. O que diferenciava Milner de uma longa lista de outros investidores era sua grande e elaborada planilha com dados sobre redes sociais do mundo inteiro, inclusive de países emergentes, como a Índia, e pequenos, como a Hungria.[24] Essa abordagem deixou Milner bem preparado para muitos outros negócios, como Flipkart e Ola.[25] Ele diz que essa estratégia se resume a "explorar fontes, construir relacionamentos e preparar planilhas". Explorar, construir e preparar.

Não surpreende que, em 2008, o Facebook tenha começado a aparecer no radar de investimentos da DST. Milner imediatamente cruzou o Atlântico para se encontrar com Mark Zuckerberg e sua equipe de liderança. Como o Facebook era uma startup em alta, cercada por uma multidão de investidores ansiosos, suas chances eram pequenas. Milner sabia que apenas oferecer capital não bastava, mas ele também levava consigo sua experiência e seus insights sobre redes sociais. Mais tarde, ele apelidou um desses insights de "Lei de Zuckerberg" (semelhante à famosa Lei de Moore): a cada doze ou dezoito meses, a quantidade de informações compartilhadas na internet dobra. Mais tarde, Zuckerberg disse sobre o fundo DST: "Esses caras têm mesmo um perfil único. Eles têm muita experiência a oferecer."[26]

"Passo muito tempo me preparando para essas reuniões", disse Milner.[27] Essa preparação transformou o investimento de 200 milhões de dólares da DST num ganho final de 4 bilhões. Sem dúvida fez valer o voo para cruzar o Atlântico.

Turbine sua experiência no setor antes de voar

Se um dia você voar pela JetBlue, preste bastante atenção na tela à sua frente, repleta de opções de entretenimento e TV ao vivo. Você pode assistir a programas populares, atualizações do mercado de ações e notícias de última hora enquanto viaja a 10 mil metros de altura. Pode ser difícil de acreditar, mas, antes de abril de 2000, o luxo da TV ao vivo estava disponível apenas para donos de jatinhos particulares.[28,29] A JetBlue foi a primeira companhia aérea comercial a introduzir monitores de tela plana em cada assento e a oferecer aos seus clientes acesso ao vivo aos canais da DirecTV sem custo adicional.

Embora a JetBlue sempre tenha sido uma empresa inovadora, que introduziu diversos recursos tecnológicos em seus negócios, uma mudança disruptiva em sua abordagem começou em 2016, quando a empresa fundou a JetBlue Technology Ventures (JTV), um dos primeiros fundos de risco corporativo do setor aéreo. A JTV foi fundada e dirigida por Bonny Simi, ex-aluna de Ilya em Stanford. Mesmo para os padrões dos formandos de Stanford, a carreira de Simi era extraordinária: piloto de avião, atleta olímpica por três vezes, repórter de TV e, finalmente, investidora de capital de risco! Qual seria seu próximo passo? Táxis voadores, estilo *Os Jetsons*?

Um desafio que a JetBlue enfrentou foi sua pequena escala, para uma companhia aérea.[30] Detendo apenas 5% de participação de mercado nos Estados Unidos, atrás da American, da Delta e da United, ela dificilmente teria um impacto de longo prazo sem um pensamento assimétrico e inúmeras apostas revolucionárias, capazes de colocá-la à frente da concorrência. Os chefes de Simi perceberam que a empresa precisava aproveitar a criatividade de pessoas de fora, e Simi ficou encarregada do setor de capital de risco da JetBlue.

Simi entendeu que, para ter sucesso, é preciso ter uma mente preparada e pensar como um ICR. Ela já tinha muitos insights sobre o setor aéreo; agora, se dedicaria a estudar o ecossistema do capital de risco e exemplos de sucessos e fracassos corporativos em inovação disruptiva. Em poucos anos, ela e sua equipe revisaram e analisaram praticamente todas as startups relacionadas a viagens, além de fazer análises de dados de bilhões de pesquisas de viagens e itinerários.[31] Bonny Simi adentrou o hall da fama do setor de capital de risco construindo uma reputação para a JTV e valendo-se de sua profunda experiência. Toda startup no setor do transporte aéreo sonhava em se associar à JTV.

Simi e sua equipe eram extremamente exigentes, e havia uma razão para isso. Eles conheciam muito bem o setor e suas necessidades, pois tinham a mente preparada para detectar na mesma hora qualquer possível falha. Uma das ideias que avaliaram tinha como objetivo ajudar os pilotos a planejar melhor o consumo de combustível antes de um voo, mas Simi logo percebeu que aquele não era o maior problema enfrentado pelas companhias aéreas comerciais. Em outro caso, Simi se deparou com uma startup chamada Lumo, que havia criado uma solução para prever, rastrear e gerenciar atrasos de voos para viajantes e empresas. Simi aprovou a ideia com entusiasmo, enquanto outros se mostraram indiferentes. A mente preparada de Simi percebeu depressa a capacidade da Lumo de prever o tráfego aéreo. É preciso estar preparado antes de voar.

Escolha seu campo de batalha

Muitos FCRs também chamam a abordagem que adotam de "Mente Preparada". É o caso da Accel Partners, outra investidora inicial no Facebook. Sua equipe pensa o tempo todo em como será o futuro e, em seguida, procura empresas que se encaixem nesse cenário. Com isso, a Accel consegue financiar equipes e ideias em estágios bastante iniciais.

Em 2005, o domínio do Google entre os mecanismos de busca era incontestável, mas, para cada Golias, existe um Davi. Theresia Gouw, uma importante ICR do Vale do Silício, nos contou a fascinante história de como encontrou um deles. Cientistas usam laboratórios de pesquisa para treinar a mente; ICRs usam reuniões. Eles fazem reuniões com empresas iniciantes, especialistas, acadêmicos... com qualquer pessoa de sua zona de interesse. Para Gouw, na época sócia da Accel, um desses especialistas era Philip Nelson, então empreendedor residente da Accel e um guru mundialmente famoso na área das ferramentas de busca. Conversando com Nelson, Gouw percebeu que o calcanhar de aquiles do Google era uma pesquisa "parametrizada". Se um usuário quisesse saber mais sobre as principais atrações de Boston, bastaria dar alguns cliques para obter uma lista de opções. Por outro lado, se o usuário pesquisasse opções de viagem, por exemplo, de Atlanta para Boston, o mecanismo de pesquisa do Google não ajudava. Informações como datas específicas, horários e companhias aéreas eram detalhadas demais para uma pesquisa tão básica. O Google simplesmente não havia sido projetado para isso. O mesmo acontecia com a busca por empregos, imóveis e muitas outras categorias. Hoje Gouw sorri ao lembrar o momento de sua revelação triunfal, a oportunidade que ela agarrou: pesquisa de necessidades por nicho. Essa era a visão.

Com uma ideia na cabeça, Gouw pôs mãos à obra. Começou pela busca por imóveis. Os leads vinham de todos os lugares, e alguns... ela mesma pesquisou no Google. Fez reuniões com dezenas de empresas e, quanto mais aprendia, mais percebia o que seria necessário para vencer. Quando conheceu os fundadores do marketplace imobiliário Trulia, estava preparada. Quando a Trulia abriu seu capital anos depois, foi a mente preparada e orientada de Gouw que contribuiu para esse sucesso. A Accel acabou fazendo vários investimentos em buscadores de nicho, inclusive na Kosmix (voltada para compras) e na Kayak (de viagens).

A mentalidade corporativa pode tirar proveito desses princípios. Há centenas, milhares de ideias para serem avaliadas ao mesmo tempo. Tentar abraçar o mundo não é a melhor estratégia; manter o foco é o que ajuda a preparar a mente.

Concentrar os esforços num domínio específico e, ao mesmo tempo, sair das quatro paredes é um jeito eficiente de avaliar milhares de ideias. Seria uma tarefa insuportável para qualquer ICR filtrar algumas dezenas de empresas entre 3 mil candidatas. Na busca por ideias inovadoras, é preciso ser rápido para garimpar diamantes. A rapidez também é válida fora do mundo do capital de risco. Mas o que significa rapidez?

3.5 Quando cada segundo conta

Voltemos por um momento àquela aula de Stanford em que empreendedores apresentam sua empresa aos ICRs em formação. Ali, o que costuma separar o sucesso do fracasso são vinte minutos de apresentação. Esse tempo é bastante semelhante ao que um empreendedor sortudo teria diante de ICRs de verdade. Por que "sortudo"? Porque a maioria nem sequer seria convidada para uma conversa e teria seus e-mails imediatamente mandados para a lixeira. Mas, é claro, sabemos que os empreendedores que conquistam vinte minutos de atenção são preparados, e não apenas sortudos.

Lembra o nosso experimento no qual enviamos e-mails fictícios "do nada" para investidores de startups? Alguns claramente repercutiram melhor que outros, com a taxa de resposta positiva variando de menos de 2% a mais de 15% – uma diferença considerável, que pode ser parcialmente atribuída às palavras-chave, escolhidas a dedo, que tocaram no ponto certo.

Apresentar propostas para ICRs pode ser difícil, mas compare esse desafio com o trabalho dos roteiristas. A cada ano, algo entre 50 mil e um milhão de roteiros disputam um número muito limitado de vagas em Hollywood.[32] É um mercado bastante competitivo. No entanto, o "funil de roteiros" é exatamente como o funil das propostas dos empreendedores. Depois de passar pela etapa da falha crítica, a apresentação do roteiro dura de quinze a vinte minutos. Graças à pesquisa realizada por Kimberly Elsbach, da Universidade da Califórnia em Davis, e Roderick Kramer, de Stanford, sabemos o que acontece na mente dos tomadores de decisões.[33] Elsbach e Kramer não apenas fizeram entrevistas como gravaram em vídeo as apresentações aos produtores, o que incluiu as interações de um roteirista com um executivo do estúdio. Descobriu-se que os produtores geralmente tomam uma decisão em questão de minutos ou até mesmo segundos.[34] (Outro estudo concluiu que o tempo de decisão é de 45 segundos.)

Se você acha que quinze minutos é muito pouco tempo para tomar uma decisão crucial para sua vida, basta olhar para a escolha de um par romântico. Quando a revista *Time Out* perguntou a 11 mil pessoas de diversos países quanto tempo elas levam para decidir se querem um segundo encontro com alguém, quase metade dos entrevistados respondeu que não precisava de mais do que dois ou três minutos.[35] Provavelmente tempo suficiente para pedir um cappuccino, mas talvez não para tomá-lo até o fim!

O mundo da moda também pode competir com Hollywood em termos de velocidade. Para os chamativos desfiles nos quais as grifes exibem suas novas coleções, os produtores selecionam apenas algumas modelos entre milhares que se candidatam à oportunidade. Quando os pesquisadores perguntaram quanto tempo levavam para escolher uma modelo num casting, ficaram surpresos com a resposta dos produtores. Um deles chegou a dizer: "Um segundo! Se você sabe, você sabe!" E em que eles se baseiam? Numa mente preparada! Os produtores passam inúmeras horas folheando revistas e periódicos de moda para desenvolver uma habilidade que chamam de "olho treinado". Também estão sempre em contato com outras pessoas do setor para obter informações valiosas sobre critérios de seleção de modelos.[36] Isso é exatamente o que os ICRs fazem na busca por startups antes de colocá-las no pódio dos investidores.

Será que Hollywood ou os produtores de moda detêm o recorde de velocidade? Não. Graças a um complexo estudo de rastreamento ocular, descobrimos que os recrutadores de emprego gastam em média 7,4 segundos (!) para tomar uma decisão inicial de "adequado ou não adequado" ao examinar o currículo de um candidato.[37,38] Assim como os ICRs, os recrutadores pesquisam uma quantidade limitada de informações para associar candidatos à função desejada ou descartá-los de pronto. Eles começam analisando os dados principais: nome, formação, onde trabalhou e por quanto tempo. Em seguida, examinam as palavras-chave. É isso. Sete segundos são suficientes para contratar um bom funcionário? De forma alguma, mas o objetivo é excluir candidatos pouco promissores para que possam analisar posteriormente, com mais cuidado, um subconjunto menor de candidatos. Da próxima vez que você preparar seu currículo ou se candidatar a um emprego, coloque-se no lugar do recrutador que decidirá sobre seu futuro examinando seu currículo em sete segundos.

Queremos encerrar este capítulo com um alerta. Estar preparado não significa confiar em atalhos mentais nem ignorar fatos. Se você deixar de lado o trabalho duro e as horas intermináveis de preparação, vai acabar recaindo em preconceitos e parcialidades. Mas mesmo mentes preparadas podem ser tendenciosas, portanto atenção. Tenha cuidado ao ignorar startups inusitadas, ao descartar pessoas que não se encaixem no padrão e ao ignorar ideias inesperadas. Preconceitos podem se espalhar como um vírus difícil de erradicar. Fatores como etnia, gênero ou histórico podem distorcer uma análise objetiva. Não confunda mente preparada com afobação. Às vezes, é preciso desacelerar para tomar a decisão certa.

CHECKLIST DA MENTALIDADE DE RISCO

- ☐ Você costuma interagir diretamente com empresários, executivos e especialistas para aprofundar seus insights sobre a evolução do seu setor?
- ☐ Empreendedores e outras empresas recorrem a você para apresentar ideias e ter acesso à sua experiência e à sua rede de contatos?
- ☐ Você estabeleceu áreas, temas e "espaços em branco" que sua organização deve priorizar ou ignorar completamente?

4

Diga "não" cem vezes

Por que você precisa ser seletivo, mas não do jeito que está pensando

4.1 Como quebrar um cofrinho... e a banca

"Quebra logo, professor! Vamos contar!"

Você é um dos trinta participantes reunidos em torno de um cofrinho lotado com moedas de 1 centavo de dólar. Ele ficou tão cheio que não dá para enfiar nem uma única moeda a mais dentro dele. Costumamos brincar disso em nossos workshops corporativos e fazemos uma pergunta simples aos participantes: "Quanto dinheiro há nesse cofrinho?" Tente adivinhar você mesmo (Figura 5).

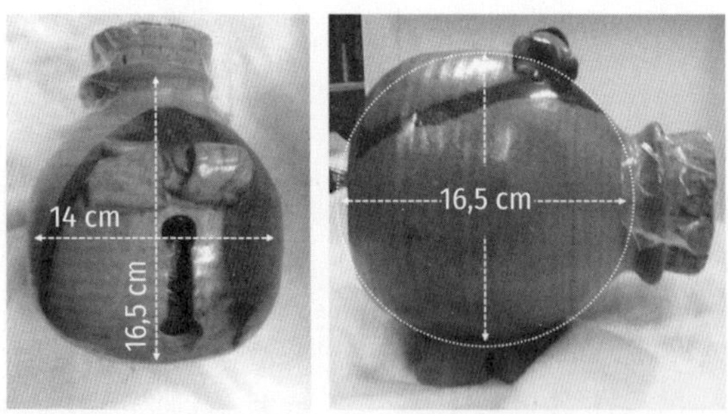

Figura 5. Cofrinho cheio de moedas de 1 centavo de dólar. Cada moeda tem 19 milímetros de diâmetro.

Damos alguns minutos ao grupo e observamos suas fascinantes estratégias. Alguns ficam olhando fixamente para o cofrinho. Outros o pegam nas mãos, tentando estimar o peso, depois entram na internet para pesquisar o peso de uma moeda de 1 centavo. Há quem tire fotos do cofrinho. Outros recorrem à calculadora no celular.

Então chega a hora do "leilão"! As regras são as seguintes: cada participante dá um lance com o preço pelo qual está disposto a comprar todas as moedas no cofrinho; todos escrevem seus lances num pedaço de papel, mas somente o lance mais alto vencerá.

Vamos supor que o cofrinho tenha 3 mil moedas, ou seja, 30 dólares, e que você dê um lance de 20 dólares. Se outra pessoa der um lance superior a esse, você não ganha. Agora, imagine que você deu um lance de 20 dólares e todos os outros participantes da sala deram um lance *menor*. Nesse caso, você vence o leilão. Você nos dá 20 dólares e nós lhe damos 30. Você embolsa a diferença e tem um lucro de 10 dólares. Mas e se você der um lance de 40 dólares e todos os outros lances na sala forem *menores* que o seu? Então você "vence" o leilão, mas acaba de ficar 10 dólares mais pobre: você ainda recebe os nossos 30 dólares, mas agora nos deve os 40 que ofereceu. Você pode ganhar e perder ao mesmo tempo nesse jogo.

Depois que todos escrevem seus lances, a verdadeira diversão começa. Pedimos a todos que levantem seus pedaços de papel. A energia na sala fica tensa quando trinta pessoas mostram seus lances. Em seguida, pedimos que apenas aqueles com lances de 1 dólar ou mais mantenham as mãos levantadas. Depois, apenas aqueles com lances acima de 5 dólares, 10... 50... 100. As pessoas olham em volta com espanto. Algumas estimativas foram muito mais altas que outras. Por fim, um senhor de camisa azul-escura e óculos de armação fina e prateada é o último a manter levantado o papel com o lance: um "125" escrito em letras garrafais. Ele é o vencedor e todo mundo aplaude. Mas será que é mesmo? O cofrinho contém 12,74 dólares. Na verdade, o cavalheiro está errado em exatos 112,26 dólares!

Ele venceu, mas, ao vencer, saiu perdendo.

Nós já organizamos esse jogo centenas de vezes. Nunca perdemos dinheiro. Nem uma única vez. Há sempre alguém num grupo de vinte ou trinta alunos – ou de altos executivos – que dá um lance maior do que o que está dentro do cofrinho. Você só pode se tornar o vencedor se der um lance acima do de todos os demais, mas sua comemoração não dura muito tempo.

O que você acabou de testemunhar é um fenômeno bem estudado e poderoso conhecido como "maldição do vencedor".[1] A incerteza desempenha um papel importante aqui. Cada participante tem que estimar a quantia dentro do cofre. De forma semelhante à avaliação de ideias inovadoras, essas estimativas são todas baseadas em suposições; todas são imperfeitas. Avaliação, afinal de contas, não é um exercício trivial! Algumas suposições estão bem abaixo do valor real, enquanto outras estão bem acima. Por exemplo, será que a tecnologia de realidade virtual será um sucesso como a internet ou um fracasso como o Clubhouse? Ninguém sabe ainda. O mesmo vale para o conteúdo do cofrinho. Por fim, o jogo se resume à estimativa *máxima* e ao lance *máximo* (Figura 6).

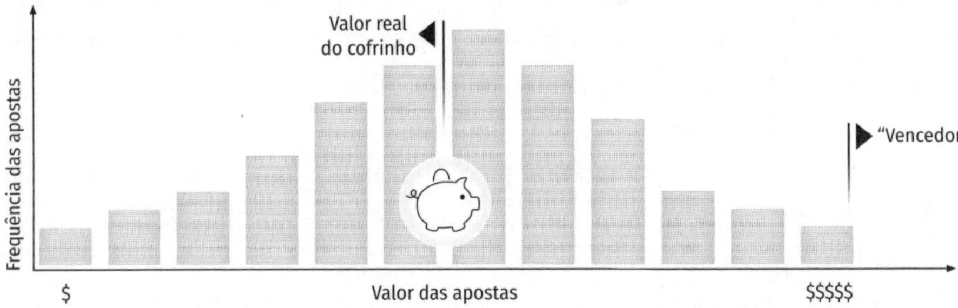

Figura 6. Exemplo de possíveis desfechos num "leilão de cofrinho"

A maldição do vencedor está à nossa volta, impossível de ser vista, mas pode ser profundamente sentida. Ela ajuda a explicar o fracasso de tantas fusões e aquisições, por exemplo. Também desempenha um papel de destaque no universo do capital de risco. Nesse contexto, está intimamente atrelada ao FOMO, sigla em inglês para "medo de ficar de fora". Quando cogitam fazer uma oferta de investimento numa startup, os investidores geralmente se preocupam com a possibilidade de serem superados por concorrentes mais generosos. Será que eles devem aumentar a oferta na esperança de ter uma fatia da próxima Amazon ou Microsoft? Startups são como cofrinhos, exceto pelo fato de que seu valor real não será conhecido por algum tempo. Os ICRs tentam estimar o valor potencial e, se tiverem medo de perder a oportunidade, podem subir demais a aposta.

É claro que quanto mais ansioso o investidor estiver, maior será a probabilidade de superestimar o valor potencial da startup. Quanto maior a incerteza e mais aquecido o mercado geral de capital de risco, mais intenso se torna o FOMO, aumentando ainda mais a maldição do vencedor. Muitos investimentos de capital de risco de alto nível que terminaram em lágrimas são resultado da rendição ao FOMO. Vejamos a súbita ascensão (e a queda ainda mais acentuada) da bolsa de criptomoedas FTX, em 2022, ou, antes disso, a ascensão e queda de outra queridinha dos investidores, a WeWork.[2,3,4] Podemos citar também a Ofo, empresa chinesa de compartilhamento de bicicletas.[5] Em seu auge, ela arrecadou mais de 2 bilhões de dólares de investidores, mas logo estourou como um pneu cheio demais, deixando um rastro de bicicletas jogadas nas ruas como lixo. O FOMO é comum no mundo do capital de risco.

No leilão do cofrinho, a maldição do vencedor piora conforme o número de participantes aumenta. Se você ganhar numa sala com cem participantes, é provável que tenha que deixar a roupa do corpo. A maldição do vencedor também é muito mais cruel quando o tempo disponível para elaborar o lance é muito curto. Se oferecêssemos aos participantes meia hora para fazer cálculos mais cuidadosos, ninguém daria um lance de 125 dólares por um cofrinho com 12,74 dólares em moedas.

Numa situação de concorrência sob forte pressão de tempo, as emoções ficam à flor da pele. Psicologicamente, tendemos a associar a vitória na batalha de lances à vitória na guerra de fato. Temos medo de deixar passar a chance da nossa vida e, por isso, saímos correndo para investir no que quer que meramente se pareça com uma chance desse tipo. No entanto, em qualquer situação semelhante à do cofrinho, a melhor reação é dar um passo atrás e avaliar todas as informações disponíveis, ciente de que, na maioria das vezes, rejeitar o negócio é a melhor atitude.

Se você acha que a maldição do vencedor e o FOMO representam um perigo apenas para os ICRs, lembre-se da última vez em que seu orçamento anual foi debatido sob argumentos de "agora ou nunca". Ou, então, de quando você queria contratar um profissional muito requisitado e sua equipe de RH sugeriu aumentar a oferta. Ou de quando um possível acordo de aquisição estava sendo debatido e a diretoria e o conselho inflaram determinadas suposições para aumentar a avaliação. Em todas essas situações, a relutância em dar um passo atrás e, se necessário, rejeitar a oportunidade pode lhe custar caro.

Psicologicamente, todos nós queremos fechar negócio, mesmo correndo o risco de pagar a mais por um cofrinho cheio de moedas. Esteja ciente da influência da maldição do vencedor em sua vida. Esse fenômeno predomina sobretudo no mundo da inovação disruptiva, dado que grandes ideias surgem apenas de vez em quando. Os ICRs desenvolveram processos e regras de ouro para manter a maldição do vencedor sob controle. Eles são bastante disciplinados em dizer "não" com uma frequência bem maior do que você imagina.

4.2 Dizer "não" está no sangue

Como alguém poderia rejeitar a oportunidade de investir numa empresa de 10 bilhões de dólares e ainda assim sair ganhando?

Bill Maris, da Google Ventures (um braço de capital de risco da Google), é formado em neurociência.[6] Foi pesquisador no centro de neurobiologia da Universidade Duke antes de se tornar investidor em biotecnologia e engenheiro/fundador de startups. Depois de ingressar na Google em seu início e fundar a Google Ventures em 2009, ele enxergou o potencial das startups da área de saúde, incluindo a 23andMe (famosa pelos testes de DNA) e a Flatiron Health e a Foundation Medicine, focadas no câncer, para citar algumas. As duas últimas foram adquiridas pela Roche por cerca de 2 bilhões de dólares cada, proporcionando um sólido retorno para a Google Ventures e uma ótima reputação para Maris.[7,8]

Em 2013, uma nova oportunidade entrou no radar dele.[9] Uma startup de tecnologia de saúde alegou que poderia revolucionar o setor tradicional de exames laboratoriais da mesma forma que o iPhone havia revolucionado os celulares. Pense na última vez que seu médico o mandou a um laboratório para fazer uma coleta de sangue. Sabe todos aqueles tubos de coleta? Agora você não precisaria mais de um médico nem de um equipamento pesado. Em vez disso, uma única e minúscula gota do seu sangue seria colocada num dispositivo portátil. Em seguida, você selecionaria as opções num aplicativo fácil de usar para fazer um exame de sangue específico.

A empresa Theranos, hoje extinta, havia sido fundada dez anos antes por uma ex-aluna de Stanford que abandonou a universidade. Em 2013, a empresa ostentava uma lista impressionante de parceiros de grande porte, como a Safeway e a Walgreens. Os logotipos de grandes nomes da indústria farmacêutica apareciam em destaque na apresentação para os investidores.

O otimismo estava lá em cima, com muita gente afirmando que aquela era a próxima oportunidade de 1 trilhão de dólares. De fato, a empresa cumpria muitos requisitos que um ICR típico exigiria. Entretanto, algo chamou a atenção de Maris. O conselho de administração da Theranos contava com notáveis celebridades: Henry Kissinger e George Shultz, ambos ex-secretários de Estado dos Estados Unidos; o general James Mattis, célebre comandante militar americano; Richard Kovacevich, ex-CEO do banco Wells Fargo. Uma lista impressionante, sem dúvida alguma. Mas, curiosamente, para uma empresa de ciências biomédicas, o conselho não tinha um único especialista em saúde.[10] E, embora a Theranos já tivesse levantado um financiamento substancial, nenhum dos investidores era de empresas de capital de risco de biotecnologia de renome e nenhum investidor fazia parte da diretoria. Tudo isso acendeu o alerta vermelho da mentalidade de risco de Maris.

Seu passo seguinte foi testar o produto da Theranos, que na época prometia realizar vários exames simultâneos com base em uma única gota de sangue, embora o equipamento ainda não fosse pequeno o bastante para ser colocado na palma da mão. Mesmo assim, parecia um milagre. Maris enviou um membro de sua equipe de investimentos em ciências biológicas à farmácia Walgreens para fazer o exame de sangue, disfarçado de cliente. O resultado não foi animador. Quando o funcionário de Maris chegou à farmácia, pediram-lhe que fizesse a coleta completa de sangue venoso em vez da esperada gota única. Como ele se recusou, pediram que voltasse dali a uma semana para coletarem mais sangue.

A preocupação de Maris se intensificou diante do silêncio da diretoria da Theranos, que se esquivava de responder a perguntas científicas e não se mostrava disposta a revelar detalhes de sua tecnologia revolucionária. "Não era difícil chegar à conclusão de que as coisas talvez não fossem o que pareciam ser", lembrou Maris mais tarde. Sem dúvida, ele se sente feliz por ter deixado passar a chance de investir na Theranos, que o promotor federal Robert Leach descreveu anos depois como "um dos crimes de colarinho-branco mais flagrantes já cometidos no Vale do Silício".[11] Em 2022, a fundadora da Theranos, Elizabeth Holmes, foi condenada por quatro acusações de fraude criminal e sentenciada a onze anos de prisão.

A Google Ventures foi a única a recusar o acordo aparentemente lucrativo com a Theranos? Não.

Anos antes, em 2006, outro investidor do setor de saúde, Bijan Salehizadeh, da Highland Capital Partners, também recusou. Ao tentar se aprofundar na tecnologia da Theranos, ele teve a sensação de que Holmes não estava disposta, ou não era capaz, de responder à maioria das suas perguntas.[12] Um desfecho semelhante ocorreu quando Holmes se reuniu com a MedVenture Associates, um FCR especializado que investia em dispositivos de tecnologia médica havia décadas.[13]

E David Singer, sócio da Maverick Ventures, nos confidenciou que, quando viu uma apresentação de slides de uma das primeiras rodadas da Theranos, concluiu rapidamente que "se eles queriam invadir a Europa, era o grupo certo de pessoas, mas não vi nenhum conhecimento especializado na empresa para construir um negócio sofisticado na área da saúde". Surpreendentemente, ao contrário do que muitas pessoas poderiam pensar, a Theranos acabou não tendo quase nenhum ICR investindo nela. O que há de comum entre os ICRs que analisaram e rejeitaram a Theranos? Por que eles não sucumbiram ao FOMO? A Theranos passou na avaliação preliminar de "falha crítica" de muitos ICRs, o que os levou a se aprofundar para saber mais. Você não faria isso? Se a inovação dos exames com uma única gota de sangue fosse real, seria uma grande oportunidade. Mas a mentalidade questionadora dos ICRs os levou a examinar a ideia e a procurar entender todos os detalhes da tecnologia. À medida que a diligência prévia detalhada revelava um alerta vermelho após o outro, suas cabeças passaram da curiosidade para o ceticismo.

No Capítulo 3, falamos sobre realizar uma avaliação inicial rápida e sobre treinar sua mente para tomar decisões ligeiras, eliminando projetos que não valem uma análise mais profunda. Porém, diante de ideias que superam a etapa da falha crítica, a mente do ICR muda de marcha. Agora é hora de fazer uma pausa, respirar fundo e mergulhar nos detalhes para que a maldição do vencedor e o FOMO não tenham vez. Isso significa listar as principais suposições; analisá-las com a ajuda de especialistas, clientes e parceiros; fazer ligações de referência para a equipe de gerenciamento; e testar o produto, mesmo que isso signifique enviar um funcionário disfarçado de cliente. Isso é diligência prévia ao estilo ICR.

Marc Andreessen surpreendeu muitos alunos de Stanford quando descreveu o negócio de seu FCR, o a16z, da seguinte maneira: "Nosso trabalho diário é acabar com as esperanças e os sonhos dos empreendedores. Nós nos concentramos muito, muito mesmo, em sermos muito bons em dizer 'não'."[14] A mentalidade de risco toma decisões para rejeitar a maioria das ideias *rapidamente*, mas também faz o possível para inspecionar *lentamente* aquelas que analisa mais a fundo. A lenta tomada de decisões, após a rápida análise inicial, pode se tornar sua tábua de salvação.

Quantos negócios os ICRs se sentem confortáveis em rejeitar em sua busca por um tiro certeiro? Com que frequência os investidores de risco dizem "não" em seu caminho rumo a um único "sim"?

Graças à pesquisa de Ilya e seus colegas, sabemos a resposta. Para cada investimento em startup, os ICRs avaliam, em média, 101 negócios.[15] E esse número não é o teto. Os ICRs do Vale do Silício especializados na área de TI avaliam cerca de 150 startups para fazer um único investimento.

NOTA: Os dados foram extraídos de "How Do Venture Capitalists Make Decisions?", de Paul Gompers, Will Gornall, Steven N. Kaplan e Ilya A. Strebulaev (2020).

Figura 7. Investimentos em potencial que alcançam cada etapa por negócio fechado

A Figura 7 mostra o que chamamos de "funil de negócios" do ICR. Já conhecemos a parte superior. Os ICRs precisam buscar o máximo de oportunidades para que o funil seja largo na entrada. Porém, quanto mais largo for o funil, mais desafiador será avaliar cada oportunidade em detalhes. É por isso que os ICRs usam a abordagem da falha crítica. De cada cem oportunidades, os ICRs rejeitam até noventa depois de conhecerem brevemente a startup, analisarem o argumento de venda ou se reunirem uma vez com a equipe. Uma conversa num café com os gestores pode levar uma hora, e muitas oportunidades nem chegam a essa etapa. Apenas cerca de dez em cada cem são debatidas seriamente pelos sócios do fundo. As oportunidades sobreviventes são submetidas a um processo cuidadoso e relativamente lento de diligência prévia, em oposição à abordagem rápida da falha crítica no topo do funil. Tudo isso culmina em apenas um investimento. Cem para um! Os outros 99 não passam pelo corte final.

Olhe para esses números de outra maneira. Os ICRs começam rejeitando rapidamente nove entre cada dez negócios. Depois, quando se aprofundam nos restantes, esperam novamente eliminar nove entre dez! Isso é brutal, mas é assim que os investidores de startups, que lidam com enorme incerteza e otimizam seu *sourcing*, fazem seu modelo de negócios funcionar. Se você está num ambiente de alta incerteza em sua tomada de decisões, talvez seja interessante recorrer à estratégia do funil de negócios.

Com essas informações em mente, você pode entender o que aconteceu com Andreas, amigo europeu de Ilya. Ciente de que Ilya era especialista em tudo relacionado ao Vale do Silício, Andreas foi reclamar com ele sobre os investimentos em startups. Pouco tempo antes, Andreas havia investido numa startup promissora do setor de saúde e perdido muito dinheiro quando ela faliu. A primeira resposta de Ilya foi que, no Vale do Silício, as startups vão à falência o tempo todo, mesmo as que pareciam muito promissoras e despertaram a adrenalina dos investidores no início. Em seguida, Ilya perguntou a Andreas quantas startups ele tinha analisado antes de apostar seu dinheiro naquela. Indignado, Andreas respondeu que havia conhecido os caras da empresa e gostado deles, e a ideia parecia promissora, então ele investiu. Em outras palavras, seu funil selecionou um único investimento num total de... um. Isso, sem dúvida, é brincar com a sorte!

Já vimos muitas pessoas cometerem o mesmo erro, principalmente fora do Vale do Silício. Se o amigo de Ilya tivesse analisado dezenas de startups semelhantes e conhecido dezenas de fundadores num espaço relevante, poderia ter encontrado uma oportunidade mais promissora. Para os investidores em negócios disruptivos, não analisar muitas propostas antes de fazer uma seleção é como comprar um bilhete de loteria: se você apostar um valor pequeno, as chances estarão contra você; se apostar sua fortuna inteira, a ruína será certa.

Num ambiente corporativo, esses erros são ainda mais corriqueiros. Nosso conselho é simples: para evitar surpresas, avalie mais opções. Expanda seu funil de ideias e seja disciplinado ao aplicá-lo, usando diferentes critérios a cada etapa. É claro que isso é mais fácil na teoria do que na prática. É um trabalho duríssimo.

4.3 Engenheiros de redução de riscos

São necessários apenas alguns minutos para encontrar e comprar qualquer coisa na internet. Os usuários da Netflix gastam até vinte minutos para escolher um filme.[16] Um cliente leva três a seis horas para comprar um carro, desde o momento em que entra na concessionária até o instante em que sai dirigindo.[17] Mas, em média, o processo de diligência prévia dos ICRs leva impressionantes 118 horas por investimento.[18] Quando estudantes de MBA, empreendedores e executivos escutam esse número, a primeira reação é de puro choque. O choque se aprofunda quando percebem que essas 118 horas são apenas para cada investimento que os ICRs aprovam em última instância. Acrescente o tempo gasto em negócios que nunca são concluídos e os investidores provavelmente gastam bem mais de 250 horas analisando potenciais investimentos.

Brian Jacobs, colega de Ilya, calculou que na Emergence Capital (o FCR que ele cofundou) gastam-se quatrocentas horas em diligência prévia para cada novo investimento. Essas quatrocentas horas incluem vinte minutos para cada oportunidade rejeitada.

Para tomar uma decisão, essas centenas de horas são condensadas num documento único e conciso chamado “memorando de investimento”, ou simplesmente “memorando”. Ele explica a lógica do investimento de modo bem estruturado, ajudando a posicionar o negócio dentro do contexto de outras oportunidades e empresas do portfólio. Mais importante ainda, congrega respostas para as principais perguntas, destaca os riscos, sugere outros itens de diligência e enfatiza o que provavelmente permanecerá desconhecido até que o investimento seja feito, independentemente do esforço dedicado. A principal lição que você pode tirar do memorando para a mentalidade de risco é a seguinte:

Não esconda os riscos. Traga-os à tona o quanto antes.

Os memorandos de investimento são ferramentas, não balizas. Eles são concisos. Pesam os prós e contras. Põem as ideias à prova. Identificam os principais riscos, suposições e incógnitas. Preparam o debate futuro de maneira equilibrada. São testemunhas, não defensores ávidos. São escritos para todos os tomadores de decisões e devem ser lidos antes de o grupo se reunir. São um ponto de partida para estimular o debate. Geralmente levam a um "não". Quando foi a última vez que você escreveu ou leu um memorando desse tipo?

Vejamos, por exemplo, o memorando escrito por Jeremy Levine, sócio da Bessemer, em dezembro de 2006, descrevendo uma proposta de investimento no LinkedIn, na época uma rede social nova e de rápido crescimento voltada para o mercado de trabalho.[19] A primeira característica que se destaca é a concisão do memorando, com apenas oito páginas. Depois de discorrer sobre fatores como equipe de gestão e mercado, Levine identifica os principais riscos do investimento e descreve vários cenários, desde um desastre completo (em que tudo dá errado) até um cenário formidável (em que o LinkedIn se torna uma rede profissional dominante em termos globais). O objetivo é claramente informar e estimular o debate entre os sócios. O memorando é impressionante em sua avaliação honesta e detalhada da oportunidade; sem dúvida, não é uma tentativa de convencer ninguém a aprovar a ideia. O objetivo é identificar os pontos fracos logo no início e estimular uma conversa franca entre todos os envolvidos.

Pense em quão diferente esse método é do exercício corporativo tradicional, em que o *case* é apresentado para defender a ideia em vez de pô-la à prova e provocar um debate mais amplo. Infelizmente, para que um projeto corporativo seja aprovado, seus defensores precisam fingir que estão muito otimistas. E, embora todo mundo saiba que esse otimismo pode ser infundado, isso tem grande apelo.

Os ICRs costumam ser descritos como pessoas que correm grandes riscos, e é por isso que nosso público se surpreende tanto ao descobrir que os ICRs se autodenominam "engenheiros de redução de riscos". Os ICRs são disciplinados em sua busca por compreender os riscos e encontrar maneiras de reduzi-los – a essência da diligência prévia em si.[20] Desde a primeira reunião com os fundadores, os ICRs mergulham nos bastidores para avaliar a equipe de gestão, o modelo de negócios, o produto, a concorrência e as necessidades de capital da startup. No entanto, não param por aí. Eles também ligam para clientes, fornecedores, antigos investidores, ex-chefes dos fundadores, colegas de trabalho e de faculdade, professores. Os ICRs geralmente trabalham com base num documento preparado com um conjunto-padrão de perguntas (por exemplo, sobre o mercado total do produto ou sobre os concorrentes em potencial), mesclado com perguntas específicas em relação à startup. Por exemplo, quais são os riscos regulatórios relacionados à nova camada de plástico-filme que supostamente vai ampliar por semanas a conservação de ostras frescas e outros produtos perecíveis? Como a equipe de gestão planeja lidar com esses riscos? É preciso contar com alguém para reduzi-los.

Pessoas de fora do universo do capital de risco perceberam os benefícios de se prepararem memorandos com a mentalidade de um ICR. A Amazon entendeu as vantagens dessa abordagem e introduziu uma prática semelhante em seu processo diário de tomada de decisões. O "PR/FAQ" (sigla em inglês para "comunicado de imprensa e perguntas frequentes") é um documento de seis páginas que, em seu design estruturado e em seu propósito, imita os memorandos de investimento de capital de risco.[21] Alex escreveu muitos deles durante seu tempo na Amazon e revisou um número ainda maior. A primeira página é um comunicado de imprensa falso, como se o produto proposto tivesse acabado de ser lançado para o público.[22] Contém todos os atributos de um release de verdade: data de publicação (que indica a data de lançamento prevista), um comentário de um cliente satisfeito detalhando recursos específicos e outro do vice-presidente responsável. Numa única página, apresenta a ideia como um todo e justifica o entusiasmo da equipe. O comunicado de imprensa se concentra nos clientes, e não em métricas financeiras ou benefícios corporativos.

Enquanto esse release é elaborado para ser divertido, as cinco páginas de FAQ abordam questões importantes, embaraçosas ou até mesmo bastante controversas sobre o produto. Como ele vai melhorar a vida dos clientes? Por que esse problema precisa ser resolvido agora? Como o sucesso será medido? Qual é o aspecto mais polêmico do produto? Quais são os principais riscos e como a equipe planeja lidar com eles? Qual será o tamanho do mercado? Quanto tempo e capital serão necessários para desenvolver o produto?

Os memorandos são tão poderosos que, muitas vezes, pedimos às equipes dos nossos workshops corporativos que escrevam memorandos sobre ideias para suas empresas. Assim como os memorandos dos ICRs, eles devem identificar não apenas as vantagens, mas também os riscos e as preocupações, discutindo abertamente as suposições e os cenários mais críticos. Essa abordagem ajuda os participantes a identificar riscos ou defeitos que ainda não haviam sido percebidos antes de comprometerem meses de trabalho e milhões de dólares.

Os memorandos de investimento têm outra finalidade, muitas vezes subestimada: facilitam a análise retrospectiva. Se o investimento não der certo, o exame minucioso do memorando ajuda a encontrar os possíveis motivos e os sinais de alerta ignorados, revelando padrões e melhorando as decisões futuras. Do mesmo modo, se uma oportunidade rejeitada se tornar um sucesso estrondoso, os investidores vão se debruçar sobre todos os detalhes do memorando para identificar por que deixaram passar uma chance de ouro. Um registro bem documentado sempre supera a memória. É muito tentador dizer "Eu sabia que esse negócio nunca daria certo" depois de consumado o fato, e, sem documentação, nossa frágil memória seria obrigada a acreditar nisso. Escreva memorandos e mantenha registros das discussões como parte da sua rotina. Depois, tire um tempo para analisar as oportunidades fracassadas ou ignoradas: como muitos ICRs, você vai aprender mais com elas do que com seus êxitos.

Sempre que conversamos com tomadores de decisões de diferentes empresas, eles nos dizem que acham fascinante a capacidade dos ICRs de pensar rápido e devagar. Mas isso não basta: também é fundamental saber mudar a marcha no momento certo. Você não pode se dar ao luxo de manter uma velocidade média o tempo todo. Ter duas velocidades permite que a mentalidade empreendedora processe uma quantidade inacreditável de informações sem jamais perder o foco.

4.4 Não bloqueie o funil

Se você dirigir devagar demais na Califórnia, talvez precise pagar uma multa de 238 dólares e perca um ponto na carteira de motorista. No mundo dos negócios, ser muito lento e se esforçar para evitar todos os riscos pode custar bem mais caro que isso.

Embora tentem reduzir os riscos, os ICRs não esperam eliminá-los. Minimizam-nos, sim, mas não os evitam. O que evitam é a "paralisia da análise". Suas reuniões são curtas e focadas. O memorando mais extenso da Bessemer tem cerca de quinze páginas. A Amazon limita seus documentos de PR/FAQ a um máximo de seis páginas, sem exceções. No mundo do capital de risco, uma proposta de investimento raramente dura mais que algumas semanas, ao passo que, no mundo corporativo, projetos podem ser analisados por meses e até anos. As empresas entopem seus funis, assim como alimentos gordurosos entopem as artérias. A burocracia e a indecisão são aspectos fatais da mentalidade avessa ao risco.

Vejamos o exemplo da IBM, que em 1993 criou, com grande alarde, uma operação com 150 pessoas chamada Fireworks Partners, para imitar um fundo de capital de risco tradicional e investir em startups no setor de computação multimídia.[23,24] Essa foi uma iniciativa ousada de um gigante de oitenta anos para impulsionar a inovação num setor novo e promissor. Anos depois, porém, a Fireworks Partners sumiu discretamente. Como descobriu o professor Josh Lerner, de Harvard, alguns dos investimentos iniciais propostos por esse fundo ainda estavam em processo de revisão interna quando a IBM abandonou por completo a ideia da operação.

Um líder corporativo com uma ideia inovadora sabe que precisa de muito tempo e esforço para fazer com que uma única oportunidade prospere. A ideia de repetir esse árduo processo uma centena de vezes soa sofrida demais. Logo, ele desiste.

Ilya e sua colega de pesquisa em Stanford, Amanda Wang, viram de perto essa mentalidade tradicional quando fizeram um estudo detalhado de mais de 160 braços corporativos de capital de risco de grandes empresas em todo o mundo.[25] Eis um comentário típico do chefe de uma divisão de capital de risco, o líder de inovação da empresa: "Talvez nossa matriz entenda como os negócios de alto risco funcionam, mas se algo totalmente novo chegasse até nós, com um prazo de seis semanas, a menos que fosse um consenso muito óbvio, eu não arriscaria nossa reputação fingindo que daríamos conta. Eu diria que aquele projeto era para alguém que dominasse o assunto, não para nossa empresa." Esse executivo teve mais sorte que a maioria; ele pelo menos acreditava que seus chefes entendiam como os negócios de alto risco funcionavam. Ilya e Amanda descobriram que, em mais de 60% das vezes, eles não entendiam. É por isso que as melhores oportunidades de investimento e os novos mecanismos de crescimento de uma empresa costumam ser desperdiçados.

Às vezes, basta um comunicado de imprensa para sinalizar o perigo. Quando a IBM divulgou informações sobre sua divisão Fireworks Partners, um pequeno texto já prenunciava seus desafios futuros.[26] Era um anúncio de um parágrafo, intitulado "The Reason for All the Fireworks!" ("A razão para os fogos de artifício!"), que continha apenas 129 palavras. O mais curioso é que esse parágrafo listava cinco executivos diferentes da IBM encarregados de supervisionar a nova unidade. É difícil acreditar que, a cada dez palavras, uma era o nome de mais um executivo responsável pela empreitada. Além disso, o texto sugeria que provavelmente haveria "muito mais fogos de artifício" envolvidos, porque a empresa ainda estava listando responsabilidades nessa "ordem de hierarquia por ora inexplorada". A pesquisa de Amanda e Ilya encontrou um número impressionante de funções executivas responsáveis pelas unidades de inovação das empresas. Não surpreende que isso atrase ainda mais as decisões. Há um ditado que diz: "Cozinheiros demais estragam a sopa."

Descobrimos também que a maioria das unidades corporativas de capital de risco precisa passar por várias aprovações e pode ficar empacada em muitos pontos ao longo do caminho: a equipe de investimentos, o chefe dessa equipe, outro alto executivo da empresa, o comitê de investimentos (no qual alguns membros têm poder de veto), a matriz ou a perspectiva de ser mandada de volta para outra rodada de aprovações..: Compare isso com a abordagem direta dos memorandos que discutimos anteriormente.

Empresas tradicionais têm boas intenções: montam laboratórios de inovação, elaboram longas listas de ideias e trabalham duro para atrair inovadores. Mas depois as ideias ficam presas no funil. O departamento jurídico pede mais uma revisão; o financeiro insiste em mais uma modelagem de cenário; o marketing teme que a nova ideia dilua a marca e sugere contratar consultores para analisar o impacto. De boas intenções o inferno está cheio. O que deveria ser uma ferramenta para construir um porto seguro se transforma num pântano mortal.

A burocracia é como um mofo que se espalha numa empresa. Para ter sucesso com inovações, livre-se do entupimento. Reduza as camadas. Quando vemos executivos demais responsáveis pela inovação, ficamos sempre alarmados. Se há reuniões e aprovações de mais, há inovação de menos.

O processo tradicional de tomada de decisões é diferente do processo do capital de risco. Como, em geral, um líder corporativo não precisa lidar todo dia com o nível de incerteza que ronda os ICRs, não há necessidade de analisar centenas de ideias, o que torna o processo de seleção mais focado, previsível e conservador. Os processos corporativos, mesmo nas unidades de inovação e de pesquisa e desenvolvimento, são voltados para projetos e ideias de baixo risco. Num ambiente estável, caracterizado pela inovação discreta, não é tão útil analisar muitas oportunidades e decidir com pressa. Ter opções de mais pode até mesmo ser contraproducente.

Digamos que você receba a tarefa de fazer a diligência prévia em cem possíveis melhorias para o principal produto da sua empresa, uma serra elétrica. Todas essas propostas cuidadosamente elaboradas chegaram à sua mesa após um concurso de inovação. Você estuda uma delas por algumas horas e descobre que, se implementada, ela aumentará a velocidade de corte em 10%. Isso parece bom o bastante. Você deve parar por aí ou analisar as outras 99 propostas? A melhor entre as 99 restantes pode resultar numa serra elétrica mais elegante, um pouco mais eficiente e mais barata do que a primeira que você analisou. Mas mesmo a melhor não seria uma nova ferramenta revolucionária que colocaria sua empresa bem à frente da concorrência (pelo menos é o que você acha, pois só pode ter certeza disso se analisar todas as propostas). Num mundo de mudanças pequenas e incrementais, não faz sentido gastar centenas de horas correndo atrás da melhor ideia para uma serra elétrica; em vez disso, escolher e implementar a primeira boa ideia parece mais eficiente e econômico. A desvantagem é que o foco excessivo em ideias menores, sem buscar ideias ousadas, pode fazer com que em breve a única saída seja a falência.

Vejamos o caso da R. H. Donnelley (RHD), que já foi uma empresa multibilionária.[27,28,29,30] Embora a maior parte dos americanos jamais tenha ouvido falar da RHD, não faz muito tempo que o produto dela estava presente em quase todos os lares do país – e era bastante usado. Você se lembra daquele livro grosso, com capa amarela e páginas finas da mesma cor? As Páginas Amarelas eram uma lista telefônica comercial que ajudava as pessoas a encontrar serviços específicos em sua cidade. O nome era emblemático entre investidores e clientes. Mais de meio milhão de anunciantes pagavam 3.500 dólares por ano por um espaço nas Páginas Amarelas. Em 2006, em sua apresentação aos investidores, a RHD anunciou com orgulho um crescimento constante no número de suas publicações nos Estados Unidos, de poucas centenas para mais de seiscentas em apenas três anos. A circulação total atingiu a impressionante marca de 80 milhões de exemplares. Não surpreende que a apresentação do CEO da RHD aos investidores em março daquele ano tenha sido intitulada "Posicionada para o sucesso contínuo".

As Páginas Amarelas passaram por muitas pequenas mudanças ao longo dos anos. Por exemplo, novas categorias foram adicionadas, como "Feng Shui", "Botox" ou "Tratamento contra mofo". Fazia sentido para a RHD organizar concursos de inovação? Talvez não, se a implementação e a avaliação fossem caras e demoradas. De fato, em sua apresentação de mais de cem páginas aos investidores em 2006, a inovação quase não é mencionada. Um slide sobre "Inovação de produtos" continha novos recursos que pareciam impressionantes, como mudanças nas cores das páginas e na formatação dos anúncios. Porém, em vez de apenas criar longas apresentações repletas de pequenas novidades, os executivos da RHD deveriam ter olhado para fora, para ver a tempestade que se aproximava. Assim, eles teriam percebido que, em 2006, um modelo de negócios completamente novo, impulsionado por mecanismos de busca na internet, já havia começado sua poderosa ascensão e estava prestes a devorar o espaço deles. Se tivessem agido como engenheiros de redução de riscos, teriam tratado dessa questão primeiro.

Apenas três anos mais tarde, em maio de 2009, a R. H. Donnelley foi à falência. Não adianta o time de futebol partir para o ataque e fazer muitos gols, mas deixar a defesa exposta e levar outros tantos. Esse é sempre um problema quando se ignora a mentalidade de risco. Os líderes da RHD eram bem versados em mudanças tradicionais e pequenas, mas haviam perdido por completo a onda de disrupção digital que atingiu a empresa como um tsunami. Inovações incrementais e inovações disruptivas exigem abordagens diferentes, e você precisa estar de olho em ambos os tipos. Não bloqueie seu funil de negócios com um monte de ideias pequenas nem com muitas camadas de burocracia. Na hora da inovação, cultive a objetividade.

4.5 O poder de dizer "não" várias vezes

Ser seletivo e rejeitar sistematicamente a maioria das oportunidades que surgem pelo caminho não é um privilégio exclusivo dos ICRs, mas uma habilidade que qualquer um pode aprender. Um dos principais objetivos é rejeitar com eficiência a maioria das oportunidades antes de aprovar alguma. É vantajoso lidar com várias pessoas nesse processo, de preferência que tenham a mente preparada. A divergência é sua melhor amiga nesse caso. Estabelecer regras claras e um ritmo ideal para a tomada de decisões torna o processo mais previsível e eficiente. Lembre que a proporção de ideias vencedoras em relação a todas as ideias deve ser de cerca de 1 para 100. Qualquer abordagem menos seletiva que isso pode gerar equívocos que darão prejuízo mais tarde e talvez o impeçam de encontrar o verdadeiro diamante.

O Prêmio Pulitzer, uma das mais prestigiosas honrarias americanas para jornalistas e escritores, é um bom exemplo de como dizer "não" várias vezes de maneira eficaz.[31,32,33] Clássicos da literatura, como *O sol é para todos*, e os repórteres que expuseram o escândalo de Watergate estão entre os vencedores do prêmio. Os jurados leem trezentos livros cada um, entre milhares de inscritos, e podem indicar apenas três para o conselho. (A proporção de 1 para 100 ataca novamente!) Uma antiga jurada revelou que "nem todos os livros são lidos pelo júri e nem todos merecem uma análise cuidadosa". Os jurados do Pulitzer provavelmente usam uma abordagem com duas marchas, semelhante à dos ICRs.

E quanto à contratação? A mesma ideia se aplica. Na Google, onde as chances de conseguir um emprego são bem inferiores a 1%, os currículos passam rapidamente por uma "triagem" na primeira etapa, de modo a gerar uma lista reduzida de candidatos.[34,35] Na segunda etapa, os candidatos restantes são entrevistados e analisados com muito mais rigor. Muitas outras empresas adotam a mesma abordagem.

E para comprar uma casa? A Zillow, empresa americana do setor imobiliário, afirma que, de cada cem casas vistas rapidamente em seu site, os potenciais compradores salvam informações sobre 32 para análise posterior e só fazem contato com o corretor para perguntar a respeito de quatro residências.[36] Mais uma vez, observamos uma mentalidade que começa com um raciocínio rápido e termina com uma tomada de decisão mais lenta.

Uma história que nos inspirou a dizer "não" com mais frequência foi a de Michaela Coel, jovem roteirista e vencedora do Emmy.[37] Em 2017, Coel recebeu uma atraente oferta de 1 milhão de dólares da Netflix por sua emocionante série *I May Destroy You*. É claro que ela ficou tentada a assinar com a principal plataforma de streaming, mas recusou. Ao analisar cuidadosamente os termos, Michaela percebeu que a empresa não lhe daria nenhuma porcentagem dos direitos autorais. A decisão era arriscada. Pouco tempo depois, a BBC e a HBO fizeram a Coel uma proposta muito melhor, que estava mais de acordo com seus valores e prioridades. Esse é apenas mais um exemplo de mentalidade de risco, que nos permite recusar negócios pouco promissores enquanto buscamos aqueles capazes de mudar nossa vida.

Esteja preparado para dizer "não" várias vezes. É assim que os ICRs pensam; está no sangue deles. Eles não querem comprar a primeira casa ou o primeiro carro que veem pela frente. Querem dar uma olhada em cem imóveis e fazer vários test drives. Como você já deve ter percebido, essa estratégia não se deve a indecisão nem a ceticismo exagerado. Para ser bem-sucedido num ambiente semelhante ao do capital de risco, você precisa estar preparado para dizer cem "nãos" e apenas um "sim".

Ideias e startups extraordinárias são coisas raras, mas você vai precisar dizer "sim" pelo menos uma vez. Não é possível recusar *todas* as oportunidades que surgem em seu caminho. Um funil com apenas uma ideia é ruim, mas com ideia nenhuma é ainda pior.

Não seja cético demais

Certa vez, quando fizemos o leilão do cofrinho, a reação do vencedor surpreendeu não apenas os participantes, mas também a nós mesmos. Como de costume, o vencedor deu um lance extremamente alto. A parte inusitada foi que ele insistiu em pagar o valor e receber as moedas que estavam no cofre. Ficamos intrigados, mas concordamos e perguntamos o motivo do pedido. Ele explicou que, entre os bilhões de moedas que valem exatamente 1 centavo de dólar, há algumas raras que valem milhares. Por exemplo, graças a um erro de produção em 1970, algumas trazem a palavra "Liberty" duplicada e ligeiramente descentralizada. Essas moedas estão entre as mais valiosas em circulação atualmente, com um valor de varejo de cerca de 3 mil dólares. E não para por aí! Ainda mais rara é a moeda de 1969, na qual toda a face com a silhueta de Lincoln está duplicada. O valor de uma moeda tão rara é determinado em leilões de colecionadores e pode facilmente ultrapassar 100 mil dólares. Não é um retorno ruim para uma moeda de um centavo. Isso nos lembrou que, às vezes, somos céticos demais e podemos deixar passar uma oportunidade preciosa e exclusiva entre um monte de moedinhas.

CHECKLIST DA MENTALIDADE DE RISCO

- ☐ Quantas ideias novas você analisa por ano? Dez? Cem? Mil?
- ☐ Sua empresa está acostumada a rejeitar ideias?
- ☐ Você costuma fazer uma análise retrospectiva das decisões de investimento estratégico que foram bem e malsucedidas?

5

Aposte no jóquei

Por que os ICRs passam mais tempo que a média avaliando equipes

5.1 Segunda chance

"Na verdade, *Superfundadores* é meu segundo livro", nos disse Ali Tamaseb durante um jantar. Estávamos num tradicional restaurante persa no coração de Palo Alto.

"Será que é por isso que ele fez tanto sucesso?", brincou Ilya. "Isso faz de você um *superautor*?", acrescentou Alex, arrancando uma gargalhada de Ali.

Brincadeiras à parte, *Superfundadores* é muito instigante.[1] Para escrever esse livro, Ali reuniu e analisou dezenas de milhares de dados sobre startups financiadas por FCRs e entrevistou mais de cem fundadores de unicórnios para entender melhor o segredo do sucesso. "Superfundadores são aqueles que já fundaram antes alguma startup relativamente próspera", explicou Ali, enquanto nos lembrava de experimentar o *homus* do restaurante. Em seguida, descreveu alguns dos fatores que seu algoritmo leva em conta.

Superfundadores, para ele, são empreendedores que criam sistematicamente empresas com bons resultados. A escala de cada sucesso não importa muito nos cálculos de Ali; o que importa é o sucesso em si. Sua pesquisa sugere que, em geral, os superfundadores têm pelo menos três vezes mais chances de sucesso do que outras startups de tecnologia.

O interesse de Ali pelos superfundadores não é acadêmico. Ele é um "caçador de unicórnios". Com muitos sucessos em seu portfólio, investe em tecnologias avançadas com seu fundo de capital de risco, o DCVC, sediado em Palo Alto. Ele cogitaria investir em quase qualquer startup ligada a um dos superfundadores que identificou, independentemente do setor, da situação do mercado ou da concorrência. "Às vezes", nos disse, "acho que algumas informações sobre o mercado, a menos que sejam muito profundas, podem na verdade distrair o investidor na hora de selecionar o melhor investimento."

Será que essa extrema confiança de Ali nas habilidades e no histórico de um empreendedor é típica da mentalidade de risco? Bem, todo dia os ICRs têm que tomar decisões que colocam milhões de dólares em jogo. Para entender melhor como eles fazem suas apostas, vejamos o mundo dos games.

No início da década de 2010, o setor de jogos estava em ascensão. Em 2009, o entusiasta sueco Markus Persson criou o game mais vendido da história.[2] Apenas alguns anos depois, ele vendeu o *Minecraft* para a Microsoft por 2,5 bilhões de dólares. Outra empresa – a Supercell, fundada em Helsinque em 2010 – lançou mais dois jogos, *Hay Day* e *Clash of Clans*, em 2012.[3,4] Ela havia levantado 12 milhões de dólares em capital de risco, e em 2011 era avaliada em cerca de 50 milhões de dólares. Assim que os jogos chegaram ao topo das paradas (o que aconteceu imediatamente), a Supercell foi bombardeada por investidores que ofereceram até 3 bilhões de dólares, algo até então inacreditável para uma empresa de games.[5,6,7,8] A era de ouro dos jogos on-line e para dispositivos móveis havia começado de verdade.

Um FCR de renome, a Accel Partners, fez parte dessa onda.[9,10] A Accel foi a principal investidora na rodada inicial da Supercell. Quando surgiu uma oportunidade semelhante de investir numa pequena startup chamada Tiny Speck, a Accel embarcou. Quem dera tivessem previsto o desastre que o game da Tiny Speck logo se tornaria.

Dois empreendedores, Stewart Butterfield e Cal Henderson, que eram obcecados por jogos desde a infância, decidiram desenvolver um game multiplayer on-line. Butterfield o descreveu assim para a imprensa: "É algo em que eu queria trabalhar desde que era criança, quando jogava *SimCity*."[11,12,13] Os fundadores não apenas batizaram sua nova empresa de Tiny Speck ("pequena mancha") como também deram o nome de *Glitch* ("defeito") ao seu primeiro game. "*Nomen est omen*", como diriam os romanos – nome é destino.

Um ano após o investimento inicial da Accel, e depois que a Tiny Speck levantou mais uma rodada de capital de risco, a empresa liberou seu game para os testadores beta. Em 27 de setembro de 2011, ele foi enfim lançado para o público. Quatro anos de desenvolvimento, dezenas de funcionários, um milhão de horas acumuladas de testes beta, dezenas de milhares de pessoas esperando para experimentar o game e 17,5 milhões de dólares não ajudaram, pois ele logo foi bloqueado mais uma vez para testes beta.[14,15,16] Embora tenha atraído alguns usuários, as críticas foram mornas, afirmando, por exemplo, que *Glitch* parecia "um pouco sem forma" e "uma refeição composta só de acompanhamentos".[17] Como se não bastasse, Butterfield e Henderson decidiram criar o game usando a tecnologia "flash" numa plataforma desenvolvida pela Adobe, o que limitava o público a usuários de computadores.[18] Dispositivos móveis, como o iPhone, estavam ganhando força, mas a transferência do game para uma nova plataforma era muito difícil. Mais tarde, um funcionário da Tiny Speck descreveu o *Glitch* como "caro de desenvolver e de manter" e concluiu que não tinham "atraído jogadores suficientes para arcar com aquela despesa".[19] A equipe de 42 pessoas entendeu que o "game over" estava próximo.[20]

Em novembro de 2012, dois anos após o primeiro aporte da Accel, um "triste anúncio da Tiny Speck" foi publicado, começando com "Este é um dia terrível" e terminando com "Se houvesse um jeito de fazer dar certo, teríamos feito. Mas não há. [...] O *Glitch* acabou".[21] Pouco tempo depois, a maior parte da equipe foi demitida. Poderia ter sido só mais um caso de fracasso de uma startup como tantos outros e a história teria terminado por aí se a Accel Partners não tivesse incorporado a mentalidade de risco.

Embora o *Glitch* tenha sido um tremendo fiasco, a Tiny Speck ainda tinha incríveis 5 milhões de dólares no banco quando os fundadores publicaram o triste obituário da empresa – muito mais do que precisavam para uma festa de despedida.[22] Uma fortuna e tanto para gastar.

A maioria dos investidores teria fechado a empresa de bom grado e resgatado essa quantia para salvar alguma coisa em meio ao desastre. O que você teria feito? Ainda era possível recuperar cerca de 30 centavos de cada dólar investido na Tiny Speck.[23]

Os ICRs pensaram diferente. Embora Butterfield tenha se disposto a devolver o dinheiro restante, os investidores da Accel recusaram a oferta e o mandaram encontrar algo novo, dobrando a aposta, porque acreditavam na equipe.[24] O memorando de investimento original, escrito em fevereiro de 2009 por Andrew Braccia, o investidor da Accel que liderava o investimento na Tiny Speck, dizia o seguinte: "A Tiny Speck ainda é uma aposta de equipe. Eles já erraram juntos, já acertaram juntos e já ficaram entre uma coisa e outra."[25] Esses ICRs foram perspicazes o bastante para diferenciar um "fracasso da startup" de um "fracasso do fundador".

Assim, os fundadores começaram a sonhar com uma nova ideia. Na linguagem do Vale do Silício, eles *pivotaram*. Quando a equipe da Tiny Speck voltou aos projetos, percebeu que, no processo de criação do *Glitch*, haviam desenvolvido muitas ferramentas internas que poderiam ser úteis para equipes de outras empresas. Uma delas era um chat simples que ajudava os desenvolvedores e as equipes de produto a se comunicar melhor. Era possível pesquisar e organizar as mensagens em tópicos, o que tornava desnecessário procurar a resposta de alguém em centenas de e-mails e mensagens aleatórias. Tudo estava num único lugar. A ferramenta também era totalmente assíncrona, com mensagens que aguardavam pelos usuários mesmo quando eles estavam off-line.

Mas pivotar um game de aventura rumo a uma ferramenta de comunicação *business-to-business*? Ben Horowitz, cofundador da a16z, que também havia investido na Tiny Speck, foi enfático ao reagir ao novo produto: "Parece uma ideia absolutamente terrível."[26] No entanto, os investidores deram carta branca e os fundadores recomeçaram do zero.

Foi assim que nasceu o hoje onipresente Slack, usado por milhares de empresas, como Target, McKinsey e até mesmo o Departamento de Defesa dos Estados Unidos. O aplicativo é hoje o padrão do setor para comunicação intraempresarial. Em menos de dez anos, a empresa se afastou da beira do abismo para ser vendida à Salesforce por 27 bilhões de dólares. Como você pode imaginar, a paciência daqueles investidores iniciais garantiu a eles uma bolada e tanto.

A história de como a Tiny Speck renasceu das cinzas é um exemplo de mentalidade de risco elevada à décima potência. Os ICRs estavam apostando em quê, afinal? Nos fundadores, não no produto. Os investidores desistiram do game que haviam financiado de início, mas deram a Butterfield e à sua equipe a chance de correr atrás de uma ideia aparentemente secundária. Aos olhos dos ICRs, as duas empreitadas tinham uma característica em comum: o elemento humano. Andrew Braccia, da Accel, o maior investidor do Slack na época de sua IPO, resumiu tudo a um princípio simples: ele investiu na Tiny Speck por causa da equipe.

A confiança da Accel nos fundadores foi reforçada pelo fato de que a Tiny Speck não era a primeira aventura de Butterfield. Ele já havia pivotado numa tentativa anterior de criar um game. Ironicamente, esse jogo anterior que não passou da fase de protótipo se chamava *Game Neverending* ("jogo sem fim"). Butterfield o transformou no Flickr, um serviço de hospedagem de imagens que, em 2005, foi vendido à Yahoo por cerca de 25 milhões de dólares.

A aposta de Braccia nos fundadores, a decisão de Horowitz de permanecer com eles (apesar de não aprovar o novo produto) e a filosofia de superfundador de Tamaseb demonstram outro princípio da mentalidade de risco: valorizar o investimento em *pessoas* tanto quanto o investimento em *projetos*, ou até mais.

Muitas empresas bem-sucedidas, se não todas, passam por trancos e guinadas em seus estágios iniciais. O exemplo da Tiny Speck é a regra, não a exceção. Em 14 de fevereiro de 2005, Dia dos Namorados em diversos países, Chad Hurley registrou a marca, o logotipo e o domínio de um novo serviço de encontros numa pequena garagem de Menlo Park, no coração do Vale do Silício. Embora o site de namoro tenha fracassado miseravelmente, os usuários começaram a fazer uploads de vídeos com conteúdos diversos. Foi assim que nasceu o YouTube.[27]

Um aplicativo chamado Burbn (que mencionamos no Capítulo 2) foi desenvolvido para que os usuários fizessem check-in ao chegar a um local, planejassem sair com amigos e ganhassem pontos quando isso acontecesse. Depois que o Burbn fracassou, a equipe precisou pivotar, descartando o aplicativo quase por inteiro após meses de trabalho. Foi assim que nasceu o Instagram.[28,29]

A Odeo começou como uma plataforma para podcasts em 2005, até que "a merda bateu no ventilador", como explicou George Zachary, o investidor da Charles River Ventures que liderou o investimento do fundo na Odeo. Assim que a Odeo foi lançada, o iTunes da Apple entrou no mercado de podcasts e acabou com o otimismo da empresa. Após inúmeras sessões de brainstorming e reuniões, um dos cofundadores, Evan Williams, propôs comprar a empresa de volta dos investidores, devolver a eles o que restava do capital e fundar uma nova empresa. Um dos investidores, Mike Maples, recusou a proposta. Quando Williams insistiu, Maples disse: "Aceito o dinheiro de volta com uma condição: que você me permita investir na sua próxima empresa." Por que Maples foi tão insistente? "É preciso saber separar o fracasso da empresa do fracasso do fundador", explicou ele. "Eu achava que o fracasso daquela ideia tinha mais a ver com as circunstâncias do que com Williams." Foi assim que nasceu o Twitter.[30,31]

As organizações tradicionais colocam os processos acima das pessoas: em geral, elas não investem em pessoas, mas em empresas, projetos e planos de negócios. Nas sedes corporativas, o pessoal fica em segundo plano em relação às cifras e às apresentações de projetos. É particularmente raro ver uma confiança tão inabalável no talento das pessoas *depois* que elas fracassam. Num cenário assim, você teria pegado seu dinheiro (ou o que restou dele) e ido embora? Passaria mais tempo estudando os detalhes do plano de negócios ou interagindo com a equipe de fundadores?

É claro que os ICRs não confiam nos fundadores de olhos fechados. Eles se concentram em encontrar as razões por trás do fracasso de uma empresa ou da necessidade de pivotar o negócio. E não hesitam em continuar apostando nos fundadores caso concluam que o fracasso não se deveu a eles.

5.2 O que uma corrida de cavalos e a caça de unicórnios têm em comum?

Com que frequência você vê um professor de finanças fazendo apostas empolgadas numa corrida de cavalos? Quando visitava o hipódromo de Singapura, onde a agitação se combina com a umidade e o calor extremos, Ilya notou que o nome do cavalo – e não do jóquei – aparecia primeiro quando os resultados eram anunciados. Isso também acontece em corridas nos Estados Unidos, em Hong Kong e na Inglaterra. Ilya ficou intrigado. Os jóqueis não são tão importantes quanto os cavalos? Embora tenha perdido cerca de cem dólares em Singapura e jamais tenha feito outra aposta em cavalos desde então, Ilya ganhou algo mais valioso.

Na década de 1950, o lendário jogador de futebol americano e jornalista Jimmy Jemail tinha uma coluna na revista *Sports Illustrated*.[32] Ali ele pedia aos leitores que respondessem a perguntas provocativas como: "Qual esporte causa mais desentendimentos na sua casa?" Em 8 de outubro de 1956, Jemail perguntou: "Quão importante é um jóquei para o cavalo?" Chegaram cartas de todo o país. Profissionais e entusiastas compartilhavam suas opiniões. Treinadores, apostadores, proprietários de haras, donos de casas de apostas e criadores de cavalos expressaram suas opiniões. Por incrível que pareça, houve grande divergência. A importância dos jóqueis variou de 5% a 75%. As opiniões iam de "O jóquei é crucial para o resultado" até "Ele não tem importância alguma".

Evidências mais recentes atribuem cerca de 10% do desempenho de um cavalo ao jóquei em qualquer circunstância.[33] Jerry Bailey, ilustre jóquei que se tornou comentarista de corridas da ESPN, resumiu assim sua carreira de trinta anos, durante a qual ganhou quase 300 milhões de dólares em prêmios: "Um grande jóquei não consegue fazer um cavalo lento vencer, mas um jóquei ruim pode levar um cavalo excelente à derrota."[34] Len Ragozin, nome lendário para qualquer entusiasta do assunto, publicava uma análise incrivelmente detalhada de cada cavalo, incluindo fatores como velocidade, distância da grade interna e peso que carregava.[35] O jóquei desempenhava apenas um papel secundário na análise de Ragozin, listado entre os fatores negativos. E o algoritmo de Bill Benter, que o ajudou a ganhar cerca de 1 bilhão de dólares em corridas em Hong Kong, detectou 120 fatores para cada cavalo, tratando-os como muito mais importantes do que o jóquei. Diante disso tudo, Ilya concluiu que o cavalo é claramente o vencedor em relação ao jóquei quando se trata de corridas. Mas será que isso é verdade para a mentalidade de risco?

ICRs costumam usar os termos "cavalo" e "jóquei" para se referir a fatores importantes na hora de prever sucessos e fracassos. "Jóquei" diz respeito à qualidade dos fundadores e da equipe de gestão; "cavalo" engloba todos os fatores relacionados ao negócio em si, como o produto, o modelo de negócios e o tamanho do mercado. Em 2016, Ilya e seus colegas analisaram os bastidores para entender melhor como os ICRs tomam decisões.[36] Primeiro, perguntamos a centenas deles o que realmente importava na hora de selecionar uma startup. Para 95% dos investidores – ou seja, dezenove em cada vinte –, a equipe de gestão era um fator importante. Muitos "cavalos" também eram considerados relevantes. Só que fomos mais fundo e perguntamos o que os investidores julgavam ser *mais* importante que tudo, o fator decisivo.

Entre os mais de mil ICRs entrevistados, 47% – quase metade – disseram que a equipe era o fator mais crucial em seu processo de seleção (Figura 8). Quanto mais preliminar o estágio da startup em que o ICR estiver investindo, mais importante será a equipe de gestão. Porém, até investidores em estágios finais priorizam o fator equipe – os "cavalos", mesmo somados, são considerados de menor importância. Sob quase qualquer critério de classificação dos ICRs, o fator "jóquei" sempre ficou em primeiro lugar.[37] Nem o modelo de negócios, nem o produto, nem mesmo o tamanho do mercado alcançaram o topo.

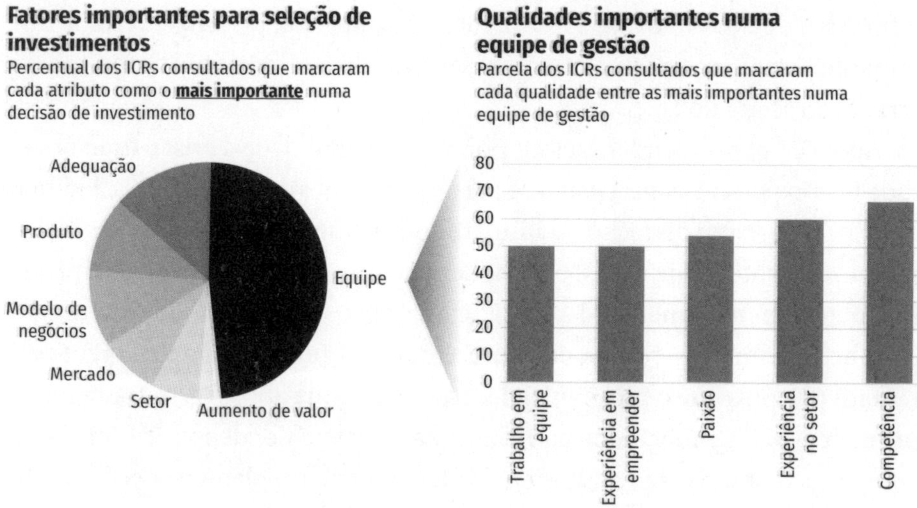

NOTA: Os dados foram extraídos de "How Do Venture Capitalists Make Decisions?", de Paul Gompers, Will Gornall, Steven N. Kaplan e Ilya A. Strebulaev (2020).

Figura 8. Fatores para seleção de investimentos e qualidades de uma equipe de gestão

Por que os ICRs são tão diferentes do público das corridas de cavalos? Porque sabem que ideias existem aos montes; a execução é que faz toda a diferença. Sempre haverá muitas equipes tentando executar a maioria das ideias brilhantes, mas apenas uma ou duas terão sucesso. Especialmente no caso de startups em estágio inicial, o cavalo não pode vencer sem um grande jóquei. Como bem resumiu o general Georges Doriot, fundador de uma das primeiras empresas de capital de risco em 1946: "Considere sempre investir num homem nível A com uma ideia nível B. Jamais invista num homem nível B com uma ideia nível A."[38]

Um dos fundadores da Greylock Partners, Henry McCance, ecoou essa ideologia quando disse: "Disputamos uma maratona, não uma corrida de velocidade. As regras provavelmente vão mudar e você terá que reposicionar sua empresa. Uma equipe de gestão nota 10 consegue fazer isso; mas, se você tiver uma equipe ruim, não importa quão boa seja a ideia inicial do produto, ela vai acabar fracassando."[39]

Levamos a questão "cavalo *vs.* jóquei" um passo adiante. Sob outro ângulo, pedimos aos ICRs que olhassem para o outro lado do funil de investimento e classificassem os fatores que contribuíram para o sucesso e o fracasso de suas apostas. Novamente, a equipe foi, de longe, o fator dominante. Escolher o jóquei certo é o segredo do sucesso; apostar no jóquei errado, a receita do fracasso.

Agora dá para entender melhor por que a mentalidade de risco é tão obcecada pela experiência, pela paixão e pelas habilidades dos fundadores. É difícil imaginar o mesmo desfecho na história do Slack se os investidores não tivessem uma mentalidade de risco. Ninguém em sã consciência (ou pelo menos ninguém com uma mentalidade tradicional) pensaria em gastar *mais* tempo e dinheiro com uma equipe que apresentou um projeto completamente alternativo depois que o plano inicial fracassou. Numa abordagem tradicional, primeiro você se concentra na ideia e na estratégia e, depois, monta uma equipe adequada. Numa grande empresa, o projeto e o plano de negócios são aprovados primeiro, com o patrocínio de um alto executivo. Só depois é que se começa a montar a equipe de desenvolvimento, realocando funções dentro da empresa ou contratando pessoas de fora. Em seguida, se "supervisiona" o projeto (na verdade, gasta-se apenas uma pequena fração de tempo com isso). A mentalidade de risco faz o contrário: começa com o líder ou fundador do projeto e, em seguida, trabalha de trás para a frente até o plano de negócios.

Os processos corporativos devem ser pensados com o intuito de desenvolver startups internas bem-sucedidas. E elas podem fazer muito sucesso.

5.3 Construa pistas de corrida

O codinome "Projeto Caribou" tinha sido inspirado numa tirinha satírica do *Dilbert*. Desde o início, tudo sobre aquele produto parecia uma piada.

O protótipo fora feito por uma única pessoa num único dia. Em seguida, a equipe aumentou drasticamente... para duas pessoas, chegando a incríveis doze pouco antes do lançamento. Não havia gráficos nem alocação de tarefas. O produto também parecia uma piada para os usuários em potencial: nenhum outro produto no mercado oferecia tantos recursos gratuitamente. Era bom demais para ser verdade, então qual seria o melhor dia de lançamento? O Dia da Mentira, é claro.

Assim, em 1º de abril de 2004 nasceu o Projeto Caribou – mais conhecido como... Gmail.

Hoje em dia, para muitas pessoas, Gmail *é sinônimo* de e-mail. Sua história é particularmente emblemática porque a Google não o adquiriu, como fez com o YouTube ou o Nest.[40,41] O Gmail foi idealizado e desenvolvido internamente. O produto que quase 2 bilhões de usuários hoje adoram começou com um único engenheiro. Seu nome é Paul Buchheit e sua carreira na Google começou em 1999, quando ele foi o vigésimo terceiro funcionário a ser contratado.

O Gmail era uma startup dentro de uma corporação. Paul Buchheit era, segundo todos os relatos, um jóquei incrivelmente talentoso – motivado, criativo, apaixonado, resiliente. O Gmail funcionava num servidor em sua mesa. Buchheit coletou feedback e solicitações de seus primeiros usuários, que eram outros engenheiros da Google. Esse grupo e mais uns dois engenheiros que o ajudavam eram toda a sua equipe.

O Gmail tem sido um fenômeno, e seria tentador equipará-lo a outras startups de sucesso, como o Slack. Mas, ao fazer isso, perderíamos de vista a questão principal, porque o Gmail foi desenvolvido dentro de uma grande corporação. Assim como acontece com as startups, fundador e equipe não são suficientes para montar um negócio: é preciso firmar parceria com ICRs. Empreendedores, dentro ou fora das grandes empresas, precisam de pistas de corrida para apresentar sua performance. Se analisarmos a fundo, veremos que, embora estivesse à margem do negócio principal da Google (que era o serviço de buscas), o Gmail se tornou viável graças à capacidade da empresa de construir uma pista de corrida adequada.

Diferentemente do que acontece numa startup – em que todos os esforços e recursos são direcionados para uma única ideia –, numa grande empresa qualquer projeto alternativo compete por recursos e atenção e acaba fora do radar diário dos líderes. Portanto, o que determina se ideias como o Gmail serão um sucesso ou um fiasco é a estrutura do processo de inovação. As palavras de Paul Buchheit, depois que o Gmail se tornou uma sensação mundial, são emblemáticas. Como lembrou numa entrevista em 2007: "Meus chefes perguntaram se eu queria criar algum tipo de e-mail ou produto personalizado. Era uma diretriz bem pouco específica. Eles simplesmente disseram: 'Achamos que é uma área interessante.' [...] Mas não me deram uma lista de recursos. Ninguém tinha muita certeza do que era aquilo." Alguns anos mais tarde, Buchheit, que não está mais na Google, foi mais direto: "Me deram uma missão", disse. "Eu deveria criar uma ferramenta de e-mail."

À medida que analisamos a trajetória das startups, vemos muitas semelhanças entre aquelas que nascem dentro de uma grande empresa. Os líderes ouvem atentamente as ideias que a equipe sugere, incentivam-na a trabalhar em muitas delas e, em seguida, selecionam aquelas com maior potencial. As instruções costumam ser bem vagas. Embora a hierarquia não seja verticalizada e a equipe tenha bastante liberdade para trabalhar, os líderes oferecem apoio geral, acompanhando metas e avanços e decidindo a hora de parar em caso de fracasso. Buchheit admitiu que muitas ideias com as quais trabalhou na Google não deram certo, como seria de esperar em inovações internas arriscadas.

Os líderes também decidem quais projetos devem receber apoio até o fim. Um dos motivos pelos quais o Gmail se tornou um sucesso tão grande foi a decisão da Google de ser bastante generosa com o espaço de armazenamento. Cada endereço de e-mail recebia 1 gigabyte gratuito, o que, na época, estava muito acima das expectativas de qualquer um. Não havia mais a necessidade de excluir e-mails antigos nem de ficar atento a anexos muito pesados. Com 1 GB de graça, a era dos e-mails limitados tinha chegado ao fim. Veja que essa decisão, muito cara em 2004, não foi tomada por Buchheit, mas pelos executivos da Google que apostaram no cavalo do Gmail.

O Gmail não é o único produto que surgiu dentro da Google. O Google News, o Google Talk e o Google Scholar começaram como pequenos projetos independentes e depois se tornaram empresas de grande porte.[42,43,44] Eles não foram projetados e iniciados por nenhuma unidade centralizada em algum ponto da cadeia de gestão. Não foram planejados e pensados detalhadamente pela diretoria nem pelo conselho de administração. Todos aconteceram graças à mentalidade de risco predominante na Google, que possibilitou a convergência de vários ingredientes importantes. A Google contava com funcionários talentosos e altamente motivados, além de um processo que incentivava startups internas a correr altos riscos (que poderiam acabar em fracasso). Como outras grandes empresas, podia se dar ao luxo de ter muitos cavalos correndo ao mesmo tempo. Seus executivos perceberam que, num ambiente corporativo, um bom jóquei e um bom cavalo não bastam; é preciso também ter boas pistas de corrida. O que a Google fez foi construir, talvez informalmente no início, uma pista que permitisse que jóqueis e cavalos corressem com eficiência. Os jóqueis podiam trocar de cavalo, muitos desses cavalos não cruzavam a linha de chegada e alguns recebiam um enorme reforço vitamínico para correr mais rápido. A Google havia montado uma fábrica intraempreendedora.

A palavra "intraempreendedorismo" foi usada pela primeira vez apenas em 1978.[45,46,47] Anos mais tarde, a revista *The Economist* a empregou num de seus artigos de destaque, mas o conceito só se expandiu quando Steve Jobs o mencionou numa entrevista de 1985 à *Newsweek*. Ele contou que o Macintosh havia sido criado por uma equipe de intraempreendedores - um grupo de pessoas que "basicamente tinham voltado a trabalhar numa garagem, só que dentro de uma grande empresa".

O intraempreendedorismo pode ser praticado em qualquer setor, não apenas no ramo da tecnologia. Ele requer a mentalidade de risco, e, como as empresas de tecnologia costumam herdá-lo de seus ICRs, é ali que a encontramos com mais frequência. Mas qualquer empresa pode construir uma pista de corrida para o intraempreendedorismo - e algumas ideias podem ser tão bem-sucedidas a ponto de transformar cavalos em carros e pistas num circuito de Fórmula 1!

O McLanche Feliz, famoso no mundo todo, começou com um pequeno experimento de uma intraempreendedora, Yolanda Fernández de Cofiño, a milhares de quilômetros de distância da sede do McDonald's.[48] Em 1974, Fernández se tornou a primeira franqueada do McDonald's na Guatemala. Ela observou que as crianças não conseguiam comer um Big Mac inteiro, porque o sanduíche era muito grande. Os pais acabavam pagando a mais apenas para jogar os restos fora. Ela teve então a ideia de criar um cardápio infantil com um hambúrguer menor e porções reduzidas de batata frita, refrigerante e sorvete. E não parou por aí – também comprou brinquedos num mercado local e incluiu um em cada pedido, para torná-lo mais divertido. O McLanche Feliz foi um sucesso entre as famílias guatemaltecas.

Esse experimento foi realizado sem a aprovação da sede do McDonald's em Chicago. Na maioria das empresas, essa grande ideia teria ficado restrita à Guatemala. Mas o McDonald's organizava convenções mundiais para todos os seus franqueados, em que havia troca de ideias e experiências. Essas convenções, se abordadas do ângulo certo, funcionam como pistas de corrida intraempreendedoras. Quando os executivos do McDonald's viram o cardápio de Fernández, apostaram mais recursos naquele cavalo. Dois anos depois, o McLanche Feliz foi implementado em todo o mundo.

É difícil criar uma boa cultura de intraempreendedorismo, mas é possível começar com alguns princípios da mentalidade de risco. Startups internas são administradas por equipes enxutas altamente motivadas, sem supervisão rigorosa de cima, mas com apoio tácito e ampla orientação. Em vez de forçar os possíveis inovadores a trocarem de empresa, replicar a configuração de uma startup motiva os talentos internos.

Colocar as pessoas acima do processo não significa, entretanto, que não haja processo algum. O caos não se traduz automaticamente em inovação; na verdade, ele pode destruir ideias. O projeto deve eliminar grande parte da burocracia interna e manter a equipe de desenvolvimento pequena, independente e fluida. Os intraempreendedores devem se sentir motivados e energizados; seu sucesso depende de sua capacidade de resolver um problema específico para um grupo específico de clientes. Tudo isso, porém, está fadado ao fracasso se os líderes da empresa não promoverem e ampliarem algumas dessas iniciativas.

Para que os empreendedores internos sejam bem-sucedidos, não basta chamá-los assim. É preciso que toda a organização lhes dê apoio da mesma forma que os ICRs apoiam suas empresas. É preciso construir pistas de corrida para que os jóqueis vençam. Num ambiente corporativo, essas pistas começam com mecanismos de financiamento claros, regras simples, direcionamento e acompanhamento.

Produtos que nasceram assim estão por todo lado: Nespresso, McLanche Feliz, Gmail... Bons intraempreendedores também tendem a inovar mais de uma vez. Fernández não parou no McLanche Feliz; ela também teve a ideia de organizar festas de aniversário no McDonald's. Buchheit não parou no Gmail; ele também desenvolveu o primeiro protótipo do AdSense, um programa para veicular anúncios em outros sites.[49]

Perder pessoas criativas como essas pode causar problemas no futuro. Bodexpress, um cavalo que competiu numa grande corrida nos Estados Unidos em 2019, derrubou o próprio jóquei assim que foi dada a largada – e continuou correndo![50] Bodexpress foi desclassificado e, de qualquer forma, logo foi ultrapassado por outros cavalos. O mundo corporativo é ainda mais severo (poucos cavalos conseguem manter o ritmo sem seus jóqueis), mas o ciclo de feedback leva muito mais tempo. Cuide de seus jóqueis. Projete e construa pistas de corrida para eles. Ajude-os a atingir sua velocidade máxima.

5.4 Peças raras que se encaixam

Não é possível *gerenciar* a inovação; só é possível *liderá-la*. Empresas tradicionais têm muitos gestores, mas muitas vezes não têm criadores suficientes que possam começar tudo do zero e se adaptar às necessidades. Em contrapartida, empresas maiores podem oferecer aos inovadores o que nenhuma startup pode: acesso a uma escala extraordinária e imediata de implementação de ideias. Compare um grande banco com uma pequena fintech, ou uma grande empresa de saúde com uma startup de biotecnologia.

Agora que entendemos melhor a mentalidade de risco, vejamos os três princípios que orientam os ICRs na hora de montar uma equipe.

Valorize o carisma e o caráter

Mike Maples, famoso investidor por trás de numerosos unicórnios, nos falou com brilho nos olhos durante uma conversa: "Os fundadores não pensam em mais nada; são totalmente, absurdamente dedicados a um objetivo final, desesperados para resolver um problema." Para ilustrar a tese de Maples, suas chamadas de Zoom têm como pano de fundo uma placa com os dizeres "Pratique o otimismo imprudente", dada a ele por um fundador que ele ajudou a financiar. Twitter, Twitch, Clover Health, Okta e Chegg são exemplos das apostas excepcionalmente bem-sucedidas de Maples. Apostas em fundadores movidos por uma obsessão.

Alex Rampell, da a16z, acredita no carisma dos fundadores. Ele inicia sua diligência prévia observando as pessoas que o fundador trouxe para a reunião e quem se juntou à equipe. Se o fundador de uma startup incipiente - sem clientes, dinheiro ou um produto desenvolvido - conseguiu fazer com que pessoas incríveis largassem tudo e se juntassem a ele, Rampell rapidamente se interessa.

Ilya tem uma longa lista de ex-alunos carismáticos. Um deles é o recém-formado Rene Caissie. Cirurgião maxilofacial de Montreal, Rene foi para Stanford estudar administração por um ano e mergulhou na contagiante atmosfera empreendedora. Quando ele descreveu sua ideia de criar uma plataforma que ofereceria insights de saúde personalizados e dinâmicos, todos que o ouviram ficaram entusiasmados para trabalhar com ele. Um dos melhores alunos da universidade largou o curso de ciência da computação para criar com Caissie a plataforma Medeloop. Os principais hospitais se inscreveram para testá-la (antes mesmo de ser criada!) e todos os especialistas com quem Rene conversou queriam se tornar seus consultores. Não dá para descrever em palavras o carisma contagiante de Rene. Quando estiver avaliando fundadores, observe se eles contagiam os outros com sua energia e atraem os melhores funcionários.

Você pode usar um colete acolchoado ou um moletom com capuz para passar a imagem de um líder em tecnologia, mas investidores experientes prestam muito mais atenção nos detalhes. Eis um truque usado por Kate Mitchell, cofundadora da Scale Venture Partners, para avaliar o caráter e as habilidades de liderança de um fundador. Quando os fundadores visitam os fundos de capital de risco para apresentar suas startups, eles estão no "modo vendedor": são otimistas, simpáticos, confiantes e sempre respeitosos com os ICRs. Após a visita, Mitchell fala com a equipe de apoio para saber, por exemplo, como o fundador tratou a recepcionista enquanto esperava no saguão. Ele foi educado ou arrogante, simpático ou presunçoso? Como disse Mitchell numa palestra em Stanford: "Quando descubro que eles foram rudes, não invisto. Um fundador precisa tirar o melhor proveito de todos ao seu redor. Se ele não consegue tratar uma recepcionista com respeito, também não vai conseguir liderar pequenas equipes rumo a um grande sucesso empresarial."

O caráter importa, mas é pouco provável que você descubra algo sobre o caráter de um líder por meio de seu currículo. É por isso que eventos, encontros e competições servem para angariar não apenas ideias, mas também pessoas. É difícil fingir caráter e carisma. Portanto, quando se trata de inovação, faz sentido pegar o caminho inverso: em vez de começar com a ideia e depois procurar gestores para conduzi-la, encontre primeiro os líderes e deixe que eles inovem, montem uma equipe e criem o futuro da sua empresa.

Encontre desajustados que se ajustem

Tony Xu, aluno de Ilya, não tinha experiência em logística, otimização nem entrega de comida quando fundou a DoorDash, empresa americana de delivery.[51] Brian Chesky e Joe Gebbia eram formados em desenho industrial (e Chesky também tinha um diploma em artes plásticas) quando fundaram o Airbnb.[52] Eles não tinham experiência no setor hoteleiro ou de viagens. Os fundadores da Flatiron Health, empresa dedicada a aprimorar o tratamento do câncer, vieram da Google e do setor de tecnologia.[53] Isso não os impediu de criar uma empresa bem-sucedida que acabou sendo adquirida pela gigante farmacêutica Roche. Esses e muitos outros fundadores não tinham experiência no setor em que estavam se aventurando, mas os ICRs os financiaram com entusiasmo. Na inovação gradativa, o conhecimento profundo do setor é fundamental para o sucesso. Já na inovação disruptiva, esse conhecimento muitas vezes pode ser um obstáculo.

Os ICRs geralmente procuram pessoas que se destacam de outras maneiras. Xu e seus sócios-fundadores fizeram experiências com delivery com base em trabalhos acadêmicos no curso de administração de Stanford e impressionaram os investidores com sua flexibilidade, atenção aos detalhes e capacidade de criar um produto viável. O investidor Paul Graham concordou em investir no Airbnb depois que viu Gebbia vendendo caixas de cereais estampadas com o rosto de Barack Obama na convenção democrata por 40 dólares a unidade.[54] Graham concluiu que, se os fundadores do Airbnb conseguiam convencer as pessoas a comprar cereais a um preço tão inflado, também seriam capazes de convencê-las a dormir na casa de estranhos. Outra aluna de Ilya, Mercedes Bent, é hoje investidora da Lightspeed, um importante fundo de capital de risco. Ela descreve em duas palavras o que busca nos fundadores: aprendizado rápido. "As startups bem-sucedidas crescem de modo exponencial", explica. "Não é qualquer fundador que consegue acompanhar esse ritmo."

O que os ICRs procuram são empresas bem estruturadas. Não tentam encontrar rebeldes, embora às vezes se deparem com um. Seu objetivo é encontrar pessoas desajustadas que se ajustem. Mike Maples diz isso em alto e bom som: "Os fundadores de startups quebram padrões, e a mentalidade de risco quebra a fôrma em vez de perpetuar um modelo." Maples até escreveu um livro sobre o assunto, intitulado *Pattern Breakers* (Quebradores de padrão).

Compare isso com as grandes corporações, em que a falta de experiência num setor ou cargo específico muitas vezes impede que as pessoas se candidatem, que dirá sejam convidadas, a assumir um papel de liderança numa nova empreitada. No entanto, é preciso chuva e sol para fazer um arco-íris. A contratação de novos funcionários que não se enquadrem em todos os critérios (como um executivo de um setor completamente diferente) pode ser a chave para revigorar uma empresa madura.

O que o setor de petróleo e gás tem a ver com peças de Lego? Com 85% de suas receitas provenientes do carvão, a empresa dinamarquesa de combustíveis fósseis Dong Energy era o exemplo perfeito de firma madura num setor tradicional e conservador. Enfrentando fortes turbulências, já que os preços dos combustíveis fósseis estavam caindo e a S&P estava rebaixando sua classificação de crédito, em 2012 a diretoria contratou Henrik Poulsen como novo CEO. Seu currículo tinha belos destaques com cargos em áreas como inovação global e marketing para a Lego, mas não indicava nenhuma passagem prévia pelo setor de combustíveis fósseis. Sob a liderança de Poulsen, a Dong Energy, rebatizada de Ørsted, se tornou a maior produtora mundial de energia eólica offshore e, em 2019, 85% de suas receitas provinham de fontes renováveis. Quando o mandato de Poulsen terminou, em 2020, os acionistas tinham motivos para comemorar.[55] A capitalização de mercado da Ørsted havia mais que dobrado.

O exemplo de Poulsen representa bem os resultados da pesquisa de Abu Jalal e Alexandros Prezas, que estudaram o impacto da contratação de CEOs externos no desempenho de longo prazo de mais de quinhentas empresas.[56]

Cinco anos após a sucessão, as empresas que contrataram CEOs de setores não relacionados apresentaram maiores retornos de ações, lucratividade e potencial de crescimento.

Se seus recrutadores ignoram candidatos sem experiência relevante, não se surpreenda com a falta de diversidade ou de inovação dentro da sua empresa. Tristan Botelho e Melody Chang, da Universidade Yale, enviaram mais de 2 mil currículos fictícios em resposta a anúncios de vagas reais de engenharia de software.[57] Os currículos continham dados idênticos sobre formação, interesses e habilidades. A única diferença era se os candidatos tinham experiência como fundadores de startups. É interessante notar que as empresas chamaram fundadores de startups para entrevistas com apenas metade da frequência dos não fundadores porque estes pareciam ter um histórico mais convencional. Se isso não é um sinal de alerta para todas as empresas, então não sabemos o que é.

Se sua empresa está empacada por causa do modo como os candidatos se apresentam e organizam o próprio trabalho, é hora de repensar sua cultura corporativa. Para que a inovação aconteça, é preciso haver novas formas de trabalhar.

Aposte na equipe, não no indivíduo

Projetos de alto risco são um esporte coletivo. Para ter sucesso, a equipe fundadora deve criar uma base excelente de funcionários, começando com um ou outro talento extraordinário e rapidamente se expandindo para uma organização maior. "Se quiser ir rápido, vá sozinho; se quiser ir longe, vá acompanhado", diz um provérbio africano.

Paul Madera, cofundador da Meritech Capital Partners, observa atentamente os fundadores de startup enquanto fazem suas apresentações. Ele analisa o comportamento não só de quem está falando, mas também dos sócios que estão calados em volta. Para Madera, se uma pessoa domina a conversa enquanto as outras ficam sentadas com cara de poucos amigos, isso é mau sinal. Ele muitas vezes rejeita negócios quando considera problemática a dinâmica entre os fundadores.

Madera está longe de ser o único a fazer isso. A importante aceleradora Y Combinator tende a aceitar apenas empresas com vários fundadores que possam se complementar. O Slack teria feito tanto sucesso sem o cofundador de Butterfield, Cal Henderson? Os fundadores do Slack se conheceram de um jeito bem comum no Vale do Silício: com Henderson invadindo o servidor de e-mail da primeira empresa de games de Butterfield.[58] Pouco tempo depois, ele foi contratado pela empresa. Juntos, Henderson e Butterfield lançaram o Flickr e, em seguida, o Slack.[59] Com visão alinhada e habilidades complementares, eles fizeram o Slack crescer de oito para milhares de funcionários. Butterfield é criativo e apaixonado por design; Henderson é um engenheiro que mergulha fundo na programação.

Muitas organizações tradicionais esperam que uma única pessoa de uma grande empresa de tecnologia possa fazer a diferença. Não pode. É preciso uma equipe. Ao trazer várias pessoas com uma nova mentalidade, talvez você consiga dar o pontapé inicial na inovação. A inovação é, sem dúvida, um esporte coletivo.

5.5 Não se vence uma corrida montado num burro

"Aposte tudo nos fundadores e ignore o resto" parece o título de um artigo sensacionalista escrito por um professor de finanças e um consultor de inovação corporativa. Mas a realidade não é assim, tão oito ou oitenta. Além do jóquei, a maioria dos ICRs leva em consideração o tamanho do mercado, o modelo de negócios e o produto. E a maioria menciona pelo menos um desses três "cavalos" como um fator relevante na hora de investir.

Vamos começar pelo tamanho do mercado. Como bem resumiu Andy Rachleff, cofundador da Benchmark Capital e da Wealthfront: "Quando uma equipe excelente encontra um mercado ruim, o mercado vence. Quando uma equipe ruim encontra um mercado excelente, o mercado vence. Quando uma equipe excelente encontra um mercado excelente, algo especial acontece."[60] O tamanho do prêmio importa. Os ICRs não investiriam se o mercado – no cenário mais otimista – não fosse grande o suficiente. Enquanto escrevemos este capítulo, a SpaceX e outras startups espaciais estão arrecadando bilhões de dólares porque os investidores acreditam que, se essas ideias forem bem-sucedidas, o mercado se tornará enorme algum dia. O mesmo se aplica às startups de biotecnologia que estão desenvolvendo seus produtos com base na descoberta da ferramenta genética sistema CRISPR (sigla em inglês de repetições palindrômicas curtas agrupadas e regularmente espaçadas) e nas promessas de longevidade. O mercado em potencial é tão grande que até mesmo uma ideia de nicho pode se tornar um negócio multibilionário.

E quanto ao modelo de negócios? "Sempre penso na criação e na captura de valor", explicou Cami Samuels, investidora da Venrock, quando nos encontramos no escritório dela para um almoço informal. Cami descreveu todos os desafios que as startups de biotecnologia enfrentam quando buscam comercializar um medicamento novo. Um dos maiores obstáculos é chegar aos médicos da atenção primária e convencê-los a prescrever um tratamento inovador aos pacientes. A equipe da startup pode *criar* valor, mas ainda pode não *capturá-lo*. Quando estão avaliando startups, Samuels e outros visionários que investem em biotecnologia trabalham arduamente para identificar as oportunidades de captura de valor.

Essa também é a opinião do investidor em fintechs Alex Rampell, da a16z: "A batalha entre startups e grandes empresas se resume à capacidade de a startup obter distribuição antes de a empresa obter inovação." No mundo de Samuels, uma vantagem esmagadora na distribuição faz com que as grandes empresas farmacêuticas sejam as verdadeiras guardiãs do setor. Isso lhes dá vantagem nas negociações com uma startup pequena e emergente e, muitas vezes, dificulta o caminho de uma startup de biotecnologia rumo ao sucesso. É por isso que a excelência no laboratório (criação de valor) não se traduz facilmente em royalties e lucros elevados (captura de valor). Nem mesmo um superjóquei consegue fazer um burro pular as muralhas de um castelo.

Em suma, o jóquei é necessário, mas não suficiente para o sucesso de uma startup. Além disso, o que é relevante para o sucesso de pequenas empresas muda gradualmente conforme elas amadurecem. À medida que a startup cresce e se expande, a equipe de gestão original precisa crescer de acordo com as necessidades da empresa. As habilidades necessárias para criar um protótipo de produto e aumentar a equipe de três para vinte pessoas são muito diferentes das habilidades necessárias para aumentar as vendas para milhares de clientes e gerenciar centenas de funcionários. Alguns fundadores avançam junto com a empresa; muitos, não. Esse é um dos motivos pelos quais os investidores geralmente insistem em mudar a equipe de liderança em algum momento.

Steven Kaplan, da Universidade de Chicago, e seus colegas Berk Sensoy e Per Strömberg se debruçaram sobre essa questão.[61] Eles usaram uma amostra de cinquenta empresas bem-sucedidas financiadas por capital de risco para analisar sua evolução à medida que progrediam de um plano de negócios inicial até a abertura de capital. O que tornou o estudo extraordinariamente perspicaz foi o acesso aos planos de negócios das empresas em diferentes pontos de seu ciclo de vida. Os pesquisadores descobriram que a rotatividade da administração era considerável. Menos de três quartos dos CEOs na época do investimento continuavam no comando na época da abertura de capital. Apenas cerca de metade dos quatro principais executivos no estágio inicial da startup continuava no cargo no momento da IPO. À medida que as empresas crescem, a balança entre jóquei e cavalo pesa mais para o lado do cavalo, ou seja, o sucesso da empresa passa a depender menos da equipe de gestão.

Conforme crescem e amadurecem, as organizações vão desenvolvendo processos lapidados e previsíveis, normas bem estabelecidas e regras burocráticas claras. Isso favorece a mentalidade tradicional, que coloca os cavalos bem acima dos jóqueis na hierarquia. "Ninguém é insubstituível, inclusive eu", disse William Clay Ford, bisneto de Henry Ford e ex-CEO e presidente da Ford Motor Company. Os líderes empresariais modernos concordam com Ford nesse ponto. Num ambiente normal, o papel dos gestores e dos tomadores de decisões é preservar o *status quo*, seguir diretrizes claras e, de tempos em tempos, ajustar detalhes. Esses processos são, em sua maioria, rotineiros – os chamados procedimentos operacionais padrão (POPs) – e bem documentados. Depois disso, a empresa se torna uma máquina bem azeitada, sustentada por funcionários bem treinados.

Pense em suas experiências cotidianas, como pegar um Uber ou tomar um café no bar da esquina. Você não se importa muito com o nome e as características das pessoas por trás desses serviços. Suas gorjetas podem variar, mas são calculadas de um jeito bastante mecânico. O mesmo acontece numa organização em que as funções individuais são dominadas pela rotina e por decisões e tarefas padronizadas. É mais eficiente otimizar o processo do que confiar num único funcionário para reinventar a roda toda vez que a tarefa for executada. O McDonald's revolucionou todo o setor de fast-food ao introduzir, adotar e ajustar constantemente determinados padrões. Hoje, seus funcionários levam apenas 112 segundos para preparar um hambúrguer, com exatamente 42 segundos na grelha.[62] Pense na lendária qualidade da Toyota, um resultado direto do "trabalho-padrão", um pilar do Sistema Toyota de Produção.[63] Ou pense na Amazon e no seu arsenal de POPs, que permitem que a empresa contrate 150 mil funcionários temporários para lidar com o aumento no volume de vendas em meses específicos.[64]

A ideia de que as pessoas são pequenas peças numa engrenagem sofisticada foi desenvolvida com o advento da manufatura em grande escala no século XIX. Frederick Taylor foi um dos fundadores da "administração científica".[65] Quando estava na empresa siderúrgica Bethlehem Steel, ele calculou que, em média, cada trabalhador manuseava cerca de 12,5 toneladas de ferro-gusa por dia. Taylor experimentou maneiras de organizar a produção para aumentar a produtividade. Uma das descobertas aconteceu quando Taylor motivou os funcionários a aumentar sua carga de trabalho para 47 toneladas prometendo um salário mais alto. A obtenção de um aumento de quase quatro vezes na produtividade por um salário 60% maior surpreendeu Taylor e seus chefes. O livro que Taylor publicou posteriormente sobre a otimização da produção humana na manufatura foi eleito o livro de administração mais influente do século XX. Embora os princípios de Taylor se refiram à força de trabalho em geral, a influência de um único trabalhador é mínima. No ambiente corporativo tradicional, sabemos bem que funcionários podem ser facilmente substituídos e anonimizados. O que se impõe é o processo. A questão é que as descobertas de Taylor sobre a linha de montagem deixaram de ser relevantes em setores mais inovadores da economia e em ambientes mais instáveis.

O método de Taylor funciona bem para inovações gradativas, como os processos tradicionais de pesquisa e desenvolvimento. Mas criar um programa de streaming, um algoritmo de IA ou um produto tecnológico radicalmente novo é bem diferente de manusear ferro-gusa ou operar uma linha de montagem com eficiência. Embora as ideias de Taylor ainda sejam aproveitadas em muitos setores, a abordagem precisa ser muito diferente no mundo da inovação disruptiva. Nesse mundo, as pessoas não são tratadas como peças numa engrenagem, porque suas ações, embora difíceis de ser analisadas e medidas num ambiente imprevisível, podem determinar em grande parte os resultados.

O problema é que, na maioria das empresas, os projetos de rotina são tão comuns que a mesma mentalidade é estendida aos projetos nos quais o jóquei desempenha um papel muito mais importante. A familiaridade dificulta a identificação de oportunidades. É por isso que as empresas que priorizam o jóquei começaram a se multiplicar nos Vales do Silício mundo afora. As empresas tradicionais precisam ficar atentas. Nelas costuma haver muitas ideias e invenções excelentes circulando, mas relativamente poucas pessoas têm capacidade de executá-las bem. Vejamos um exemplo de uma época que hoje parece distante – a era dos aparelhos de DVD. No final dos anos 2000, muitos previram que o formato DVD estava se aproximando rapidamente do fim.[66,67,68,69] No entanto, alguns líderes do setor não reagiram de imediato e, por isso, foram fechando um atrás do outro, como no caso da Movie Gallery, que, em seu auge, possuía mais de 4.700 locadoras. A Redbox, com seus 41.500 quiosques, tentou migrar para o streaming, mas sem entusiasmo e sem sucesso – era tarde demais. De todas essas grandes empresas, apenas uma encarou de frente o desafio mortal, em parte porque não aderiu aos princípios de Taylor. E ela não apenas sobreviveu como prosperou. Já adivinhou o nome dela?

A Netflix é um raro exemplo de empresa que conseguiu se reinventar.[70] Deu um salto gigantesco, deixando de ser uma próspera locadora de filmes pelo correio para se tornar uma próspera empresa de streaming on-line. E não parou por aí. Ela passou a competir lado a lado com Hollywood para se tornar líder na criação de conteúdo. A esta altura, você não deve ficar surpreso ao saber que a Netflix era uma empresa financiada por capital de risco e manteve a mentalidade arrojada dos investidores. Um princípio particularmente importante foi seu compromisso em priorizar "pessoas acima de processos". O nível de confiança que a Netflix deposita em seu pessoal é extraordinário. Férias? Podem ser tiradas por tempo ilimitado. Alocação de recursos? Segue políticas tão simples quanto "Aja de acordo com os interesses da empresa". Horas extras? Não garantem promoção; o que importa não é o volume de tempo investido, mas o desempenho de excelência. Reed Hastings, fundador da Netflix e autor do livro *A regra é não ter regras*, resume assim sua filosofia: "Se você tornar o processo rígido demais, à prova de erros, só vai conseguir montar uma equipe sem capacidade de discernimento. É por isso que nos opomos fortemente à rigidez e nos concentramos em dar grande liberdade aos nossos profissionais. Eles vão cometer erros, é claro, mas também terão muitas ideias excelentes."[71] Essa confiança nos funcionários e produtores gerou resultados excepcionais. *House of Cards* (a série mais assistida da Netflix quando foi lançada) surgiu porque seu diretor recebeu uma liberdade enorme, sem precedentes em Hollywood. Bastou meia hora para que o CEO aprovasse o projeto.

A Netflix teria feito tanto sucesso sem uma aposta oportuna e inteligente no novo mercado de streaming? Achamos que não. O modelo de negócios por assinatura foi fundamental para seu sucesso? Sem dúvida. O serviço teria sobrevivido se o aplicativo não funcionasse direito? Nem é preciso responder. Obviamente, o mercado, o modelo de negócios e o produto são importantes. Mas ideias não são criaturas com vida própria; elas pertencem a pessoas e precisam de um empreendedor apaixonado para se tornarem realidade. "Pessoas acima de processos" é o mantra da mentalidade de risco. A principal aposta da Netflix está claramente nas pessoas e em sua capacidade de inventar e desenvolver. Hastings e sua equipe encontraram o equilíbrio entre o cavalo e o jóquei em seu setor de inovação. "O cavalo era bom", disse Hastings num evento na Cidade do México, "até o carro ser inventado."[72]

5.6 O próximo Thomas Edison pode estar ao seu lado

Em certo dia de 2010, Thomas Houseman, Andrew Brooks e Leslie Mead Renaud, três vinicultores da Costa Oeste americana, discutiram a questão "jóquei *vs.* cavalo", mas em relação a uma bebida que já é produzida há milhares de anos.[73,74,75] É uma controvérsia tão antiga quanto a própria arte da vinificação: o que é mais essencial para a qualidade de um vinho, os fatores "cavalo", como o solo (*terroir* em francês), ou o enólogo? A favor do *terroir* estão fatores como a exposição ao sol da manhã, as camadas protetoras de rocha que armazenam calor, os nutrientes do solo e – como se afirma desde tempos imemoriais – o toque dos deuses do vinho. A favor do enólogo estão as técnicas e escolhas estilísticas: se deve esmagar as uvas; como esmagá-las;

se deve adicionar ácido, água, levedura ou nutrientes; quais barris escolher; por quanto tempo envelhecer o vinho. As opções de decisão do jóquei são inúmeras, e todas parecem alterar a qualidade e o sabor. Mas será que alteram mesmo?

In vino veritas – "no vinho está a verdade". Para descobrir a verdade sem ter que discutir até o último gole, os três produtores decidiram fazer um experimento. Todos tentariam produzir vinho com as mesmas uvas, colhidas nos mesmos lotes. Seriam três produtores, três vinhedos e três safras diferentes (2010, 2011 e 2012).

Eles escolheram a Pinot Noir, uma das variedades de uva mais difíceis, extremamente sensível ao *terroir* em que é cultivada. Pense na região da Borgonha, na França, com seus milhares de pequenos vinicultores, cada um cultivando um pequeno lote de terra. Nessa região, cultivar uvas apenas 6 metros para a esquerda ou para a direita pode fazer a diferença entre um vinho muito bom e um vinho espetacular, mesmo que ambos sejam feitos com o mesmo tipo de uva.

Pois bem, tempos depois, 6 toneladas de uvas foram transformadas em vinho, engarrafadas e degustadas. James Laube, um dos degustadores e crítico da *Wine Spectator*, uma das principais revistas do ramo, concluiu que, embora o *terroir* não fosse totalmente irrelevante, "o que mais fez diferença foram as decisões de cada vinicultor", e até as menores tiveram "enorme impacto no resultado". Conclusão: mesmo para o vinho, a pessoa no comando importa.

Agora passemos da adega para o laboratório de pesquisa. Quando se trata de intraempreendedorismo e mentalidade de risco, poucos exemplos são tão emblemáticos quanto o Laboratório Langer do Departamento de Engenharia Química do MIT. Liderados por Robert Langer, os pesquisadores desse laboratório já registraram mais de mil patentes, licenciadas para mais de quatrocentas empresas farmacêuticas e de biotecnologia.[76,77,78,79,80] Langer se tornou o engenheiro mais citado da história (com quase 400 mil menções até agora). Mais de quarenta empresas nasceram nesse laboratório, o que rendeu a Langer um lugar na lista de bilionários da *Forbes*. Quando nos encontramos com o professor Langer, ele parecia um dos alunos, não o diretor, com sua camiseta cinza informal. Apresentou-se alegremente como Bob e respondeu às nossas perguntas com uma enxurrada de ideias.

Mas a história de Langer não começou de um jeito tão positivo. No início da carreira, ele não conseguia achar emprego. Foi aconselhado a trocar a engenharia química e a medicina por "petróleo e energia"; foi criticado e desacreditado por seus colegas mais experientes e, certa vez, ouviu de um cientista mais velho que soprava fumaça de charuto em sua cara: "É melhor você arrumar outra profissão."

Judah Folkman, do Boston Children's Hospital, um grande defensor de pessoas mal compreendidas, deu uma chance a Langer.[81] É provável que os desafios pessoais de Langer no início da carreira o tenham levado a construir seu laboratório com base em princípios muito diferentes dos da maioria dos outros laboratórios acadêmicos e corporativos. De fato, seu laboratório é um modelo de mentalidade de risco. Em qualquer laboratório de pesquisa, as pessoas são importantes, mas os novecentos pesquisadores que já passaram pelo laboratório de Langer são, na verdade, considerados o "produto final". Langer frequentemente traz talentos com credenciais inusitadas. "Quando se trata de pessoas, eu assumo riscos", nos disse ele. "Não tenho nenhum plano predeterminado além da descrição geral da área. Deixo que as pessoas descubram sozinhas; sou apenas um guia." Quando uma pesquisadora se aproximou dele e perguntou em que ele gostaria que ela trabalhasse, a resposta de Langer foi tão surpreendente quanto frustrante: "O que mais empolga você?"

Percebeu as semelhanças entre a cultura do laboratório de Langer e as da Amazon, da Google ou da Netflix? Langer acredita que a liberdade e a iniciativa resultam em grandes invenções e, por isso, devem prevalecer. Quando lhe perguntam como escolhe entre milhares de candidatos para apenas algumas vagas por ano, ele responde: "Eu procuro o melhor atleta." E acrescenta: "As pessoas que prosperam aqui são aquelas que querem ser independentes."

Langer se concentra em apostas impactantes. Talvez apenas especialistas conheçam a maioria de suas patentes e empresas, mas isso mudou em 2020.[82] Uma das mais de quarenta empresas que ele cofundou é a Moderna, famosa pela vacina contra a covid-19. Langer acreditava em seu potencial desde a fundação, em 2010, e chegou a profetizar que a Moderna seria a empresa de biotecnologia mais bem-sucedida da história.[83] No fim, ele estava certo. Mais uma vez, ele tinha incentivado seus "intraempreendedores" a pesquisar e experimentar. Assim como os executivos da Google, Langer deu orientações gerais à sua talentosa equipe, não instruções específicas. No entanto, sua abordagem não é vaga nem disforme. Ele corre numa pista muito bem projetada.

De empresas de tecnologia a cadeias de fast-food, de corporações a pequenos laboratórios de pesquisa, de vinicultores a engenheiros – todos nós nos beneficiamos de um processo que aposte nas pessoas e no talento delas. Liberdade estruturada estimula o espírito intraempreendedor. Construa uma pista na qual você aposte nas pessoas, em seu caráter e em suas paixões, para ter mais chances de vencer a corrida. Pessoas engenhosas, capazes de reinventar tarefas diárias, podem ter um impacto mais significativo no seu futuro do que você imagina. Uma delas pode até inventar uma vacina que salva vidas ou tornar o próximo lanche do seu filho mais feliz.

CHECKLIST DA MENTALIDADE DE RISCO

- ☐ Na sua empresa, quando lançam um novo projeto, os líderes pensam tanto nas pessoas quanto nas ideias?
- ☐ Sua empresa construiu "pistas de corrida" (mecanismos de financiamento claros, regras simples, direcionamento e acompanhamento) para que os intraempreendedores apresentem e desenvolvam novas ideias?
- ☐ Sua equipe de recrutamento está focada em atrair profissionais capazes de imaginar e criar novos negócios?

6

Concorde em discordar

Por que você deve incentivar a divergência e desconfiar do consenso

6.1 Macacos de imitação

"Por que eles não comem o milho rosa? Que coisa estranha!", disse uma diretora de marketing num de nossos workshops corporativos. Ela não era a única pessoa surpresa entre os participantes do evento – todos os olhos estavam fixos num vídeo intrigante sobre um experimento realizado na África do Sul envolvendo a transmissão da cultura e a tomada de decisões em grupo. Os objetos de estudo não eram pessoas, mas *macacos*.

Os macacos-vervet (*Chlorocebus pygerythrus*) são animais altamente sociais, que vivem em grupos de até cinquenta indivíduos. "Milhões de anos atrás, nossos ancestrais em comum, os grandes símios, provavelmente compartilhavam conosco algumas características. Os primatas são um elo vivo com nosso passado", nos disse a professora Erica van de Waal, orgulhosa líder de uma grande equipe de pesquisadores em dois continentes. Numa reserva sul-africana, a equipe de Van de Waal dividiu os macacos-vervet selvagens em grupos. Cada grupo recebeu dois contêineres de milho, um ao lado do outro. O primeiro estava cheio de milho tingido com corante rosa; o segundo tinha milho com corante azul. A diferença, facilmente percebida pelos macacos, não estava apenas na cor, mas também no sabor. Os cientistas misturaram o milho de um dos recipientes com folhas de babosa, dando aos grãos um sabor amargo e desagradável. No primeiro grupo, apenas o milho azul ficou amargo; no segundo, apenas o rosa. Não surpreende que os macacos tenham torcido o nariz para esses grãos. Para metade dos grupos, o milho rosa tinha um gosto horrível, mas, para a outra metade, o milho intragável era o azul. O habitat do macaco-vervet foi dividido em duas zonas: a zona azul (onde o milho azul era palatável) e a zona rosa. Logo os macacos aprenderam qual alimento preferiam e se acostumaram a comer milho de apenas uma cor específica.

Meses depois, os pesquisadores pararam de misturar o milho com folhas de babosa, independentemente da cor. Embora agora todos os grãos fossem apetitosos, os macacos haviam "aprendido" a lição e mantiveram sua cor inicial de preferência. Os filhotes, que não tinham sido expostos ao sabor amargo da babosa e não haviam tido nenhuma experiência direta com a cor "ruim", seguiram o hábito das mães sem hesitar. Filhotes comiam apenas milho rosa na zona rosa e apenas milho azul na zona azul. A regra se manteve por várias gerações e convergiu para uma espécie de tradição, quase um tabu.

Um resultado ainda mais revelador aguardava os pesquisadores quando observaram o comportamento dos migrantes.[1] Os machos dessa espécie geralmente migram de um grupo para outro. Assim que os migrantes chegavam, era muito provável que aderissem às preferências de seu *novo* grupo, mudando de comportamento. Sim, esses macacos adotavam imediatamente a "tradição local" e começavam a comer milho da cor que, dias antes, recusavam. As regras do grupo ofuscaram a experiência individual.

Pessoas são como macacos de imitação: procuram pistas em seus pares, imitam o comportamento do grupo e adotam as regras coletivas. No entanto, embora os pesquisadores tenham acumulado inúmeras evidências sobre a importância dos grupos na tomada de decisões, no comportamento e nos resultados, ainda tendemos a subestimar a influência do pensamento de grupo em nosso julgamento. Um experimento clássico, realizado na década de 1960 pelos professores Bibb Latané e John Darley, ilustra muito bem o viés de grupo – dessa vez, com humanos.[2,3]

Imagine que você precise responder a uma longa pesquisa sentado sozinho numa sala fechada. De repente a sala começa a se encher de fumaça. O que você faria? Bem, acionaria um alarme, certo? Foi isso que a maioria das pessoas no experimento fez quando estava sozinha. Mas e se você estivesse entre desconhecidos, sentados a um metro de distância uns dos outros, respondendo à mesma pesquisa entediante, concentrados na tarefa?

Se você acha que alertaria a sala inteira na mesma hora, está subestimando a influência alheia. Os pesquisadores descobriram que o comportamento dos participantes dependia muito das ações de quem estava ao redor deles. À medida que eram adicionados ao experimento atores que agiam como se nada estivesse acontecendo e continuavam respondendo à pesquisa, quase ninguém acionava o alarme, mesmo com a sala encoberta por fumaça. As pessoas olhavam ao redor, preocupadas, observando a fumaça ficar mais densa, mas, como não viam nenhuma reação... voltavam a responder à pesquisa. Apenas uma em cada dez pessoas tomou alguma atitude.

O resultado seria o mesmo se a sala estivesse repleta de pessoas "normais", e não de atores fingindo indiferença? Bem, nesses casos os alertas foram acionados com mais frequência, mas, ainda assim, por apenas um em cada três participantes. Latané e Darley chamaram essa tendência de ignorar sinais de ameaça na presença de pessoas passivas de "efeito espectador" e passaram a estudá-lo amplamente durante décadas. O efeito espectador é uma das muitas consequências indesejadas do que hoje chamamos de "pensamento de grupo".

Todas as pesquisas sobre comportamento coletivo e tomada de decisões fazem a mesma descoberta marcante: os membros de um grupo tendem a minimizar conflitos e buscar consenso. Se todos os demais escolherem um comportamento específico, eu devo segui-lo. Se todos forem a favor de uma decisão ou não argumentarem explicitamente contra ela, então tenho a sensação de que devo aderir também. A convergência e a conformidade do grupo são muito comuns. Membros novos ou menos experientes procuram pistas em seus pares para saber, por exemplo, qual cor de milho devem escolher ou que quantidade de fumaça numa sala é normal.

E se substituirmos o milho e a fumaça por startups?

Faculdades de administração adoram trabalhos em grupo, e o curso de Ilya sobre capital de risco segue fervorosamente essa receita. Trabalhos em grupo não são apenas uma ferramenta pedagógica, mas também uma oportunidade valiosa para observar como grupos de pessoas excepcionalmente inteligentes tomam decisões. Num desses casos, que abordamos no Capítulo 3, dividimos os alunos em 24 FCRs de mentirinha. Esses fundos fictícios deveriam decidir se investiriam em startups reais que estavam mesmo em busca de capital.

Para refrescar sua memória, cada fundo era composto de seis alunos. Isso reproduz muito bem o número de sócios que costuma existir em grandes FCRs. Os alunos deveriam escrever um memorando de investimento preliminar sobre cada startup, conversar com os fundadores, fazer uma diligência prévia, determinar qual delas (se fosse o caso) seria financiada e, em seguida, entregar a recomendação final de investimento. É importante ressaltar que a recomendação deveria detalhar como foi a discussão do grupo e como eles tomaram suas decisões.

As decisões finais variaram drasticamente entre as 24 equipes. Em um ano, a startup mais procurada recebeu apenas nove ofertas. Todas as outras equipes se opuseram veementemente a investir nessa startup e ofereceram justificativas detalhadas para sua rejeição. O mesmo padrão se repetiu com as outras candidatas. Cada uma delas foi considerada a mais promissora por alguns grupos, enquanto outros a julgaram menos atraente. Não há nada de incomum aqui, pois escolher ideias inovadoras é arriscado. Lembre-se também de que se tratava de um caso *ao vivo*: ninguém sabia o resultado, embora tenhamos feito o possível para selecionar boas startups. Com um pouco de imaginação, cada uma poderia ser vista como uma futura DoorDash, Moderna ou Twitter. Então é claro que esperávamos uma variação considerável nas decisões *entre* as equipes.

Para nossa surpresa, foi notável também a quase total inexistência de discordância *dentro* de cada equipe. Os grupos discordavam fortemente uns dos outros, mas os alunos *concordavam* entre si em seus grupos de seis pessoas. Como sabemos disso? Perguntamos repetidamente aos alunos, em pesquisas confidenciais realizadas em momentos distintos, se eles discordavam da decisão do grupo ou se seu grupo havia modificado o processo de tomada de decisões. Ano após ano, nove em cada dez alunos expressaram total concordância com a decisão. Em entrevistas individuais, muitos expressaram surpresa quando souberam da reação diferente de outra equipe para um negócio "obviamente excelente" ou "claramente terrível". A divergência *entre* as equipes contrastava de maneira impressionante com a mentalidade uniforme *dentro* de cada uma delas.

Além disso, muitos dos 24 grupos chegaram às suas decisões rapidamente. Em seguida, passaram a maior parte do tempo justificando a decisão e discutindo detalhes, como as condições de investimento a serem oferecidas à startup escolhida. As equipes estavam tomando uma decisão ágil, mas sem discutir adequadamente a oportunidade nem analisar todos os ângulos. Estavam seguindo o fluxo.

Como essa coesão *dentro* dos grupos pode coexistir com tanta disparidade *entre* os grupos?

Vamos tentar montar juntos esse quebra-cabeça. Num workshop on-line que organizamos para uma grande empresa europeia durante a pandemia, nos sentimos como Griffin, o *homem invisível* de H. G. Wells. Pela tela do computador, pudemos visitar várias salas de discussão para observar os debates sem que os participantes nos vissem ou escutassem.

Imagine o seguinte: vemos os membros de um grupo se sentarem numa sala. Os mais jovens da equipe estão muito concentrados fazendo anotações num caderno. Uma mulher olha pensativa para a parede, os lábios cerrados, totalmente imóvel. De repente, um homem de 40 e poucos anos, vestindo um paletó marrom sofisticado, dá início ao debate. Ele parece ser o profissional mais experiente na sala e pergunta a outro homem:

– Então, o que você acha dessa ideia? Para mim, ela parece ser um recurso, não um produto.

O sujeito, de moletom azul-marinho, fica em silêncio por um tempo antes de responder, assentindo com a cabeça.

– Sim, é mais uma solução de nicho – diz. – Acho que a economia unitária não está muito clara, sabe?

Uma mulher de camiseta se junta a ele.

– A ideia até que é legal – comenta ela –, mas há algo errado com a equipe.

Do nosso ponto de vista, vemos que os outros três – os dois jovens escrevendo e a mulher pensativa – ficam surpresos. Um dos jovens parece querer dizer algo, mas não se manifesta. O debate continua, mas a decisão já foi efetivamente tomada. Logo os membros da equipe convergem, indicando certeza absoluta quanto à decisão. A essa altura, preencher a ficha com argumentos favoráveis e contrários é uma mera formalidade; a rejeição da proposta de investimento é um fato consumado.

Em outra sala, o vice-presidente de varejo dá início à discussão. Com a mesma rapidez, o grupo chega à conclusão oposta à do grupo anterior. Igual padrão se repete em outras salas.[4] Em todos os casos, uma pessoa – seja por sua experiência, seu temperamento ou sua postura de liderança – estabelece o tom de toda a discussão ao dar início à conversa. Essa primeira impressão muda a dinâmica e predetermina a decisão final. Quem quer que tenha tido opiniões diferentes mantém a boca fechada e se adapta ao rumo da equipe. Vimos algumas discordâncias e até debates acalorados, mas apenas sobre pontos menores, como a forma de apresentar as conclusões para o público. Na decisão principal, prevaleceu a conformidade. Nossa conclusão: os participantes pararam imediatamente de comer milho rosa e passaram a comer milho azul. O ser humano é assim.

Podemos chamar esse comportamento de grupo de "dependência do caminho". Quem inicia a discussão inclina o grupo numa direção específica. Se essa pessoa ocupa uma posição especial no grupo, por natureza ou hierarquia, essa vantagem intensifica a concordância. Se esse indivíduo tem uma opinião negativa, outras opiniões negativas acabam surgindo dos demais participantes. Aqueles que tinham opiniões positivas são convencidos do contrário ou preferem não se opor, limitando-se a questões menores. A divergência é uma batalha difícil, mesmo num grupo de estudantes, e mais ainda entre colegas de profissão quando a carreira de alguém pode estar em jogo. Esses grupos, formados por estudantes ou executivos, são estruturas temporárias; no mundo real, tomadores de decisões formam grupos estáveis e de longo prazo, o que só acentua o fenômeno da dependência do caminho: a cor de milho preferida é escolhida ainda mais rápido.

Mas e se o sabor do milho mudar? As pessoas, como os macacos, mantêm os velhos hábitos, ou se adéquam ao novo paladar?

Numa das sessões presenciais que realizamos com alunos de Stanford, depois que os grupos enviaram seus memorandos finais de investimento, eles receberam um e-mail informando que um famoso fundo de capital de risco havia feito uma oferta para uma das startups. Como o parceiro que havia feito a oferta era da Costa Leste, a startup ainda estava à procura de um investidor no Vale do Silício. Na segunda-feira, as equipes poderiam atualizar sua oferta, se quisessem.

Isso não foi apenas um truque de um inteligente professor de Stanford, mas algo comum. Os FCRs gostam de surpreender seus concorrentes produzindo relatórios nas tardes de sexta-feira, pois sabem que é difícil tomar ou mudar uma decisão no fim de semana. As novas informações eram valiosas e muito positivas: incluíam o nome de um investidor famoso, o valor do investimento proposto e as impressões do fundador sobre a avaliação oferecida. Ao reverem suas decisões originais, as equipes que fizeram uma oferta à startup deveriam ter cogitado aumentar a aposta e aquelas que recusaram deveriam tê-la reconsiderado. Mas apenas *um* grupo mudou seu memorando final de investimento. Nenhum dos outros grupos optou por alguma mudança, insistindo que sua decisão original era a melhor. Mais uma vez, a dependência do caminho estava em ação. Depois que um grupo tomava uma decisão, qualquer informação nova era praticamente desconsiderada.

Após essa etapa no experimento, sempre pedimos aos participantes que compartilhem suas percepções sobre o processo de tomada de decisões. Perguntamos, por exemplo, se eles sugeririam alguma mudança. A maioria responde que não, acrescentando que não houve necessidade de uma votação formal porque "todos estavam de acordo". Os participantes se convencem de que tomaram a decisão por si mesmos e de que estavam no caminho certo. Era de fato um caminho: o caminho da dependência.

Todos esses experimentos e observações nos levam à mesma conclusão: grupos tendem a chegar a uma decisão enviesada e fácil de ser manipulada. As pessoas fazem concessões, convergem e buscam o consenso. Num mundo de grande incerteza, a maioria geralmente está errada, pois a conclusão consensual é formada quase que por acaso. É por isso que os ICRs tiveram que criar maneiras diferentes de tomar decisões de investimento. Podemos aprender com eles a promover a divergência em grupos, tornar o processo menos tendencioso, quebrar a maldição da dependência do caminho e evitar chegar a um consenso só para evitar conflito. Podemos aprender a concordar em discordar.

6.2 Cuidado com o consenso

"Quando analiso os últimos quarenta anos, vejo que todos os grandes investimentos que fizemos foram acompanhados de muitos debates, divergências e controvérsias", conta um veterano do Vale do Silício. "Os negócios que eram unanimidade clara desde o início acabavam inevitavelmente fracassando." Reid Hoffman, sócio da Greylock, também diz que sua firma prefere investimentos sobre os quais metade da equipe diz "Ótima ideia!", enquanto a outra metade protesta: "De jeito nenhum!" Por exemplo, a reação do sócio David Sze ao investimento proposto por Hoffman no Airbnb foi a seguinte: "Bem, todo investidor de risco precisa ter um fracasso no currículo. Talvez o Airbnb seja o seu."[5,6] Outros sócios rejeitaram a oportunidade, considerando-a um empecilho para o portfólio e uma perda de tempo. Bonny Simi, fundadora da JetBlue Technology Ventures, contou que apenas um de seus negócios teve apoio unânime; todos os outros tiveram opositores e muitos foram aprovados apenas após um longo debate. E hoje sabemos como a unanimidade pode afetar negativamente os investimentos de capital de risco.

Ilya e seus colegas coletaram dados sobre desempenho e regras de tomada de decisões em centenas de FCRs. Uma métrica de desempenho foi a taxa de IPO, ou o percentual de empresas do portfólio desses fundos que fizeram uma oferta pública de ações. As empresas mais prósperas financiadas por capital de risco abrem o capital; portanto, quanto maior a taxa de IPO, mais bem-sucedido é o fundo.

Em seguida, comparamos duas amostras. Na primeira, agrupamos todos os FCRs que tiveram uma taxa de IPO maior que a média. Os fundos restantes constituíram nossa amostra de "IPO baixa". Em nossa análise de desempenho e tomada de decisões, estávamos particularmente interessados nos fundos que insistiam na unanimidade dos sócios para que um investimento fosse levado adiante. Descobrimos que os FCRs com taxa de IPO alta eram menos propensos a seguir a regra da unanimidade.[7] Estatisticamente, a discrepância se traduz numa diferença considerável nos retornos. Essa descoberta reforça o fato de que a unanimidade não é o processo mais eficiente na hora de tomar decisões em grupo, em especial quando o nível de incerteza é alto e há muitas incógnitas. Sempre que todos concordam (ou têm que concordar) com tudo num FCR, isso não é um bom sinal.

A título de comparação, imagine uma reunião corporativa sobre o lançamento de um novo produto ou sobre a aprovação do orçamento de Pesquisa e Desenvolvimento. Os apresentadores estão ali para solicitar uma aprovação formal, não para debater a ideia. O tempo é usado para convencer a chefia a dar sua aprovação. As perguntas, se forem feitas, são meras formalidades, para garantir que os requisitos certos tenham sido cumpridos. O debate ocorre somente em casos de desalinhamento político ou falta de conversa prévia com participantes influentes. A aprovação unânime é o padrão-ouro. Essas reuniões são projetadas para sufocar o debate. Mas o que funciona para a formação de consenso num ambiente tradicional e rígido pode ser uma tragédia em tempos voláteis. Trabalhar em equipe é fundamental, mas a inovação também pode nascer da individualidade.

Na outra ponta do espectro, mas igualmente perigosa, está uma cultura de busca de consenso que se atola em debates e divergências intermináveis, sem fim à vista e sem chegar a nenhuma decisão. Você com certeza já viu esse tipo de reunião, que impede uma empresa de tomar decisões vitais em tempo hábil. Por exemplo, houve uma época em que, na emissora britânica BBC, muitas decisões exigiam no mínimo seis reuniões.[8] Na fabricante de brinquedos Mattel, durante as gestões passadas, as decisões sobre quase qualquer assunto se arrastavam.[9] Os funcionários passavam semanas montando apresentações elaboradas com centenas de slides, detalhando as minúcias de cada produto futuro. A reformulação de um site envolveu quase um ano de reuniões mensais. Quando enfim se chegava a uma decisão, o orçamento já havia sido realocado a outro projeto.

Poucos fundos de capital de risco terão vida longa se seguirem processos tão vagarosos assim. O mesmo se aplica a qualquer empresa que esteja enfrentando tempos turbulentos. Para obter estabilidade, opte pelo consenso; para obter avanços, confie na mentalidade de risco.

ICRs não buscam consenso; eles adoram discutir, defender seu ponto de vista, ouvir atentamente os outros e trocar ideias. Em geral, a maioria vence, mas isso não significa que a maioria esteja certa.

Vejamos o mundo do esporte, por exemplo. Em outubro de 1990, o famoso boxeador Mike Tyson, até então invicto, estava se preparando para lutar contra um claro azarão, Buster Douglas.[10,11,12,13] Para muitos apostadores, era uma oportunidade de o Sr. Consenso ganhar um dinheiro fácil. Vários fizeram grandes apostas, esperando ganhos marginais numa vitória quase certa de Tyson. Houve quem apostasse 93 mil dólares com a expectativa de ganhar apenas 3 mil, com chances de 31 para 1 a favor de Tyson. Por fim, as chances chegaram a incríveis 42 para 1. Não era um ganho substancial, mas parecia garantido. No entanto, se você fosse a Sra. Discordância e estivesse disposta a nadar contra a corrente, seu lucro poderia ter disparado. As chances de Douglas eram de 1 para 37, o que significa que, se você apostasse

10 mil dólares em Douglas e ele vencesse a luta, você teria saído com 370 mil dólares. É claro que, se Douglas fosse derrotado, você viraria piada. É interessante notar que a maior aposta em Douglas naquela noite foi de apenas mil dólares. E, para surpresa de todos, Buster Douglas nocauteou Mike Tyson. As casas de apostas pagaram 37 mil dólares à Sra. Discordância. Nunca se sabe o vencedor até que a luta termine.

A mesma ideia pode ser estendida aos investimentos. Veja a Figura 9: sua aposta pode estar certa ou errada, e pode discordar ou concordar com o consenso. A aposta errada resultará numa perda, e a única diferença entre a discordância e o consenso será a atribuição de culpa. Por outro lado, quando se embarca na aposta certa, faz toda a diferença ter seguido ou não a maioria. O mesmo acontece no mundo dos investimentos: as apostas de consenso geram pequenos lucros. Quanto maior for a manada e mais acirrada a concorrência, menores serão os retornos. São as apostas "do contra" que, quando acertam, tornam um investidor rico e famoso. "O consenso está embutido no preço", explica Ray Dalio, lendário investidor e fundador da Bridgewater Associates.[14] "Portanto, para ter sucesso, você tem que apostar contra o consenso e precisa acertar. Esse é o jogo."

	Aposta errada	Aposta certa
Discordância: contra a maioria	Aposta arriscada. Todos culpam você. **Você perde.**	Subestimados. Joias raras. **Recompensa alta.**
Consenso: a favor da maioria	Mentalidade de rebanho. Ninguém culpa você. **Todos perdem.**	O favorito. Superestimado. **Recompensa baixa.**

Figura 9. Apostas e resultados possíveis

Talvez você conheça John Maynard Keynes como um dos economistas mais famosos do século XX, mas, na King's College da Universidade de Cambridge, ele também é lembrado como um investidor discordante.[15,16] Quando começou a administrar o fundo patrimonial da King's, em 1921, Keynes se recusou a seguir o manual do Sr. Consenso. Ele vendeu uma parte significativa dos imóveis da King's para investir o capital em ações, que representavam um terço do portfólio por ocasião de sua morte, em 1946. Essa foi uma medida bastante controversa, já que, na época, os fundos patrimoniais das universidades detinham principalmente terrenos e títulos de renda fixa para proteger o capital. Keynes conseguiu superar o desempenho do mercado em quatro vezes e transformou cada 100 libras com que começou em 1.675 libras ao longo daqueles 25 anos.

Você não precisa ser um Keynes nem um lutador de boxe para adotar essa estratégia. Pense numa bela casa num bairro nobre da sua cidade. Se for bem anunciada, são poucas as chances de você conseguir uma pechincha. Agora imagine uma situação diferente: você é o único que acredita que determinado terreno é um local promissor para construir um prédio comercial; todas as outras pessoas acham que é um péssimo negócio. Essa transação pode ser o achado do ano e mudar sua vida – mas, é claro, somente se você estiver certo. Os ICRs procuram ideias interessantes e controversas.

Essa análise "consenso *vs.* discordância", originalmente abordada por Howard Marks, da Oaktree Capital, foi explorada a fundo pelos ICRs. Eles não podem se dar ao luxo de se juntar ao Sr. Consenso. A recompensa prevista não é grande o bastante para proporcionar os retornos que eles estão buscando. Para ter sucesso, precisam ser mais parecidos com a Sra. Discordância. Esse é um dos principais motivos que levam os ICRs a se envolver em divergências e controvérsias. Afinal, esse é o caminho para os melhores resultados.

Não surpreende, portanto, que esse pensamento seja tão popular entre os ICRs. "O único jeito de obter retornos extraordinários no capital de risco é estar certo *sem* seguir o consenso", diz Andy Rachleff, cofundador da Benchmark Capital.[17,18] "Não é possível superar o mercado investindo no mesmo que todo mundo e agindo como todas as outras pessoas", disse Mike Maples. Ou, como resumiu Bryan Roberts, da Venrock: "A pior coisa que pode acontecer a uma organização é ter funcionários que digam: 'Se eu estiver errado, pelo menos não estou sozinho.'"

ICRs não buscam consenso – eles buscam divergência. "A convicção supera o consenso", declarou Alex Rampell, entusiasmado, em nosso encontro. Num ambiente em que a incerteza sobre o futuro dá origem a opiniões diversas e contraditórias, essas opiniões precisam ser articuladas.

E fazer isso é difícil. Além de todas as parcialidades de grupo, uma armadilha extra a ser evitada é o padrão "uma mão lava a outra". Um bom exemplo disso foi a derrocada da companhia de energia Enron em 2001, agravada por seu Comitê de Avaliação de Desempenho (CAD).[19] Todos os funcionários da Enron recebiam uma avaliação formal de desempenho a cada seis meses, e cada funcionário selecionava cinco colegas, superiores ou subordinados, para dar feedback ao CAD. O processo incluía muitas negociações nos bastidores. Como descobriram os pesquisadores Clinton Free e Norman Macintosh: "Um gerente comentou com outra gerente: 'Queria saber se você tem uns minutinhos para falar sobre a próxima avaliação do CAD.' Ela respondeu: 'Por quê? Você topa fazer um acordo?' 'Topo', respondeu ele, e, num piscar de olhos, o trato estava feito. Nesses acordos, os gerentes trocavam pontuações ruins tanto para os funcionários dos quais queriam se livrar quanto para os rivais que queriam prejudicar."[20]

A pior coisa que pode acontecer a um fundo de capital de risco, ou a qualquer outro grupo, é um parceiro apoiar a empreitada de um colega mesmo achando a ideia péssima, só porque espera ter esse favor retribuído mais tarde. Esse falso consenso, motivado por questões políticas, cobra um preço alto. Mais cedo ou mais tarde você se verá atolado até o pescoço em redes de intrigas e jogos de poder.

Como nos disse um investidor, quando se tem a sensação de que é proibido contrariar a equipe, é hora de procurar uma saída. E isso não vale apenas para o mundo do capital de risco. Ray Dalio insiste que qualquer organização será vitoriosa se tiver uma "mente radicalmente aberta" e "substituir a alegria de estar certo pela alegria de aprender a verdade".[21] Dalio diz que esse é o ensinamento mais valioso que poderia compartilhar com o mundo, e com certeza muitos ICRs concordariam com ele.

A metodologia da mentalidade de risco inclui, portanto, um princípio bem simples: a divergência é obrigatória.

"Não me importo nem um pouco com a lealdade de vocês quando acharem que estou certo", disse a seus homens o general John Monash, um renomado comandante militar da Primeira Guerra Mundial.[22] "Eu a quero de verdade quando acharem que estou errado." Em outras palavras, é seu *dever* se manifestar caso não concorde com seus superiores. Para evitar perder oportunidades de bilhões de dólares, sua organização deve seguir o exemplo de Monash e fazer da obrigatoriedade da divergência parte de seus valores fundamentais.

O princípio em si é fácil, mas colocá-lo em prática, nem tanto. Boas intenções não bastam nesse caso; é preciso esforço.

6.3 Até o diabo precisa de advogado

"Procurei em todos os parques de todas as cidades e não encontrei estátuas de comitês", teria afirmado o famoso escritor britânico G. K. Chesterton. Os ICRs estão bem cientes de como a mentalidade de grupo é ineficaz e tendenciosa; sabem que uma abordagem tendenciosa é particularmente arriscada num mundo repleto de incertezas. Também sabem que, numa equipe, é mais provável que a decisão certa seja tomada por quem tem a mente preparada para evitar pontos cegos. Em nossa pesquisa com ICRs, observamos muitas práticas específicas do mundo do investimento de risco. Da próxima vez que você fizer uma reunião de equipe, siga estes quatro mecanismos que eles nos ensinaram. Isso aumentará suas chances de tomar uma decisão melhor.

Mantenha a equipe pequena

Se você um dia participar de uma reunião de ICRs, vai reparar algo notável: a sala é pequena.

Investidores analisam negócios em pequenos grupos.[23] Muitos fundos de capital de risco têm três a cinco sócios. Mesmo reuniões gerais, com a equipe inteira, são um exercício íntimo e informal. A reunião é planejada para garantir que todos que possam contribuir estejam presentes e para que todos os presentes contribuam.

Empresas inovadoras sabem que é melhor ter equipes menores, pois isso aumenta a qualidade da comunicação, a velocidade de reação e a motivação individual. Pense no famoso requisito "equipe de duas pizzas", criado na Amazon para grupos que trabalham num novo produto ou serviço: a empresa acredita que uma equipe com esse propósito deve ter no máximo oito pessoas – que poderiam ser alimentadas com duas pizzas, daí o nome. Membros de equipes menores também demonstram maior responsabilidade e são menos propensos a jogar a culpa nos outros. Muitas empresas, como a Intuit, uma importante fornecedora de software financeiro, seguiram o "princípio das duas pizzas".[24,25] Quando a gestão da Mattel foi trocada, um dos novos princípios era não permitir que houvesse mais de dez pessoas em qualquer reunião decisória.[26]

Esses princípios sintetizam a intuição dos tomadores de decisões em muitas empresas e têm amplo respaldo científico. Na década de 1970, os pesquisadores Richard Hackman e Neil Vidmar descobriram que, para muitas tarefas, o tamanho ideal de um grupo é de quatro ou cinco pessoas.[27] Quanto maior o número de pessoas realizando a mesma tarefa, menos produtivas elas são. Da próxima vez que planejar uma reunião para tomada de decisões, convoque apenas as pessoas que realmente precisam participar e, mesmo assim, certifique-se de que o número seja inferior a uma dúzia.

Deixe que os subordinados falem primeiro

Você já participou de reuniões em que a chefia expõe a própria opinião e depois pergunta "O que vocês acham?"? Depois que um chefe fala, é difícil contra-argumentar. Esse é o mundo dominado pelo efeito HIPPO, sigla em inglês para "opinião da pessoa mais bem paga". Só que as contribuições e opiniões de outras pessoas podem ser tão valiosas quanto as dos chefes, se não mais. Reproduzir o comportamento dos superiores pode muito bem ser uma tática de sobrevivência, mas, num mundo cheio de incertezas, é prejudicial.

ICRs sabem que pessoas menos experientes podem agregar um valor considerável a um processo de decisão. A chave está na meritocracia. A equipe júnior geralmente é composta das pessoas que fizeram a maior parte da análise do investimento: conversaram com os clientes, buscaram referências, analisaram o mercado, prepararam o memorando. Num ambiente de apostas incertas, elas detêm muitas informações "sutis" que são difíceis de formalizar no papel. A regra "subordinados primeiro" cria uma cultura que incentiva a equipe júnior a apresentar sua avaliação antes que qualquer um dos sócios seniores se manifeste.

A boa dinâmica hierárquica também é fundamental em outros setores. Segundo um estudo que deveria ser mais conhecido, nove em cada dez enfermeiros confidenciaram achar difícil falar com um médico, mesmo quando a vida de um paciente está em risco.[28] É preciso que a voz da divergência combata o silêncio da intimidação.

O ex-presidente americano John F. Kennedy levou esse princípio um pouco mais longe durante os fatídicos dias da Crise dos Mísseis de Cuba.[29] Ele não apenas insistiu para que todos falassem como iguais nas deliberações de sua equipe, sem posição hierárquica ou de presidente, como também deixou de ir a algumas reuniões para garantir que sua presença não intimidasse os participantes. Ao ler as transcrições de discussões acaloradas no Salão Oval sobre a ameaça soviética, não podemos deixar de nos perguntar se foram essas ações aparentemente pequenas, mas intencionais, destinadas a promover um debate aberto no governo Kennedy, que evitaram um Armagedom nuclear.[30,31] Limitar seu poder pessoal pode levar a decisões melhores. Essa é uma grande lição para qualquer líder.

Nomeie um advogado do diabo

Para garantir que a opinião contrária seja ouvida, muitos fundos de capital de risco têm como prática-padrão designar alguém ou uma pequena equipe para ser "do contra". A expressão "advogado do diabo", carregada de conotações religiosas, remonta à tradição da Igreja Católica Romana de designar uma pessoa para argumentar contra a canonização de alguém. *Advocatus diaboli* era uma função oficial dentro da administração do Vaticano, e seu objetivo era encontrar provas *contrárias* aos candidatos a santificação. Isso garantiria um importante equilíbrio durante o processo.[32] A mentalidade de risco tomou esse conceito emprestado.

Por exemplo, o fundo a16z geralmente nomeia uma "equipe vermelha", encarregada de argumentar contra um negócio.[33] Quando Warren Buffett pensa em suas maiores aquisições, da mesma forma que a a16z, ele contrata dois consultores: um para defender o investimento, outro para refutá-lo.[34] Alguns FCRs aplicam a regra com mais fervor do que a Igreja Católica, designando *todos* os membros da equipe de investimento, exceto o líder da negociação, para a função de advogado do diabo. Uma sala cheia de diabruras! Um desafio e tanto.

Uma organização que usa esse conceito muito bem é a AMAN, a direção de inteligência militar das Forças Armadas de Israel. Depois que a inteligência israelense falhou em prever a Guerra do Yom Kippur, em 1973, um importante conceito surgiu de uma investigação pós-guerra: "o décimo homem", uma espécie de advogado do diabo. O papel dessa pessoa é discordar, alertar e apontar falhas nas deliberações e decisões do grupo.[35]

Um ponto importante, na teoria e na prática, é a diferença entre um advogado do diabo e a chamada "divergência autêntica". Esse conceito, popularizado por Adam Grant em seu livro *Originais*, diz que sempre haverá diabos entre nós e que devemos deixá-los falar livremente.[36] O líder é responsável por atrair essa divergência autêntica. A ideia é interessante, já que designar um advogado do diabo parece menos autêntico, com pessoas defendendo opiniões em que não necessariamente acreditam. Por melhor que seja a intenção de uma divergência autêntica, as intenções não importam – e sim os mecanismos. Se a empresa tiver uma cultura na qual as pessoas possam falar livremente o que pensam, o líder não precisará cultivar a divergência. Por outro lado, se você estiver numa organização na qual os grupos buscam conformidade e consenso, os esforços para incentivar a divergência autêntica podem fracassar. Designar um advogado do diabo, portanto, elimina o estigma social associado ao fato de ir contra a corrente.

Além disso, em grupos pequenos, coesos e altamente produtivos, as pessoas podem tender a pensar de modo semelhante em várias questões, principalmente se tiverem escolhido a si mesmas para fazer parte do grupo. Nesses casos, a esperança de autenticidade pode fracassar. Então, em vez de incentivar a divergência autêntica, faça de cada integrante um advogado do diabo. Como comprovam os grupos de debate, forçar uma pessoa a defender uma opinião faz com que ela formule perguntas que, de outra maneira, não faria. Peça ao grupo que apresente um motivo para não investir. E alterne os advogados do diabo. Se esse papel sempre for desempenhado pela mesma pessoa, o tiro pode sair pela culatra, pois o restante do grupo pode se acostumar com essas críticas e passar a ignorá-las.

Colete opiniões com antecedência

Em muitos fundos de capital de risco, cada membro da equipe compartilha sua opinião sobre a oportunidade de investimento depois de ler o memorando, mas *antes* da reunião. É importante ressaltar que essas opiniões são independentes: você ainda não sabe a opinião de ninguém, pois está escrevendo a sua. Isso aumenta as chances de que opiniões negativas e contra-argumentos sejam expostos. Quando todas as observações são finalmente reveladas, as diferenças entre elas costumam ser consideráveis. Isso expande o debate.

Cada vez mais as empresas usam esse mecanismo em seus processos de admissão. Por exemplo, a política da Google pede aos membros de um comitê de entrevista que registrem seus comentários individuais sobre cada candidato antes da reunião. Adotar esse processo para outras decisões da empresa, particularmente para grandes projetos de investimento e decisões estratégicas, não é fácil. No entanto, incorporá-lo faz parte da mentalidade de risco, e criar uma cultura produtiva em divergências é imprescindível numa era de mudanças disruptivas. Para flexibilizar ainda mais o pensamento de grupo, alguns FCRs coletam as opiniões prévias no modo anônimo: antes da discussão, não se sabe o que a chefia pensa, evitando o efeito HIPPO.

Observe bem sua próxima reunião. Se *ninguém* ao seu redor se opuser a uma decisão nem levantar questões importantes, talvez seu pessoal não esteja motivado a fazer perguntas difíceis. Se as pessoas passam mais tempo avaliando o comportamento dos outros do que avaliando o projeto em si, não espere que surjam novas soluções criativas. FCRs com essa postura raramente sobrevivem além do primeiro investimento. O silêncio não significa consenso; ao contrário, é um forte sinal de desastre à vista.

6.4 Lekkers: o poder de ir contra a corrente

Depois de tanto esforço para promover a divergência, alguma hora os investidores acabam convergindo. Em última instância, alguns FCRs (principalmente os menores) buscam a unanimidade, enquanto muitos outros exigem que pelo menos a maioria seja a favor do negócio. Assim, pode até parecer que os investidores no final recusam as ideias que não passam pelo crivo do grupo.

Ah, mas ainda não mencionamos o Lekker! Lekker era um macaco--vervet que participou daquele estudo da professora Van de Waal descrito no início do capítulo. Ele migrou para um grupo que consumia milho da cor que ele rejeitava. O fato de os macacos ao seu redor estarem todos comendo o milho da preferência *deles* não importava para Lekker. Ele foi direto para o recipiente de sua escolha e comeu o milho com o qual estava acostumado. Sem o amargor da babosa, o milho não o incomodou nem um pouco. Será que ele estava simplesmente com medo da comida diferente? "De jeito nenhum", explicou Van de Waal. "Lekker provou um pouquinho do milho rosa, mas imediatamente voltou para sua escolha de sempre, o milho azul. Ele ignorou a preferência da fêmea dominante do grupo." Lekker era um rebelde, um macaco "inovador".

Também havia Lekkers nos experimentos com fumaça de Latané e Darley: aqueles 10% dos participantes que se levantaram e buscaram ajuda, apesar de estarem cercados de pessoas indiferentes. E, na simulação de investimento de risco em Stanford, um em cada dez alunos discordou do grupo.

Lekkers.

Sempre haverá indivíduos prontos para discordar, desobedecer, defender seus pontos de vista ou se rebelar. Você conhece alguns Lekkers. Talvez até seja um. Muitos empreendedores que apresentamos neste livro são Lekkers. Num ambiente tradicional, os Lekkers são um problema; numa organização moderna, podem ser usados para impulsionar a inovação ou podem ser silenciados e isolados.

Um princípio fundamental da mentalidade de risco é que os Lekkers devem ser encorajados a ter seu momento. Chamamos isso de "lekkerismo". O sufixo "-ismo" foi escolhido de propósito, pois esperamos dar o pontapé inicial nesse movimento em mais ambientes empresariais. Embora os ICRs se esforcem para convergir, eles também desenvolveram três mecanismos específicos para favorecer o lekkerismo.

Promova líderes com poder antiveto

Você provavelmente conhece o direito de veto. Algumas pessoas (geralmente chefes!) podem anular a decisão de todos os outros e suspender qualquer ação. O presidente dos Estados Unidos tem o direito constitucional de vetar atos do Congresso. Cinco países podem vetar individualmente qualquer decisão do Conselho de Segurança da ONU. Pequenos fundos de capital de risco costumam dar poder de veto semelhante a seus sócios. A regra do veto reforça a confiança entre os tomadores de decisões, especialmente se todos eles tiverem profundo conhecimento na mesma área. Muitas vezes, isso exige um "consenso categórico". O grupo só investe se todos apoiarem fortemente o investimento.

Mas veja o que Nagraj Kashyap tem a dizer. Depois de trabalhar na Qualcomm, onde liderou o investimento no Zoom, Kashyap fundou a M12, o braço de investimento de risco da Microsoft. Um direito no qual ele insistia era o poder "antiveto". Sua equipe podia contrariá-lo e investir num negócio do qual ele não gostasse. E ele também podia contrariar toda a sua equipe e fazer um investimento mesmo que todos os demais se opusessem. A lógica era capturar investimentos não convencionais e foi inspirada em experiências como a do Zoom. Um desses investimentos foi o Kahoot, uma plataforma para gamificação de aprendizado. Muitos especialistas estavam céticos em relação à proposta e a equipe interna votou contra. Mesmo assim, Kashyap foi em frente. Quando o Kahoot abriu seu capital em 2021, foi um grande sucesso – tão grande que seu retorno excedeu todo o capital que o fundo havia investido nas demais startups somadas.

Kashyap tinha criado um processo que o impedia de vetar decisões de investimento, mas também lhe permitia ir contra sua equipe e investir a despeito do pessimismo de todos. Ele negou a si mesmo o direito de ser um chefe tradicional que se beneficia do efeito HIPPO ao permitir que toda a equipe, inclusive ele mesmo, assumisse o papel de Lekker.

Deixe que os rebeldes decidam

"Não acredito no consenso", diz Bryan Roberts com sua voz melodiosa, tomando chá taiwanês no escritório de Ilya em Stanford. Bryan é sócio do famoso fundo de capital de risco Venrock, criado em 1969. Ele toma mais um gole e nos conta a história de uma oportunidade desperdiçada porque um sócio sênior não gostou do nome da startup e o defensor do negócio se resignou. "É como escolher seu time do coração com base na mascote!", disse ele, rindo. A startup era o Yahoo.

Roberts implementou um processo na Venrock para evitar que negócios atraentes, mas não consensuais, escorressem por entre os dedos. Oito sócios debatem vigorosamente cada negócio e, em seguida, o sócio que o apresentou toma a decisão final unilateralmente. "Sempre me perguntam: 'Como funciona o seu comitê de investimentos?' Bem, não temos um comitê de investimentos. Não há votação. De nenhum tipo." A Venrock permite a todos os sócios que façam um investimento mesmo que os demais se oponham. Outros sócios apresentam suas perspectivas, questionam o julgamento do líder do projeto e fazem o papel de advogados do diabo. Mas, no fim das contas, a decisão está nas mãos de um único sócio. Nicolas Sauvage, presidente da TDK Ventures, criou um processo muito semelhante depois de assistir às palestras de Ilya sobre capital de risco corporativo. "Não se pode esperar que todos concordem o tempo todo", nos disse ele. "Além disso, não trabalhamos com médias, mas com extremos. Ideias e empresas realmente inovadoras raramente seguem um padrão. Para não perdê-las, ninguém – nem mesmo eu – tem direito de veto sobre aquilo em que nossos diretores de investimento querem continuar investindo."

Imagine todo mundo em sua empresa dizendo "Não há nada mais sem graça do que lâminas de barbear" e "O e-commerce por assinatura é um beco sem saída". Apesar de ouvir essas palavras de desânimo, um sócio da Venrock investiu numa pequena startup chamada Dollar Shave Club.[37] Muitos outros ICRs recusaram a proposta. Roberts tem certeza de que eles não teriam financiado a Dollar Shave Club se não fosse por seu processo pouco ortodoxo de tomada de decisões. A aposta foi certeira: em 2016, a empresa foi adquirida pela Unilever por 1 bilhão de dólares.

O mundo do capital de risco está repleto de histórias em que uma única pessoa conseguiu enxergar o que os outros não viam. O hoje onipresente PowerPoint poderia não ter existido sem a visão de Dick Kramlich, então sócio da NEA, que, diante da rejeição esmagadora de sua equipe, investiu o próprio dinheiro na startup por trás do projeto.[38,39,40,41] A empresa foi então adquirida pela Microsoft e seu software se tornou a base para o produto que usamos até hoje.

O professor Andy Wu estudou casos como o de Kramlich, em que ICRs dissidentes buscam investimentos por conta própria depois da recusa de seus sócios.[42] Wu descobriu que os sócios de mais de quinhentos fundos de capital de risco fizeram investimentos-anjo desse tipo. Embora invistam em startups mais novas, com equipes fundadoras menos instruídas, menos experientes e mais jovens, esses investimentos individuais geram, em média, os mesmos retornos financeiros que os fundos.

Para se beneficiar desse lekkerismo, muitas empresas de capital de risco dão a seus sócios o direito de investir mesmo que outros discordem. Dessa forma, eles não deixam passar ideias revolucionárias como o Zoom, o Dollar Shave Club e o PowerPoint. E se você fizer o mesmo em sua organização e em sua equipe? Assim como esses ICRs, considere dar ao seu pessoal o direito de tomar as próprias decisões, mesmo que aparentemente pequenas, diante da oposição. Podemos apostar que você também trabalha com alguns Lekkers. O que talvez falte é permissão para que eles expressem seus instintos contraintuitivos. Dê a eles liberdade e recursos para agir.

Confie no poder da minoria

Um sócio do Founders Fund pode investir em negócios menores, que geralmente estão no estágio inicial e, portanto, são os mais incertos, se conseguir convencer apenas mais um sócio, de um total de sete.[43] À medida que o tamanho do investimento aumenta, aumenta também o número de sócios que precisam concordar. Mas a unanimidade nunca é necessária; mesmo para os maiores investimentos, dois dos sete sócios podem discordar e o investimento ainda assim será feito. Na a16z, cada sócio tem um orçamento individual. O comitê promove debates acalorados sobre os negócios, mas é responsabilidade de cada membro decidir sobre um investimento individual. Se o investimento proposto estiver acima de seu orçamento, ele precisará convencer os outros sócios a compartilhar parte do orçamento deles para financiar o negócio.

Quer saber como introduzir esse mecanismo em sua organização? Da próxima vez que um pequeno grupo de líderes insistir numa ideia inusitada, não tente podá-los. Em vez disso, dê a eles um pequeno orçamento para desenvolver um protótipo ou fazer um teste. Em territórios inexplorados, uma minoria pode descobrir novos continentes.

O LEKKERISMO APRESENTA, no entanto, um risco inerente. Imagine um sócio que insista num negócio diante de uma forte oposição. Se o investimento for feito e o negócio fracassar, será tentador apontar o dedo mais tarde e dizer: "Eu sabia que ia acabar assim." É por isso que alguns fundos passam a exigir consenso depois de tomada a decisão.[44] Como observou um investidor, é uma espécie de "Fale agora ou cale-se para sempre". Os ICRs tentam incentivar seus Lekkers quando a nova ideia ou empresa é analisada, mas, uma vez feito o investimento, eles se tornam os Três Mosqueteiros, seguindo o lema "Um por todos e todos por um". Os sócios permanecem juntos nos ganhos e nas perdas. Se todos os negócios de um membro do grupo fracassarem, toda a organização sofrerá os prejuízos. Se alguém conseguir um negócio como o Google ou o Facebook, todos se beneficiarão enormemente. Quer encontrar ideias revolucionárias? Subverta o processo tradicional de tomada de decisões em sua empresa e deixe que os rebeldes deem as cartas.

6.5 O perigo de estar unanimemente errado

Muitas dessas táticas decisórias são adotadas pela Amazon. Após entrevistas por telefone e reuniões presenciais, o gerente de contratação e algumas outras pessoas (sempre uma equipe *pequena*) se reúnem para tomar a decisão. Assim como muitas empresas do Vale do Silício, a Amazon percebeu que o número de entrevistadores deve ser reduzido, pois incluir mais pessoas no processo reduz a eficiência. Os entrevistadores enviam então seus comentários e uma recomendação sem que ninguém fale entre si (as opiniões são coletadas com antecedência). Só então a equipe de contratação se reúne. Uma pessoa de fora da equipe, com grau hierárquico adequado e muitas entrevistas no currículo, recebe uma função exclusiva, chamada de *bar raiser*, isto é, aquele que sobe o sarrafo. O único objetivo dessa pessoa é garantir que o candidato seja melhor do que pelo menos metade de seus colegas da Amazon. Ao contrário do gerente de contratação, que geralmente quer contratar o mais rápido possível – porque sempre há mais trabalho que pessoas –, o *bar raiser* é independente e não está sob pressão de tempo, demonstrando muitas vezes uma dose saudável de ceticismo (advogado do diabo). Depois que os participantes leem as anotações uns dos outros, tem início o debate, no qual todos os presentes consideram um dos dezesseis princípios de liderança da Amazon: "Os líderes não devem fazer concessões em nome da coesão social." Espera-se que os participantes expressem suas dúvidas e preocupações. Assim como acontece com os ICRs, os participantes buscam as áreas de divergência em vez de tentar evitá-las.

Depois que o grupo tiver lido e ouvido todos os comentários, cabe ao gerente de contratação e ao *bar raiser* tomar a decisão. Ambos devem apoiar com entusiasmo o candidato antes de fazer uma proposta. Porém, uma vez decidida a contratação, todos passam a ser responsáveis por ela e ninguém deve reclamar do resultado. Daí o nome desse princípio de liderança: "Divergência e compromisso" – semelhante à postura dos Três Mosqueteiros nos fundos de capital de risco. Esse mecanismo bem planejado é um dos segredos da eficiente máquina de recrutamento da Amazon.

Aplicar essa metodologia nas decisões cotidianas da sua empresa pode ter um grande impacto. Veja nossa decisão sobre o título e o subtítulo originais deste livro, que podem influenciar muito o apelo de um produto. Debatemos entre nós e pedimos conselhos à nossa editora, ao nosso agente, a amigos e a profissionais de marketing. Nosso processo foi intencionalmente projetado para evitar as armadilhas do pensamento de grupo. Por exemplo, nós dois tínhamos a sensação de que era mais seguro aceitar uma ideia se ela viesse da nossa excelente editora, Lydia Yadi (que é *a* especialista no assunto). Mas sabíamos identificar uma armadilha quando a víamos. Demos um passo atrás e concordamos que primeiro produziríamos ideias de maneira independente (era permitido recorrer ao ChatGPT). Em seguida, todos compartilharam suas preferências e criamos uma longa lista de possíveis títulos e subtítulos. Nesse ponto, o processo natural seria debater as opções e escolher um vencedor em conjunto. Só que a mentalidade de risco nos diz que isso é um erro. Então concordamos em escolher nossas opções favoritas e só depois as compartilhamos e debatemos. Concordamos em ser diretos em nossas críticas e evitamos deliberadamente expressões como "a minha ideia", para negar a origem individual de qualquer ideia específica. Pedimos aos nossos amigos que fossem os advogados do diabo. Nossa mensagem para eles foi: "Não diga o que agradou a você; diga o que *não* agradou, e por quê, ou sugira algo."

Por fim, depois de um intenso – mas pacífico – debate, chegamos a cinco opções. Cada um de nós tinha uma preferência. Nesse ponto, mudamos radicalmente de marcha e, em vez de votarmos em nós mesmos, perguntamos a um grupo de estudantes de Stanford que havia participado recentemente do curso de Ilya. Pense nessa etapa como um complemento à diligência prévia, como a verificação das referências de um candidato a emprego. Três dias e cem respostas anônimas depois, surgiram dois favoritos. As outras três opções (que tanto agradaram a alguns de nós) obtiveram um total combinado de menos de 10%. Foi uma surpresa! Apresentamos os dois finalistas aos diretores de um programa executivo de Stanford e tivemos um vencedor. Por fim, fizemos alguns pequenos ajustes no subtítulo, sugeridos diretamente pelo fundador da editora Portfolio (valeu, Adrian!). Esse processo, deliberadamente projetado com várias etapas, resultou no título e no subtítulo que você vê na capa original – *The Venture Mindset: How to Make Smarter Bets and Achieve Extraordinary Growth*. Em seguida, concordamos por unanimidade e nos comprometemos com essa escolha.

ICRs discutem, argumentam, debatem, discordam, buscam mais evidências e, por fim, aprovam ou rejeitam uma ideia. O futuro de cada decisão é incerto. Enquanto escrevemos este capítulo, não sabemos se o livro será um best-seller, mas, pelo menos, durante todo o processo criativo tentamos evitar escolhas tendenciosas. "Às vezes torço para que façamos mais experimentos com macacos de modo a aprender sobre nós mesmos e sobre nossas inclinações", diz a professora Van de Waal com um suspiro.

Concordamos plenamente com ela.

CHECKLIST DA MENTALIDADE DE RISCO

- ☐ A cultura da sua empresa valoriza o consenso a qualquer custo ou dá autonomia aos indivíduos para que tomem decisões arriscadas?
- ☐ Suas reuniões são planejadas para promover o debate e estão abertas a divergências?
- ☐ Sua empresa apoia os rebeldes inovadores (Lekkers) ou, pelo contrário, silencia os divergentes?

7

Dobre a aposta ou desista

Por que você deve cair fora mais rápido e com mais frequência

7.1 O cassino do capital de risco: desistir, pagar ou aumentar?

O local do encontro estava espremido entre cemitérios de origem judaica, japonesa, italiana e grega. Não era o ambiente mais animador para testar nossa sorte. "Que inferno de lugar é esse?", perguntou Alex a Ilya quando um velho Chevrolet vermelho com o vidro traseiro quebrado nos cortou, quase passando por cima do nosso carro. "Eu nem sabia que o pôquer era legalizado na Califórnia."

Estávamos indo ao Lucky Chances Casino com 50 dólares no bolso. Esperávamos perder todo o nosso dinheiro para Richard Harroch, um experiente jogador de pôquer que nos convidou para jantar, ensinar alguns truques e falar sobre capital de risco. Estávamos dispostos a perder dinheiro por uma boa causa: sabíamos que os ICRs se sentem em casa no Lucky Chances e nos cassinos em geral.

"O capital de risco é um pôquer muito arriscado", afirmou Michael Moritz, o lendário sócio da Sequoia Capital.[1,2] Nosso anfitrião Richard certamente concorda. Ele é diretor-administrativo da VantagePoint Capital Partners, um fundo de capital de risco nos arredores de São Francisco. Também é coautor do best-seller *Pôquer para leigos* e já disputou mais de cem torneios da série mundial, a WSOP. "O conhecimento de pôquer é útil quando se trata de decisões de capital de risco, principalmente decisões de investimento e negociações para saída de fusões e aquisições", nos disse ele enquanto pegava fichas de pôquer de uma sacola. "Nos dois casos, você precisa tomar decisões excelentes tendo informações incompletas."

O prodígio húngaro-americano John von Neumann foi um dos primeiros adeptos do pôquer. Uma força por trás do desenvolvimento dos computadores modernos e do Projeto Manhattan, Von Neumann estava à procura de modelos de jogos para descrever a tomada de decisões na economia. Ele não se empolgou com a roleta e o xadrez. A roleta é um jogo de azar em sua forma mais pura. Não há nenhuma habilidade envolvida; apenas a *sorte* importa. O xadrez e o *go* estão no extremo oposto do espectro entre sorte e habilidade.[3] São jogos de pura habilidade, em que ambos os jogadores possuem informações idênticas e completas a todo momento após o início da partida. É por isso que não há torneios de xadrez nos cassinos de Las Vegas, nem campeonatos de roleta em lugar nenhum.

"A vida real não é assim", reclamou Von Neumann certa vez.[4] Depois de se aprofundar na mecânica do pôquer, ele o achou o jogo mais promissor e concluiu: "É o modelo perfeito para a tomada de decisões humanas." Suas habilidades no pôquer não o beneficiaram financeiramente, mas o estudo do pôquer o ajudou a coescrever *Theory of Games and Economic Behavior* (Teoria dos jogos e comportamento econômico), de 1944, que estabeleceu a base para o que se tornou o famoso campo da teoria dos jogos.[5] Atualmente, aplicamos essa teoria a problemas tão diversos quanto leilões de arte e estratégias de conflito nuclear.

Na superfície, o pôquer é um jogo aparentemente simples. Em sua versão mais popular, Texas Hold'em, cada jogador deve formar a combinação mais valiosa de cinco cartas entre as sete disponíveis: duas em suas mãos (que mais ninguém está vendo) e cinco comuns dispostas na mesa e disponíveis para todos. Cada combinação tem um valor diferente, determinado pela força das cartas e pelas relações entre elas. Quem tiver a melhor combinação vence e recebe o pote – as apostas acumuladas de todos os jogadores. O jogo parece simples, mas o processo de aposta e a maneira como as informações são reveladas fazem do pôquer uma experiência instigante e repleta de nuances.

Uma rodada de Texas Hold'em começa com cada jogador recebendo duas cartas.[6] Quando alguém aposta, você tem que tomar a primeira decisão: desistir (abandonar a rodada), pagar (igualar uma aposta feita por um jogador anterior) ou aumentar (apostar ainda mais). Sua escolha nessa etapa do jogo é, em parte, ditada pelas duas cartas que você tem. Algumas são muito melhores porque aumentam a probabilidade de montar combinações fortes nas fases seguintes. Sua escolha também pode ser ditada pelas ações dos outros jogadores. Você não tem como ver as cartas deles, mas pode observar se estão desistindo, pagando ou aumentando.

Após o fim das apostas na primeira rodada, três cartas comuns são reveladas. Os jogadores agora possuem muito mais informações sobre as combinações que podem esperar montar[7] e precisam novamente tomar uma decisão: desistir, pagar ou aumentar. Em seguida, mais uma carta é revelada. Com essa informação, os jogadores devem novamente optar entre as três alternativas. Por fim, a última carta comum é revelada e novamente os jogadores precisam tomar uma decisão. Até o final, eles não têm certeza sobre suas chances de vitória. Só então as cartas são reveladas e a combinação mais forte vence.

O pôquer é um jogo de sorte e habilidade. Os jogadores, munidos apenas de informações incompletas, precisam decidir quando embarcar numa aposta, desistir dela ou aumentá-la. Precisam conhecer as probabilidades, saber ler os sinais dos outros jogadores e prever o comportamento deles, além de reagir aos acontecimentos em tempo real.

Recentemente foram escritos muitos livros fascinantes sobre as surpreendentes ligações do pôquer com a psicologia, os negócios e a política.[8,9] Mas os ICRs usam estratégias do pôquer há muito tempo. Ou, como gostamos de pensar, os jogadores de pôquer estavam entre os primeiros a desenvolver uma mentalidade de risco.

7.2 Uma rodada de cada vez

Então, qual é a relação entre pôquer e mentalidade de risco?

Até agora, discutimos como os ICRs fazem a captação e a avaliação de ideias, identificam riscos e decidem investir. É aí que o jogo começa. As primeiras apostas são, em geral, relativamente pequenas. Assim como as informações limitadas que você tem das duas primeiras cartas no pôquer, os ICRs enfrentam uma enorme incerteza inicial sobre o futuro das startups. No jargão dos investidores, esses estágios são as rodadas *seed* (semente) e Série A. Não só o montante de financiamento oferecido a uma startup nessas rodadas é relativamente pequeno – pelo menos em relação ao tamanho dos fundos de capital de risco – como os investidores também sabem que, se a startup for bem, vai precisar de mais financiamento – uma aposta maior. Assim como os campeões de pôquer, que desistem em pelo menos 75% de todas as mãos iniciais, os ICRs também desistem com frequência se as informações de seu investimento inicial forem desfavoráveis.[10]

O tempo passa e três cartas são reveladas. No mundo do capital de risco, esse é o momento em que os primeiros clientes começam a usar o produto, os primeiros resultados financeiros são reportados, a tecnologia é desenvolvida e a equipe da startup consegue (ou não) atrair os talentos certos. Desistir, pagar ou aumentar?

Se você ainda estiver no jogo, mais uma carta é revelada, por exemplo: a expansão para um novo país foi problemática; o primeiro CEO profissional foi contratado com sucesso; novos serviços foram lançados, embora não tenham crescido como esperado; os órgãos reguladores estão avaliando a legalidade do serviço; os concorrentes estão lançando produtos semelhantes. Desistir, pagar ou aumentar?

As empresas tradicionais raramente agem como jogadores de pôquer. Elas tendem a esperar que todas as cartas sejam reveladas antes de tomar uma decisão. De fato, quanto mais informações tiverem sobre o mercado e o feedback dos clientes, menor será o risco. Mas elas correm também o risco de ficar a ver navios. Quando a inovação está em jogo, talvez nem sequer sejam convidadas para a mesa. A partida é simplesmente jogada sem elas, porque os outros sabem que elas não pagam para ver.

Num desses jogos de capital de risco, a Sequoia Capital jogou tão bem que se tornou a maior vencedora da IPO do Airbnb. Cadeias de hotéis bem estabelecidas sentiram a pressão tarde demais e só se esforçaram para criar alternativas anos depois que o Airbnb já havia se tornado *a* plataforma de mercado para estadias de curto prazo.[11] Pagar para ver logo no início fez a diferença. Ao longo de mais de uma década, a Sequoia acumulou uma participação no Airbnb que acabou por valer mais de 10 bilhões de dólares. Como um jogador de pôquer experiente, a Sequoia tomou várias decisões à medida que mais informações se tornavam disponíveis. Essa aposta rendeu a ela um lugar no hall da fama dos melhores negócios de capital de risco de todos os tempos.[12] Não foi preciso blefar. Mas, afinal, o que esteve por trás dessa vitória tão impressionante?

Toda árvore começa com uma semente. Na primeira vez que Brian Chesky e Joe Gebbia - os fundadores do Airbnb - se reuniram com a Sequoia em 2009, seu site inicial, airbedandbreakfast.com, estava funcionando havia menos de um ano.[13,14] Como já vimos, depois que vários investidores lhes disseram "não", Chesky e Gebbia foram vender cereais matinais para os eleitores de Barack Obama e John McCain nas convenções presidenciais por 40 dólares a caixa, faturando 30 mil dólares, o suficiente para pagar as contas. Imagine o alívio desses dois fundadores quando conseguiram um investimento inicial de 600 mil capitaneado pela Sequoia. A avaliação da empresa era de cerca de 2,5 milhões de dólares.[15,16]

Em 2010, o que começou com o aluguel de quartos em apartamentos se tornou uma plataforma para o aluguel de casas de veraneio, barcos, castelos e até mesmo ilhas particulares.[17] "Estamos em mais cidades do que a Starbucks!", proclamou Chesky com orgulho. Com os fundadores prontos para lançar seu aplicativo para iPhone, era hora de levantar mais capital. Os ICRs usam letras do alfabeto para identificar cada rodada subsequente de financiamento. O Airbnb estava pronto para a primeira.

Série A. Algumas cartas são reveladas: o Airbnb está presente em 8 mil localidades, com 700 mil noites reservadas até novembro de 2010. Reid Hoffman, da Greylock Partners, se reúne com os fundadores e faz uma oferta. Hoffman avalia a empresa em impressionantes 67 milhões de dólares (contra apenas 2,5 milhões um ano antes). A Sequoia Capital precisa tomar uma decisão. Desistir, pagar ou aumentar? Ela dobra a aposta, investindo mais 1,9 milhão de dólares.

Série B. Em julho de 2011, o Airbnb anuncia sua décima milionésima reserva. As reclamações sobre os hóspedes estão aumentando; a casa de um anfitrião foi completamente destruída; a empresa começa a enfrentar o escrutínio regulatório. Nem todas as cartas que acabaram de ser reveladas são boas. Ainda assim, a avaliação atinge 1 bilhão de dólares. Outro fundo de capital de risco, a a16z, não quer perder essa oportunidade aparentemente única e, por isso, assume a liderança na rodada de financiamento.

Série C. Em fevereiro de 2013, muita gente no Vale do Silício fica chocada quando o Founders Fund aumenta o pote, investindo 150 milhões de dólares numa avaliação de mercado de 2,5 bilhões.[18,19,20] O aumento é tão grande que o fundo precisa pedir permissão a seus investidores para fazer uma aposta tão alta. A Sequoia paga ao participar dessa rodada.

Série D. O Airbnb ainda não é lucrativo, mas já há cartas suficientes na mesa para mostrar aos investidores que eles têm um *royal flush*, a mão mais forte possível no pôquer, imbatível. A Sequoia e outros aumentam novamente a aposta! Em abril de 2014, o Airbnb é avaliado em astronômicos 10 bilhões de dólares.

Um jogo de capital de risco pode ter mais rodadas do que o pôquer. A captação de recursos do Airbnb continua nas Séries E, F e G. Em 10 de dezembro de 2020, o Airbnb foi listado na Nasdaq com uma avaliação de quase 40 bilhões de dólares. Em pouco tempo a marca dos 100 bilhões foi ultrapassada. Quem poderia esperar que o investimento inicial da Sequoia, de meio milhão de dólares, resultaria num pote tão grande? Você sabe a resposta.

Os fundadores e seus ICRs passaram por oito rodadas de financiamento, levantaram bilhões de dólares e esperaram mais de onze anos pela abertura do capital. Novos projetos de investimento podem ser máquinas vorazes de queimar dinheiro. Mesmo os mais prósperos geralmente precisam recorrer aos investidores e levantar mais dinheiro diversas vezes. Se a empresa estiver indo bem, ela não apenas levantará outra rodada, mas cada rodada será muito maior que a anterior. Um unicórnio faz, em média, no mínimo cinco rodadas de financiamento.[21] A Uber levantou pelo menos quinze rodadas de 2009 até sua IPO, em 2019; o Facebook teve pelo menos vinte rodadas entre sua fundação em 2004 e sua IPO, em 2012.

Se algum investidor comprometesse o capital de todas as rodadas com essas apostas logo de cara, podemos garantir que ele iria à falência bem rápido. Infelizmente, muitas empresas tradicionais ignoram a mentalidade de risco e fazem justamente isso quando se comprometem com um projeto de larga escala com tantas informações ainda desconhecidas. Ou ainda pior: elas esperam que todas as cartas sejam reveladas, mas aí já é tarde demais.

A Figura 10 ilustra os possíveis destinos de uma startup. Apenas um caminho leva a um resultado vitorioso. Os demais são fracassos ou resultados mornos para fundadores e investidores. Esse tipo de gráfico é chamado de "árvore de decisão", com cada seta representando um galho. Começa-se pela esquerda, com a esperança de se chegar ao final da jornada (IPO ou fusões e aquisições). Algumas árvores são pequenas; outras crescem como imponentes sequoias.

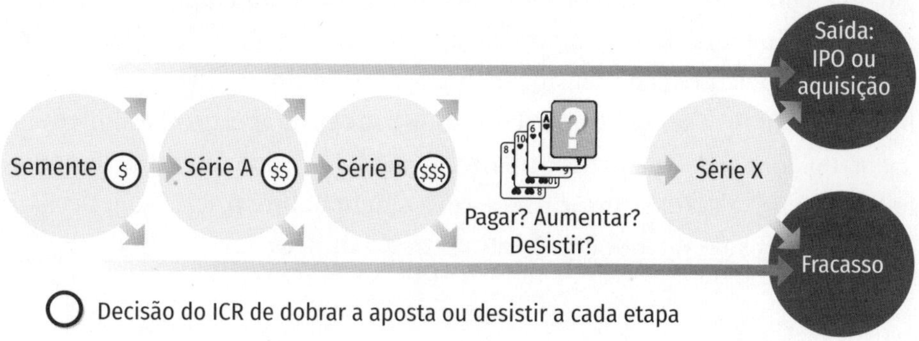

Figura 10. As rodadas de financiamento visam fornecer aos empreendedores capital suficiente para alcançar o próximo marco e dar aos ICRs flexibilidade para dobrar a aposta ou desistir.

Nos estágios seguintes, as partidas são menos arriscadas, e, assim como no pôquer, a essa altura você já conhece a maioria das cartas. Ainda há uma chance de derrota, seja por causa das novas cartas que são reveladas, seja por causa das cartas dos outros jogadores. Às vezes, perde-se num piscar de olhos.

A Jawbone, que já foi uma startup badalada com um produto que media a frequência cardíaca e a quantidade de passos dos usuários, foi financiada pelos mesmos grandes nomes de capital de risco que o Airbnb: Sequoia Capital e a16z. Em 2017, após quinze rodadas e quase 1 bilhão de dólares arrecadados, foi à falência.

Às vezes, a última carta na mesa desanima os jogadores. Quando um grupo de ICRs em estágio inicial financiou uma promissora empresa de energia solar com sede na Califórnia chamada Solyndra, em 2006, eles imaginavam que haveria uma longa espera. A Solyndra realizou várias rodadas, com valores cada vez maiores, antes de tentar uma IPO no verão de 2010, com um valor bem superior a 1 bilhão de dólares. A IPO foi um enorme fiasco e a Solyndra entrou com pedido de falência um ano depois. A maré virou, e os investidores perderam tudo que haviam apostado.

A analogia das cartas do pôquer nos ajuda a entender por que os ICRs pensam em termos de rodadas. Talvez o queijo da ratoeira não seja grátis, mas você pode se aproximar dela lentamente, farejando com cautela antes de enfiar o nariz. O primeiro investimento é apenas o início de uma longa partida. Pense nisso como uma estratégia de "pagar para jogar". A primeira aposta da Sequoia no Airbnb foi de apenas meio milhão de dólares, uma fração muito pequena de sua aposta final de 240 milhões. Investidores inteligentes plantam a semente (daí o nome da rodada de abertura) e alimentam a startup com cada vez mais dinheiro. À medida que mais cartas são reveladas, eles processam as informações e decidem dobrar a aposta ou desistir. Eles mantêm suas opções em aberto. E você também deveria.

7.3 Suas opções importam

Se o conceito de pensar passo a passo em rodadas não lhe parece natural, você não está sozinho. A cada workshop que oferecemos, notamos a perplexidade inicial dos executivos mais inteligentes e experientes quando tocamos nesse assunto. Nossa mentalidade padrão não está programada para pensar em etapas ou para visualizar o futuro como uma sequência de passos, olhando para a decisão atual como um estágio na jornada.

Nosso instinto é tomar uma decisão irreversível e tirar o problema da cabeça – para encerrar o processo de dissonância cognitiva e encontrar uma zona de conforto. Intuitivamente, parece certo se comprometer com um projeto já iniciado, mesmo que novas informações apontem que foi má ideia. Parece certo manter o apoio à equipe da startup (principalmente se foi você quem tomou a decisão de investir), mesmo que ela esteja apresentando um desempenho abaixo da média. Mas no pôquer, assim como nos investimentos de capital de risco, a melhor estratégia é justamente o inverso. Para vencer a longo prazo, você precisa ser flexível e estar pronto para mudar de ideia sempre que obtiver mais informações. Deve estar preparado para dobrar a aposta e também para desistir. Essa é a mentalidade de risco.

Comece com um experimento: a primeira versão do seu produto terá uma funcionalidade muito limitada, uma escala pequena e custos absurdamente altos. "Se você não sente vergonha da primeira versão do seu produto, é porque o lançou tarde demais", declarou Reid Hoffman, da Greylock, fundador do LinkedIn.[22] Esses lançamentos com funcionalidade reduzida são chamados de "produto mínimo viável" (MVP, na sigla em inglês), ou então de "produto mínimo adorável" (MLP), criação da Amazon. Com a abordagem MLP, as empresas maiores percebem que não podem decepcionar os clientes ou simplesmente fechar a loja.[23] A aposta delas é maior porque estão arriscando a confiança dos clientes; portanto, tornar o produto "adorável" desde o início é fundamental para não quebrar essa confiança. Atrasar o lançamento é melhor do que decepcionar os usuários. Se o MVP ou MLP funcionar e repercutir entre os consumidores iniciais, acrescente mais funcionalidades. Teste. Aumente o número de usuários. Teste de novo. Aumente o número de regiões ou países. Teste mais um pouco. Em cada etapa, o projeto alavanca a próxima parcela de capital e recursos ou então é encerrado. Essa abordagem permite que você reduza o risco assim como fazem os ICRs. Não há necessidade de pôr tudo a perder por causa de uma ideia arriscada de negócio.

ICRs inteligentes valorizam mais a flexibilidade que o compromisso. A maioria dos alunos dos cursos de administração não estuda isso em sala de aula. Os conceitos financeiros tradicionais são construídos em torno da tomada de decisões de investimento do tipo "tudo ou nada", com ênfase no comprometimento com a ação escolhida. Basta pensar nas projeções de fluxo de caixa plurianuais acompanhadas de métricas como valor presente líquido, taxa interna de retorno e retorno sobre o investimento. Esses métodos comuns pressupõem que a empresa está comprometida com o projeto, quaisquer que sejam as novas informações surgidas ao longo do caminho. Há pouco espaço para o estudo da flexibilidade nos cursos de administração atuais. As aulas a que os executivos assistem reforçam essa mentalidade tradicional de compromisso.

No entanto, a ideia de flexibilidade é, sim, conhecida e amplamente estudada em finanças e economia. O termo acadêmico para flexibilidade é "opção real". "Opção" refere-se à ideia de que um tomador de decisões tem o direito, mas *não* a obrigação, de realizar uma ação futura.[24] "Real" significa que o conceito de opção se aplica a projetos e negócios reais, não apenas a títulos financeiros sofisticados. Para a mentalidade de risco, a opção real é uma questão de vida ou morte. Tanto o encerramento de investimentos malsucedidos quanto a continuidade de financiamentos vitoriosos são fundamentais para o sucesso.

Vejamos o investimento de 250 mil dólares da a16z no Instagram logo no início, na época em que o aplicativo ainda se chamava Burbn e tinha o objetivo de compartilhar localizações.[25] Quando a empresa levantou sua rodada seguinte, a a16z decidiu não participar, em parte porque já era investidora de um concorrente, o Picplz. O retorno superior a trezentas vezes seu investimento inicial causaria inveja a outros, mas para a a16z foi uma oportunidade perdida de ganhar ainda mais. Se você não dobrar o investimento, ainda assim terá chances de ganhar, mas o ganho poderá ser pequeno e insignificante. Você não pode optar pela segurança e continuar no jogo. Referindo-se tanto ao pôquer quanto ao capital de risco, Richard Harroch nos disse: "Não se sobrevive por muito tempo desistindo todas as vezes."

Há alguns setores em que a opção real tem sido usada com sucesso. Muitas vezes surpreendemos os executivos que participam de nossos workshops quando apontamos que, no setor farmacêutico, *todo e qualquer* investimento em medicamentos tem um valor presente líquido negativo no início. A maioria dos candidatos a fármacos fracassa em diferentes estágios do desenvolvimento.[26] Eles podem falhar na avaliação de segurança ou no teste de eficácia, podem ter um efeito colateral significativo ou ser menos eficientes que os já disponíveis no mercado.

Se uma empresa farmacêutica aplicasse o estilo "tudo ou nada" a seus potenciais produtos, ela não sobreviveria por muito tempo. Em vez disso, a cada etapa a empresa mantém a flexibilidade de continuar investindo num determinado fármaco ou encerrar o projeto. A estratégia ideal para uma farmacêutica é nunca se comprometer irreversivelmente com o desenvolvimento de um produto, não importa o que aconteça. Ao encerrar o projeto, ela pode realocar seus valiosos recursos – cientistas, equipamentos, dinheiro – a outros projetos, sejam eles mais promissores ou ainda incertos.

A mineração é outro setor em que a opção real é um requisito de sobrevivência. Vejamos a exploração de minério de ferro.[27,28] O preço de mercado do minério de ferro é crucial para a lucratividade. Se o preço cair, as minas deixam de ser lucrativas, como aconteceu em 2014. Muitas minas de minério de ferro foram desativadas. No entanto, os proprietários de minas estão constantemente monitorando os preços globais. A mina Roper Bar, na Austrália, que fechou em 2014, reabriu em 2017 quando os preços se recuperaram o suficiente. Se não se considerasse essa opção real, a maioria das minas jamais seria construída, pois seu valor esperado seria negativo numa estratégia de comprometimento total.

É também o caso de Hollywood.[29] A popularidade de qualquer filme em seu fim de semana de estreia envolve boa dose de sorte. Por isso, os grandes estúdios incorporam uma opção real em quase todas as decisões que tomam. Por exemplo, eles retêm grande parte do orçamento de marketing para só decidir se vão mesmo gastá-lo após o fim de semana de estreia. Se a receita inicial ficar abaixo das expectativas, o orçamento de marketing pode ser cortado ou eliminado por completo. Outra estratégia de opção real é o lançamento limitado. Por exemplo, o filme *Casamento grego* foi exibido em apenas cem salas no seu lançamento, em 2002.[30] À medida que ganhou popularidade, os executivos expandiram lentamente a área de distribuição e o orçamento de publicidade. O filme, de baixo orçamento (5 milhões de dólares), alcançou milhares de salas e arrecadou 240 milhões de dólares somente nos Estados Unidos.

O mantra comum a todos esses tomadores de decisões, de jogadores de pôquer a ICRs e executivos de Hollywood, é o seguinte: reagir a novas informações é fundamental para a sobrevivência. A menos que você implemente os mesmos mecanismos de flexibilidade em sua empresa, é pouco provável que consiga construir um negócio de bilhões de dólares internamente. Não aposte em suas ações; aposte na opção de apostar mais tarde, fazendo pequenos investimentos. Dessa forma, poderá dobrar o aporte adiante. É difícil para a mentalidade tradicional dividir uma única grande decisão em várias decisões menores, mas é justamente isso que a mentalidade de risco faz. Está pensando em escrever um livro? Comece primeiro com um capítulo de amostra ou uma postagem num blog; o feedback dos leitores lhe dará informações melhores sobre a próxima etapa. Está cogitando uma expansão global? Divida-a em várias ondas, mantendo suas opções em aberto à medida que avança. Implementar essa flexibilidade é, obviamente, mais fácil na teoria do que na prática. Muitas forças, desde nossas inclinações inconscientes até a estrutura empresarial, conspiram contra nós. A regra de desistir, pagar ou aumentar parece fácil de ser seguida… até não ser mais.

7.4 A escalada perigosa dos tomadores de decisões

Chegar ao topo é possível. Principalmente quando se está muito perto.

Rob Hall chegou ao topo do Everest quatro vezes.[31] Em maio de 1996, ele estava liderando um grande grupo de alpinistas que havia pagado à Adventure Consultants, a empresa que Hall cofundou, para se juntar a ele em sua quinta escalada. A apenas 75 metros de distância do topo, o grupo encontrou desafios inesperados. No trecho de 12 metros conhecido como Hillary Step, os alpinistas não conseguiram fixar as cordas com rapidez suficiente. Eram 11h40 da manhã, e eles tiveram que recomeçar o processo de fixação.

Naquele exato momento, Hall deveria ter percebido que precisava fazer todos voltarem. Era muito provável que as condições climáticas no topo piorassem à tarde e eles não teriam como iniciar a descida dentro do tempo de segurança permitido. Para piorar, não tinham oxigênio suficiente em seus tanques. Mas o topo estava tão próximo que eles "estavam absolutamente determinados a chegar lá". Começaram a fixar as cordas e o primeiro membro do grupo chegou ao topo por volta das 13h25, muito além do horário previsto.[32,33] Um por um, continuaram sua lenta subida, com alguns ainda alcançando o topo às 15h, já muito depois do horário em que todos deveriam estar descendo. Como esperado, o tempo ficou ruim e os tanques de oxigênio se esgotaram. Oito alpinistas, que não puderam descer, pereceram; os demais foram salvos no limite graças à bravura dos guias xerpas e das equipes de resgate.

Rob Hall e seu grupo não são exceções. Centenas de alpinistas já morreram tentando chegar ao topo do Everest. Mesmo alpinistas prudentes costumam correr grandes riscos quando estão muito perto do topo. Com uma recompensa tão grande e tão próxima, parece que um pouco mais de risco se justifica.

O que os alpinistas e os líderes de negócios têm em comum? Nossa natureza humana resiste a reverter o curso e reduzir as perdas, mesmo em situações de vida ou morte – e, principalmente, se acharmos que estamos muito perto do topo do mundo. Economistas e cientistas comportamentais batizaram esse fenômeno de "escalada do comprometimento" e o pesquisaram exaustivamente em diferentes contextos, desde conflitos militares até a tomada de decisões em grupo.[34]

Há muitos exemplos de escalada do comprometimento que distorcem nosso raciocínio, às vezes com resultados fatais. No pôquer, se um jogador com duas cartas favoráveis na mão fica decepcionado ao descobrir que as três primeiras cartas na mesa não ajudam, o impulso, em vez de desistir, é manter a estratégia escolhida, na esperança de um milagre na rodada seguinte.[35,36] Um erro comum entre amadores é tratar a desistência como uma estratégia ruim. A maior diferença entre os jogadores inexperientes e os profissionais é que os primeiros não desistem com frequência suficiente. É difícil para todo mundo admitir um erro ou aceitar que a tão esperada sorte não virá. Todos nós temos medo de mudar de rumo. Ficamos apegados à nossa decisão inicial. Queremos simplesmente estar certos – mesmo que já suspeitemos do nosso erro.

Nick Leeson talvez não tivesse ouvido falar em escalada do comprometimento quando entrou para o Barings Bank aos 22 anos de idade, em 1989.[37,38] Em seus 233 anos de história, o respeitável Barings Bank havia ajudado os Estados Unidos a comprar a Louisiana e tinha entre seus clientes a rainha Elizabeth II. Em 1992, Leeson se mudou para Singapura para comandar o escritório de derivativos do Barings no país. Seus chefes em Londres ficaram satisfeitos com sua atividade de trading, que logo registrou lucros extraordinários. Às vezes, Leeson sozinho era responsável por 10% dos lucros de todo o banco.

A realidade fora dos livros contábeis era bem diferente. Quando o mercado se moveu na direção oposta às posições de trading que ele havia assumido, Leeson teve um prejuízo de 1,7 milhão de dólares. Agora, ele tinha uma escolha difícil a fazer: poderia reportar o prejuízo aos seus superiores em Londres e enfrentar as consequências ou tentar recuperar o montante fazendo uma aposta maior. Ele escolheu a segunda opção. Como isso violava as regras de risco do banco, ele começou a usar uma conta secreta. Não teve sorte e logo sofreu um prejuízo maior, o que tornou ainda mais difícil encarar Londres. Desse ponto em diante, sempre que perdia dinheiro numa operação, ele fazia uma nova aposta maior. Perdas maiores, apostas maiores. Rapidamente a conta secreta acumulou mais de 20 milhões de libras em perdas. Em um ano, esse valor subiu para mais de 200 milhões de libras. Então, em janeiro de 1995, um forte terremoto em Kobe abalou os mercados financeiros japoneses. Leeson tentou recuperar todas as suas perdas apostando na recuperação da bolsa de valores Nikkei. Perdido por um, perdido por mil. Leeson não conseguia parar, assim como um alpinista que já vislumbra o topo do Everest.

Quando suas operações secretas foram descobertas, as perdas de Leeson, no valor de 827 milhões de libras, tornaram-se um problema intransponível para um banco com uma história tão glamourosa. O Barings foi à falência.

Ah, mas isso é exceção. O exemplo de Leeson impressiona, mas não se aplica à maioria das pessoas, certo?

Bem, costumamos propor um exercício aos executivos que participam dos nossos workshops: imaginar que precisam tomar uma série de decisões de investimento. Não somos, de forma alguma, os primeiros a fazer isso, mas continuamos a nos surpreender sempre que vemos os resultados. Aqui está um dos cenários propostos:

> *Há dois anos, você tomou uma decisão de investimento em nome da sua empresa, injetando 500 milhões de dólares num projeto. Até o momento, nenhum lucro foi obtido. Você agora está pensando no que fazer com seu investimento. Você pode abandonar o projeto ou injetar mais dinheiro. O custo do investimento adicional é de 100 milhões de dólares. Se o investimento for bem-sucedido, o lucro bruto da sua empresa será de 1 bilhão em um ano. Se o seu investimento der errado, a empresa não vai ganhar nada – ou seja, o lucro bruto da sua empresa será zero. Sua probabilidade de sucesso é de 5%.*

Pare um pouco para refletir antes de prosseguir com a leitura. O que você decidiria?

A resposta racional é simples. Afinal, se você multiplicar 1 bilhão por 5%, seu lucro *bruto* esperado será de apenas 50 milhões de dólares. Seu lucro líquido esperado após subtrair o custo do investimento de 100 milhões de dólares é, portanto, um *prejuízo* de 50 milhões. Em suma, é uma péssima decisão de investimento. Colocar o dinheiro no banco seria uma atitude mais sábia. Mesmo que o banco não lhe pague juros, você pelo menos mantém seus 100 milhões de dólares. Mas o que dizer do investimento inicial de 500 milhões? Como todo economista vai dizer, esses 500 milhões já desapareceram. Eles desceram pelo ralo e não devem ser levados em conta. A única boa decisão nesse caso é não investir mais e dar baixa em suas perdas.

Mas muitos executivos experientes não optam por isso. Em média, quase metade dos participantes decide dar continuidade ao investimento, ignorando as baixas probabilidades e a matemática desfavorável. Inconscientemente, eles esperam que um milagre de 1 bilhão de dólares possa ajudá-los a recuperar os 500 milhões que já perderam. A esperança deles é amplificada porque a descrição da tarefa torna a decisão muito pessoal, usando as palavras *você/seu/sua* nove vezes. Agora a culpa *é sua* caso *você* perca a chance de recuperar *suas* perdas. É claro que, depois de analisarmos as contas, todos concordam que essa é uma decisão ruim.

A pessoalização é fundamental para essa escalada do comprometimento.[39,40] Se, em vez disso, os participantes são informados de que não foram "eles" que tomaram a primeira decisão de investimento, e sim um colega ou antecessor, eles quase nunca escolhem desperdiçar dinheiro. As pessoas escalonam aquilo com que elas, não os outros, se comprometeram.

Também reparamos que diferentes empresas reagem a esse problema de maneiras distintas. Em algumas equipes, menos de 25% dos integrantes dizem que fariam esse investimento insensato; em outras, a porcentagem é muito maior. A liderança e a cultura corporativa são muito importantes para agravar a escalada do comprometimento. Num workshop atípico, 80% dos participantes disseram que fariam o investimento adicional. Os executivos deram risadinhas educadas quando dissemos que eles eram um caso fora do comum. Mais tarde, um deles nos procurou enquanto os outros se dirigiam ao coquetel. "Não estou surpreso", disse ele. "Nosso chefe não tolera fracassos. A regra dele é que você pode fazer o que quiser, mas, depois de iniciado, seu projeto de investimento tem que ser concluído. Do contrário, ele diz que é um desperdício de capital." A fixação do chefe em nunca abandonar um projeto havia aumentado a propensão da empresa a tomar más decisões de escalonamento. Quem dera ele soubesse quanto desperdício estava gerando com essa mentalidade de "nunca dizer não".

A escalada do comprometimento é particularmente perigosa para os ICRs. Como diz nosso fã de pôquer e ICR veterano Richard Harroch, "uma mão fraca é como uma empresa de baixo desempenho". Ele explica: "É preciso ter cuidado com o desejo intuitivo de correr atrás de um milagre, jogando dinheiro bom sobre dinheiro ruim. Reduzir suas perdas no momento certo é fundamental para jogadores de pôquer, ICRs e empresas." O desejo de recuperar as perdas não só afunda ainda mais dinheiro numa proposta de investimento fracassada como também priva o fundo de uma quantia fundamental que poderia ser investida em projetos de melhor desempenho.

Cortar o financiamento de um projeto querido é difícil em termos emocionais. "Será que vou estar traindo essas pessoas se parar de financiá-las?", você pode se perguntar. É fácil se convencer de que seis meses e mais 10 milhões de dólares podem dar uma guinada na sua empresa. Como o mundo da inovação é muito incerto, é sempre possível continuar à espera de um milagre que justifique seguir em frente. Mas o estresse pode ser sufocante e, muitas vezes, esses investidores corajosos ficam sem oxigênio.

É ainda mais difícil encerrar um projeto num ambiente corporativo, pois isso pode ser percebido como um sinal de fraqueza, má gestão ou fracasso. Felizmente, os ICRs desenvolveram mecanismos específicos para lidar com o perigo da escalada do comprometimento. Para aprender esses truques, junte-se a nós em outro jogo popular - desta vez, não num cassino, mas na televisão.

7.5 Quem quer ser um milionário?

Quinze perguntas, apenas quinze, separam o jogador de 1 milhão de libras. Você provavelmente conhece as regras do programa de TV de grande sucesso *Who Wants to Be a Millionaire?*, que teve início no Reino Unido. Quando o jogador responde a uma pergunta difícil de múltipla escolha, optando por uma entre quatro alternativas, o público prende a respiração. Se a resposta estiver correta, ele avança para o próximo nível e o valor aumenta. Na segunda pergunta o prêmio sobe de 100 para 200 libras e, se o participante acertar a décima pergunta, o valor chega a 32 mil libras. Sempre que vê a próxima pergunta, o jogador pode responder ou então desistir e levar para casa o que já ganhou. Se responder corretamente a todas as quinze perguntas, o prêmio será de 1 milhão de libras. Mas, se der uma única resposta errada, perderá todo o prêmio. Esse jogo é assustadoramente semelhante à escolha que um ICR precisa fazer: apostar no próximo investimento e correr mais riscos ou então desistir. Aliás, o programa se assemelha mais ao dilema do ICR do que seus criadores poderiam imaginar, devido às opções de ajuda à disposição dos participantes.

A primeira pessoa a ganhar 1 milhão de libras no *Millionaire* do Reino Unido foi Judith Keppel, em 2000, seguida por David Edwards e Robert Brydges, em 2001.[41] Esses três ganhadores tinham uma coisa em comum: no caminho para o prêmio de 1 milhão de libras, todos eles usaram ajuda. Há três tipos de recurso no *Millionaire* – ligar para um amigo, perguntar à plateia e eliminar metade das alternativas (aumentando as chances de acerto para 50%) – e esses ganhadores usaram todas elas. Caso você nunca tenha assistido ao programa, vamos explicar esses recursos e também como eles se aplicam à mentalidade de risco.

Ligar para um amigo: não dobre a aposta sozinho

Aqui está uma questão que vale 125 mil libras: "Complete esta instrução de cena de *Conto do inverno*, de Shakespeare: 'Sai, perseguido por um...'?" Tigre? Palhaço? Urso? Cão? Judith Keppel não sabia. E você, sabe? Por sorte, ela ainda tinha um recurso não utilizado: ligar para um amigo. Em qualquer momento da competição, ela poderia ligar para um conhecido e pedir a ajuda dele dentro de 30 segundos. Judith ligou para sua amiga Jill, que tinha 100% de certeza de que a resposta correta era "urso". Ela tinha razão.

Os ICRs também costumam ter dúvidas sobre se devem prosseguir com um investimento. E, quando têm certeza, sabem que podem estar sob efeito da escalada do comprometimento. Assim como Judith, eles também ligam para amigos – seus sócios.

Lembre-se de que os fundos de capital de risco são organizados como sociedades. Todos os sócios estão altamente envolvidos nos investimentos subsequentes. Eles não só precisam aprovar o negócio como também já vimos alguns desempenharem deliberadamente o papel de advogado do diabo para contrabalançar a propensão do sócio que lidera o projeto a se comprometer ainda mais. Ao fazer isso, eles também criam uma cultura na qual a concordância automática com o ponto de vista do outro não é a regra. Em vez disso, os outros sócios tentam encontrar motivos para *não* investir mais. Em alguns fundos, os sócios não envolvidos no investimento precisam aprovar a rodada subsequente. Exigir o consentimento de pessoas que estão mais distantes do projeto reduz o papel da pessoalização e facilita a redução dos prejuízos o quanto antes, se necessário.

A Lightspeed Capital é conhecida por financiar startups como OYO, Snapchat e Grubhub. Ela administra mais de 18 bilhões de dólares em ativos, com a maioria dos investimentos feita em empresas preexistentes no portfólio. Como outros fundos de capital de risco, ela dobra muitas vezes a aposta. No entanto, nenhum valor pode ser repassado sem a aprovação de uma "equipe de reinvestimento".

"O nosso bebê é sempre bonito", diz Michael Romano, da Lightspeed, "principalmente quando se está envolvido em algumas dessas empresas do portfólio desde a fase inicial ou da Série A."[42] James Ephrati, chefe da equipe de reinvestimento, tem a responsabilidade de "questionar de modo independente as decisões seguintes" e "examinar cada uma das propostas de investimento da Lightspeed".[43] A equipe de reinvestimento coleta os próprios dados, faz as próprias previsões, liga para os clientes e, com autonomia, faz uma recomendação, muitas vezes contestando a avaliação ou recomendando que a empresa ignore completamente a nova rodada.

A não ser que você faça como Judith Keppel e os ICRs inteligentes e envolva pessoas da sua empresa que estão fora do projeto para opinar em decisões de alto risco, existe uma grande chance de se comprometer ainda mais, mesmo quando não deveria. Traga outros executivos para o debate a fim de decidir se devem financiar a fase seguinte de um projeto crítico. Entre em contato com especialistas internos e peça a eles que se juntem à equipe de tempos em tempos para ajudá-lo a tomar uma decisão melhor. Pergunte a si mesmo se o novo programa de assinatura está no caminho certo ou se não tem futuro algum. Traga para a reunião alguém que já tenha lançado um programa de assinatura anteriormente. Está envolvido numa iniciativa de IA de altíssima tecnologia? Bem, você não pode continuar investindo de maneira prudente sem a opinião imparcial de um especialista em tecnologia.

Os amigos podem inclusive se tornar sua receita secreta. A Pixar desenvolveu o conceito de Braintrust, um grupo fluido e diversificado de criadores.[44] São consultores sem autoridade formal, mas com muita experiência, e oferecem várias perspectivas. O Braintrust pode ser visto como uma revisão por pares ou como uma segunda opinião médica. Filmes de sucesso, como *Toy Story 2*, não teriam feito tanto sucesso sem o Braintrust.

Ligue para um amigo. Monte seu Braintrust. Assim como no programa de TV, cabe a você aceitar ou não o conselho deles, mas, faça o que fizer, tire proveito de uma perspectiva imparcial.

Perguntar à plateia: busque a perspectiva de pessoas de fora

Para responder à sua pergunta de 125 mil libras, o segundo ganhador do milhão, David Edwards, recorreu a uma ajuda diferente: ele buscou a opinião de pessoas de fora; pediu ajuda à plateia. Em casos assim, todos no estúdio pegam um pequeno dispositivo para escolher sua resposta. Num belo exemplo de sabedoria das multidões, o jogador vê o percentual de escolha para cada resposta e tem que tomar uma decisão final.[45] Essa sabedoria ajudou Edwards, pois ele escolheu a resposta que parecia certa para 62% da plateia. A escolha preferida do público está correta mais de nove em cada dez vezes.

ICRs inteligentes também consultam o público. No caso deles, o público consiste em outros investidores de boa reputação que são convidados a investir junto com os investidores atuais. A distinção entre os dois grupos é importante. Os investidores novos ainda não estão envolvidos no jogo e, portanto, não estão expostos à escalada do comprometimento. Encontrar novos investidores prontos para comprometer dinheiro é outra maneira de atenuar o papel da pessoalização.

Geralmente os ICRs solicitam aos fundadores que encontrem novos investidores; caso contrário, não injetam mais capital. Isso aconteceu com colegas de Alex em Stanford e com alunos de Ilya: todos nos ligaram decepcionados com o fato de o fundo que liderou a Série A de sua startup ter concordado em participar da Série B somente se um novo investidor entrasse para liderar a rodada.

É importante ressaltar que esse requisito não tem a ver com falta de capital, mas sim com manutenção de um contrapeso. Muitos FCRs bem-sucedidos adotam uma importante regra prática aqui: procuram novos investidores não apenas para confirmar seu apetite pela empresa, mas também para determinar de modo independente a avaliação do valor dessa empresa. Por exemplo, o famoso FCR de softwares Hummer Winblad raramente investe na rodada seguinte caso não haja novos investidores que também se comprometam. Outro fundo, a Versatile Venture Capital, afirma claramente em seu site que, após o aporte inicial de até 1 milhão de dólares, eles só participarão dos estágios subsequentes se houver um novo investidor liderando a rodada.[46] De fato, a pesquisa de Ilya demonstrou que as rodadas lideradas por novos investidores têm maior probabilidade de se converter em bons resultados e proporcionar maiores retornos aos FCRs.[47]

Podemos ver o poder da mentalidade de risco numa grande empresa alemã de energia elétrica, a RWE.[48] Depois que ela gastou mais de 10 bilhões de euros em grandes decisões do tipo "tudo ou nada" sobre despesas de capital - com base em premissas instáveis de preços de energia cada vez mais altos -, o novo CEO, Rolf Martin Schmitz, reformulou todo o processo de tomada de decisões, implementando muitos dos mecanismos de que tratamos neste livro. Um exemplo foi a solução de um "impasse estratégico com o negócio de geração de energia - a vaca leiteira da empresa durante anos, mas agora um modelo quebrado", como admitiu o CFO da empresa, Bernhard Günther.

Para reduzir a escalada do comprometimento, a RWE criou uma equipe vermelha e uma equipe azul para apresentar propostas diferentes, uma com pessoal interno e outra com pessoal externo. A equipe interna, como esperado, apresentou uma abordagem conservadora; já a proposta externa foi mais radical e acabou sendo adotada pela diretoria.

Já vimos muitas empresas desperdiçarem a chance de aproveitar um ponto de vista externo e incorporá-lo em seus processos de decisão. A participação de pessoas de fora costuma ser combatida pelos membros da empresa. Afinal, por que alguém de fora saberia mais do que a equipe que passou meses ou anos no projeto? Esse raciocínio até pode ser válido para um negócio tradicional, mas, quando você entra num território desconhecido, é necessário buscar a avaliação de especialistas externos. Use esse recurso. Você precisa dessa sabedoria coletiva. Os resultados do projeto-piloto foram impressionantes e a aprovação dos clientes foi altíssima? Ótimo! Agora traga consultores independentes. Melhor ainda: atraia investidores externos para compartilhar os riscos. Faça como o Walmart, que trouxe o Ribbit Capital, um famoso FCR, para colaborar em iniciativas de fintech.[49] Faça como a Alphabet, que trouxe investidores externos para a Waymo, sua divisão de carros autônomos.[50] Pense como um ICR inteligente.

Eliminar metade das alternativas: desista com frequência suficiente

É fácil recusar uma ideia logo de cara, mas é muito mais difícil fazer isso quando já se está "no jogo". É nesse momento que se torna útil o recurso de eliminar metade das alternativas. Robert Brydges, o terceiro vencedor do *Millionaire* britânico, usou uma ajuda diferente para responder à última pergunta, de 1 milhão de libras: "Qual unidade científica foi nomeada em homenagem a um nobre italiano? Pascal, Ohm, Volt ou Hertz?" Você sabe a resposta? Brydges não tinha certeza. Ele usou o recurso de eliminar metade das opções. Quando as alternativas foram reduzidas a Ohm e Volt, Brydges escolheu a resposta correta. Acredita-se que Alessandro Volta, inventor da bateria elétrica e da lâmpada de hidrogênio, tenha dito: "Você deve estar pronto para desistir até mesmo das ideias mais fascinantes quando um experimento mostrar que elas estão erradas." Os ICRs não poderiam estar mais de acordo!

Esse recurso de eliminar 50% das opções nos lembra que o funil no mundo do capital de risco é cruel. A cada etapa, apenas cerca de metade das startups dá o difícil salto para a rodada seguinte.[51] As chances de sobreviver a todos esses exaustivos estágios e ter sucesso são mínimas. Apenas uma em cada sessenta startups financiadas por capital de risco se torna um unicórnio.[52]

É comum que os FCRs deem a uma startup apenas capital suficiente para funcionar pelos doze a dezoito meses seguintes. A ideia é que os investidores esperem a startup atingir seus marcos declarados em doze meses, com mais seis de reserva. A essência dessa abordagem é estar disposto a admitir a derrota em qualquer etapa. É importante persistir, mas também é crucial saber a hora de parar.

Sabendo de antemão que metade de suas apostas fracassa a cada etapa, os ICRs usam a abordagem de portfólio, reduzindo suas perdas antecipadamente. Como explicou Marc Andreessen, "a abordagem de um investidor de capital de risco é adquirir um portfólio de opções de compra de longo prazo e extremamente *out-of-the-money*".[53] O que Andreessen quer dizer é que, se ele e outros ICRs se comprometessem com cada startup em que investissem, logo ficariam sem capital. Em vez disso, eles usam a abordagem de portfólio. Ao se concentrarem nas ideias mais promissoras, eles esperam acabar financiando uma ou duas com retornos desproporcionalmente altos.

Como no pôquer, o método dos ICRs é dobrar a aposta nos vencedores e desistir do restante.

Certa vez, o CEO de uma grande empresa mostrou a Ilya um portfólio de projetos internos inovadores. Todos pareciam excelentes no papel. Sabe o que Ilya disse ao CEO? "Se uma grande porcentagem das suas iniciativas passa para a etapa seguinte, isso pode significar que você não está correndo riscos suficientes e, portanto, elas não são tão inovadoras assim ou então você não as está eliminando com antecedência suficiente e, portanto, elas estão sujeitas à escalada do comprometimento." Use o recurso de eliminar 50% das opções: a cada rodada, procure manter apenas metade das ideias financiadas anteriormente.

Faça como o McDonald's quando lançou seu hambúrguer vegetariano McPlant, em parceria com a Beyond Meat, em oito restaurantes.[54] Alguns meses após o lançamento, no final de 2021, eles expandiram o experimento para seiscentos restaurantes. Porém, mais tarde, em 2022, à medida que novos dados foram chegando, eles recuaram. Gostaram no início, gostaram num segundo momento, depois desistiram. Lançar um novo produto não é como apertar um botão de liga/desliga; é pegar uma avenida com muitos semáforos, cada um liberando o acesso ao quarteirão seguinte.

O próprio programa *Who Wants to Be a Millionaire?* foi, em determinado momento, uma aposta. Quando Paul Smith, fundador de uma pequena produtora chamada Celador, apresentou o programa com o título *Cash Mountain* aos principais canais de TV, não teve muita sorte. Todos o rejeitaram, um executivo atrás do outro. Então, em abril de 1998, Smith se reuniu com David Liddiment, o recém-empossado diretor de programação do canal britânico ITV.[55] Smith levou consigo quatro envelopes contendo 250, 500, mil e 2 mil libras. Será que o dinheiro ajudaria?

A ideia criativa de Smith era jogar o jogo com Liddiment e fazer perguntas com quatro respostas possíveis, da mesma forma que aconteceria no programa. Se o executivo da ITV acertasse uma resposta, o prêmio dobraria e, em seguida, seria apresentada outra pergunta, mais difícil. Usando as ajudas disponíveis (inclusive abrindo a porta do escritório para debater uma pergunta com sua equipe), Liddiment embolsou 500 libras. O jogo o deixou intrigado, mas será que a ITV apostou tudo na mesma hora? Não. As emissoras de TV seguem a mentalidade de risco. Primeiro produziram um episódio-piloto e, depois, gravaram dez programas. Quando ficou claro que o *Millionaire* estava se tornando o programa de entretenimento mais popular do Reino Unido, ele passou a ser exibido regularmente. Smith logo se tornou, ele próprio, um milionário.

7.6 Instinto assassino

ICRs, jogadores de pôquer, caçadores de prêmios e produtores de TV têm uma característica em comum: todos dividem um longo e arriscado caminho em etapas, recalculam a rota à medida que avançam e estão prontos para desistir quando avistam o perigo. Empresas bem-sucedidas fazem o mesmo, principalmente com seus empreendimentos mais arriscados.

Suponha que você tenha recebido ordens para lançar uma nova empresa que fará entregas de compras aos clientes em menos de uma hora... sem grupo focal, com uma equipe pequena e prazo de noventa dias. Parece uma tarefa hercúlea. A vice-presidente da Amazon, Stephenie Landry, e sua equipe aceitaram o desafio e anunciaram o lançamento do Prime Now na cidade de Nova York.[56] No fim das contas, o serviço levou 111 dias para ser implementado, não noventa, mas conseguiu entrar em operação em 18 de dezembro de 2014, bem a tempo do Natal. O último pedido de Natal foi entregue às 23h06 do dia 24, em apenas 42 minutos.

O Prime Now da Amazon foi um sucesso e a entrega ultrarrápida está hoje disponível em milhares de cidades em todo o mundo. Poucos sabem que esse foi apenas um dos muitos projetos ambiciosos que a Amazon estava fazendo na mesma época. A Amazon fez muitas apostas, e essa deu certo. Em muitos outros casos, a empresa optou por desistir. A carteira digital Amazon Wallet foi lançada no mesmo ano que o Prime Now, mas foi encerrada em poucos meses. O Amazon Restaurants, um serviço de delivery que estreou como parte do aplicativo Prime Now, foi descontinuado. A lista de fracassos é longa: Amazon Local (outro serviço de delivery), Amazon Surprise Sweets (para entrega de doces sortidos), Amazon Spark (uma plataforma de fotos que redirecionava o usuário para o marketplace da Amazon). Essa lista é maior que a dos produtos que continuaram no mercado. *Golaços importam. Bolas fora, não.*

Embora a meta final seja sempre ambiciosa, cada etapa é como uma nova rodada de capital de risco: uma checagem para garantir que se está indo na direção correta. O lançamento na cidade de Nova York foi apenas o primeiro marco para testar a ideia do Prime Now. A Amazon foi então expandindo o serviço para outros locais, pronta para desistir caso as novas metas não fossem alcançadas.

Certas decisões podem surpreender quem não está acostumado com a mentalidade de risco. No início, o Prime Now foi lançado em apenas um código postal.[57,58] O depósito ficava diante do Empire State Building, num local onde se esperaria ver mais investidores em ternos caros do que funcionários de armazém encaixotando bananas. Foram necessários apenas dezesseis dias para transformar um espaço vazio numa estação funcional de coleta e embalagem. Os custos por entrega estavam ficando altos. O aplicativo Prime Now, simples e autônomo, não estava integrado ao aplicativo principal da Amazon. Essas decisões, por si sós, já não fariam muito sentido para qualquer especialista em logística. Mas, quando o projeto é visto como um campo de teste, a velocidade e a simplicidade são importantes. Em qualquer teste dessa natureza, identifique uma questão específica que você queira abordar e, em seguida, pergunte a si mesmo se o teste é simples e claro o bastante para garantir uma resolução rápida. Lembre que você está fazendo o teste não para convencer sua empresa a manter o financiamento, mas para tratar dos principais riscos, ajustar o projeto se necessário e, em seguida, criar testes em maior escala para aprender mais.

Quando uma startup de biotecnologia faz experimentos com fármacos, ela não está muito preocupada com o custo ou com a forma de escalonar a solução. O primeiro objetivo é assegurar que o medicamento funciona. Do mesmo modo, para testar uma nova ideia ou produto, o objetivo é projetar um experimento para pôr à prova as principais suposições. No caso do Prime Now, o objetivo da Amazon era ver se os clientes gostariam da ideia da entrega ultrarrápida. Eles gostaram. Mas e se não gostassem? O que você faria?

Talvez você se assustasse se recebesse um e-mail com o título "Qual é a *taxa de mortalidade* esperada?". Mas essa foi uma pergunta inofensiva que fizemos após um workshop com os diretores de uma grande empresa americana. A empresa havia investido muito em diversos experimentos e testes, mas não conseguiu tirar muito proveito de nenhum. No workshop, os diretores listaram com orgulho o número de iniciativas e empreendimentos lançados nos anos anteriores, mas ficaram intrigados com a pergunta de Alex: "E quantos foram encerrados?" O silêncio desconfortável revelou a verdade: nenhum. Novos produtos e serviços persistiram como zumbis, eram contados e recontados em relatórios corporativos, e consumiram recursos preciosos e a atenção da alta liderança.

Assim como os ICRs, você precisa desenvolver uma abordagem de portfólio disciplinada para saber quando e como abandonar seus projetos. Embora o conceito de "taxa de mortalidade" possa parecer aterrorizante, não se deixe abalar por ele. Continue podando suas flores; não deixe que mil floresçam. Deixar várias apostas em aberto por muito tempo pode impedi-lo de se comprometer verdadeiramente com qualquer uma delas. Com bastante frequência, as ideias inovadoras recebem financiamento suficiente para manter seus criadores ocupados num ambiente corporativo, mas não o suficiente para causar algum impacto. É possível ver essa profusão de ideias nos laboratórios de inovação, repletos de pessoas de moletom e calça jeans escrevendo coisas sofisticadas em paredes de vidro transparente. Os visitantes (inclusive os autores deste livro) costumam ser levados a esses laboratórios para que vejam o compromisso da empresa com a inovação, sua mentalidade empreendedora e quaisquer outros chavões da moda. É verdade que os laboratórios parecem interessantes. Mas, a menos que alguma dessas ideias receba atenção e capital suficientes para que seja expandida, elas vão se tornar apenas artefatos de inovação, e não impulsionadoras de crescimento. ICRs inteligentes não cultivam uma horta cheia de ervas daninhas. As apostas devem se transformar em produtos que são testados e lançados e, em seguida, ampliados ou encerrados. Faz parte da rotina dos ICRs deixar muitas startups fracassarem e reduzir as perdas antecipadamente para dobrar a aposta em potenciais unicórnios. Isso raramente acontece nos laboratórios de inovação. Uma empresa não pode se dar ao luxo de cuidar de todas as ideias que gerou. Não surpreende que, de acordo com um relatório recente da firma de consultoria Capgemini, a taxa de fracasso desses laboratórios seja de 90%.[59]

Nem todos os laboratórios corporativos funcionam dessa forma. A X, fábrica de projetos ousados da Google, criou um modelo de negócios "serial killer" para eliminar ideias impiedosamente.[60,61,62] "Ei, como vamos tentar matar nosso projeto hoje?", perguntou Astro Teller, o líder da X (ou Capitão de Ideias Visionárias, de acordo com seu cargo oficial), durante seu TED Talk. Na X, centenas de ideias entram simultaneamente pelo funil... e a grande maioria é eliminada.

Primeiro, elas são analisadas pela equipe de avaliação rápida, cujo lema é: "Se pudermos chegar rapidamente a um *não*, isso será quase tão bom quanto chegar a um *sim*."[63] A equipe começa escrevendo um epitáfio! Num exercício conhecido como *pre-mortem*, a equipe imagina tudo desmoronando e faz um brainstorming sobre os fatores que podem ter provocado o fracasso. Então, depois de gastar apenas alguns milhares de dólares, a equipe decide se vale a pena seguir em frente. Nessa etapa, o cemitério de ideias é enorme. Nove em cada dez (bem mais que a metade!) recebem uma sentença de "morte".

As ideias sobreviventes avançam para o estágio seguinte, com liberdade de gastar mais dinheiro e tempo para construir um protótipo e abordar partes mais arriscadas do problema. É também nesse momento que são avaliados os possíveis sucessos comerciais. O que dizer de hidroaviões ultraleves para transporte de carga? Eles reduziriam os custos de infraestrutura para transportar mercadorias ao redor do mundo. Parece promissor? Sim, até você perceber que precisa gastar 200 milhões de dólares apenas para o pontapé inicial. O resultado? Morte.

Apenas 3% das ideias chegam à etapa Foundry da X, na qual o objetivo é testar a ideia como um negócio. Nesse ponto, uma equipe ágil com menos de uma dúzia de pessoas procura ajustar o produto ao mercado. "Em um ano, ou reduzimos o risco do projeto a um patamar que nos permita desenvolvê-lo", revelou a líder da Foundry, Obi Felten, "ou o matamos."[64] Metade das empresas não sobrevive. As que sobrevivem podem iniciar sua "vida adulta" com o aval da liderança.

Você não precisa ser a Google para aplicar essa mentalidade de risco. Construa, experimente, abandone.

7.7 A hora de desistir

A mentalidade do "para sempre" está tão arraigada que é difícil imaginar uma alternativa. Pense nas carreiras que, um dia, imaginamos para nós ou para nossos filhos. É preciso dedicar bastante tempo à escolha de uma profissão, porque é uma decisão para toda a vida. Ou será que não é? Em vez disso, tente pensar em sua carreira como uma seleção de opções reais que você vai criando. Adquira novos conhecimentos, habilidades e contatos à medida que novas portas se abrirem. Valorize a flexibilidade que você tem à disposição antes de assumir um compromisso eterno.

Muitos pais e mães nos perguntam o que seus filhos devem estudar para ser bem-sucedidos na vida. Essa é uma pergunta de mentalidade tradicional, arraigada ao comprometimento. Quando seus filhos se formarem, em qualquer que seja o curso, a demanda por novos empregos terá mudado de maneira imprevisível. Quem poderia ter previsto, vinte anos atrás, a demanda por especialistas em *big data*? Uma das respostas que damos a esses pais ansiosos é que a habilidade mais importante para seus filhos é saber aprender, porque tudo que eles aprenderem agora terá que ser reaprendido daqui a dez anos num mundo imprevisível e disruptivo.

Um dos principais motivos que tornam o ensino superior americano um exemplo de sucesso é que, diferentemente do que acontece em muitas partes do mundo, nos Estados Unidos os alunos só precisam escolher sua habilitação principal no terceiro ano de faculdade, depois de terem tido a chance de explorar muitas disciplinas diferentes. Ilya conhece muitos alunos de graduação de Stanford que tiveram aulas avançadas de história, biologia e ciência da computação nos dois primeiros anos e que trabalharam como assistentes de pesquisa em laboratórios antes de escolher uma especialização. Os universitários europeus não têm essa flexibilidade: eles não escolhem simplesmente uma instituição de ensino, mas também um curso específico, como química, estudos islâmicos ou meteorologia. Aos 17 ou 18 anos, espera-se que você faça sua escolha definitiva. Esse é um exemplo claro de comprometimento sem flexibilidade.

O filho de um de nossos amigos americanos achava que queria fazer faculdade no Reino Unido. Mas, depois de uma visita a uma universidade britânica, Kyle decidiu que não queria ficar preso a uma área de especialização desde o início. Essa foi uma boa decisão, pois ele trocou a engenharia mecânica pela economia quando era calouro na Universidade da Califórnia em Los Angeles. Muitos jovens europeus não têm o luxo de escolher como Kyle.

A flexibilidade cobra um preço? Claro que sim. Fazer várias apostas leva tempo, e com foco se chega mais rápido ao resultado desejado. Mas pense em decisões que tomamos no dia a dia: muitas vezes estamos dispostos a pagar um preço mais alto por passagens aéreas flexíveis, que podemos cancelar ou alterar no último minuto; escolhemos hotéis com opções de cancelamento. A flexibilidade compensa se a incerteza for muito alta. Deveríamos agir da mesma forma em outras situações de incerteza.

É claro que uma combinação de sorte e habilidade pode tornar sua jornada mais tranquila. John Carpenter, o primeiro ganhador do milhão na versão americana do *Who Wants to Be a Millionaire?*, respondeu facilmente a todas as quinze perguntas sem pedir ajuda ao longo do caminho. Ele teve sorte ao precisar responder qual mês não tinha feriados nacionais; por ser funcionário da Receita Federal, ele conhecia todos os feriados de cor. Na verdade, ele usou uma ajuda para ligar para seu pai na pergunta de 1 milhão de dólares, apenas para dizer que estava prestes a ganhar o prêmio. Acontece que, no mundo da inovação, até mesmo pessoas como John Carpenter precisam de ajuda. Assim como os jogadores de pôquer, precisamos nos perguntar o tempo todo: desistir, pagar ou aumentar a aposta?

CHECKLIST DA MENTALIDADE DE RISCO

- ☐ Sua empresa foi projetada para realizar experimentos e financiar iniciativas em várias etapas ou prefere investir tudo de uma vez só?
- ☐ Você tem mecanismos para interromper financiamentos e encerrar iniciativas que não estejam funcionando?
- ☐ Você costuma consultar especialistas e partes interessadas fora da empresa a respeito das principais metas de um projeto?

8

Faça o bolo crescer

Como oferecer incentivos da maneira correta

8.1 No mesmo barco

O avô dele, Dobramiro, foi um escravizado croata que obteve a liberdade somente após a morte de seu senhor veneziano. O pai dele, Pancrazio, era timoneiro de um navio. Com uma origem tão humilde, ninguém poderia esperar que Zaccaria Stagnario se tornasse uma das pessoas mais ricas de Veneza nos primeiros anos do século XIII.[1,2,3] Sua ascensão aos mais altos círculos sociais e políticos começou em 1199, quando ele assinou um contrato com um sujeito chamado Giovanni Agadi.

"Em nome do Senhor Deus", começa o contrato, "eu, Zaccaria Stagnario, declaro que recebi, de Giovanni Agadi, 300 libras de moedas venezianas, que levarei no navio daqui para Constantinopla para fazer negócios lá e em qualquer outro lugar que me pareça bom." Veneza era um importante centro medieval de comércio entre o Oriente e o Ocidente. O contrato previa que Stagnario levasse essa vultosa quantia numa viagem comercial a Constantinopla, sem nenhuma outra instrução comercial ou compromisso. Como Agadi poderia ter certeza de que Stagnario tentaria multiplicar o capital dele? O segredo estava nos incentivos de compartilhamento dos lucros.

Eis o que o contrato dizia: "[Após meu retorno], devo dar e entregar aqui em Rialto a Giovanni Agadi todo o seu capital de 300 libras de moedas venezianas, juntamente com três partes de qualquer lucro que Deus nos der, com contas justas e verdadeiras e sem nenhuma fraude. Devo guardar para mim a quarta parte restante."

Os ICRs de hoje se identificariam com esse texto assim que o lessem, por mais que seus contratos não mencionem Deus. Depois que Stagnario devolvesse o capital inicial, ele ficaria com um quarto de qualquer lucro. Agadi arcava com todos os riscos. A chance de perder seu capital era alta, mas o céu era o limite para as vantagens. Stagnario estava tão interessado no sucesso do empreendimento quanto Agadi. Esses contratos tinham um nome especial: *colleganza*.

Os historiadores da economia consideram a *colleganza* a maior inovação comercial da Idade Média, pois liberou o potencial do comércio de longa distância. Permitiu que comerciantes ambiciosos e sem capital entrassem no jogo do comércio e fizessem fortunas. As viagens dos comerciantes eram muito lucrativas se bem-sucedidas, mas também extremamente arriscadas. A morte por doença ou naufrágio era comum, os mares viviam infestados de piratas e, se o clima não colaborasse, o comerciante poderia chegar ao seu destino com um mês de atraso "para descobrir que o mercado havia fechado pelo restante do ano e ser forçado a se desfazer de suas mercadorias a preços de liquidação", como Diego Puga e Daniel Trefler enfatizam em seu estudo sobre os contratos de *colleganza*. "A sorte e também as habilidades e o esforço de um comerciante viajante poderiam fazer a diferença entre grandes lucros e grandes perdas."

Os incentivos garantiam que o comerciante se esforçaria ao máximo para voltar para casa com grandes lucros. A inovação da *colleganza* não só ajudou comerciantes como Zaccaria Stagnario a prosperar como também foi fundamental para tornar Veneza uma potência marítima, expandindo a mobilidade social e permitindo que novos-ricos desafiassem a velha elite. Alguns pesquisadores chegam a afirmar que ela teve grande impacto na formação do sistema político veneziano e de seu parlamento.

Séculos mais tarde, os empreendimentos marítimos continuavam arriscados. O negócio de caça às baleias cachalote na Nova Inglaterra se assemelhava estranhamente às viagens venezianas.[4,5] O capital inicial necessário era enorme, entre 20 mil e 30 mil dólares na década de 1850. Essa quantia era dez vezes o valor de uma fazenda americana típica, numa época em que um trabalhador não qualificado e não escravizado recebia menos de um dólar por dia.

Semelhante às viagens financiadas pela *colleganza*, a caça às baleias levava anos para ter sucesso ou fracassar, e sempre havia o risco de perder um navio. Estima-se que um terço de todos os navios baleeiros que partiam de New Bedford, Massachusetts, jamais retornava.[6] Mau tempo, saqueadores, danos causados por um ataque de baleia ou um incêndio poderiam condenar o navio. O que era prometido em troca de todas essas dificuldades? Retornos extremamente altos. Os navios que voltavam ao porto após longas expedições de caça às baleias podiam obter um lucro bem acima dos 100 mil dólares.

"No negócio da caça às baleias, eles não pagavam salários", diz Ishmael em *Moby Dick*, de Herman Melville, "mas toda a tripulação, inclusive o capitão, recebia uma determinada parte dos lucros, chamada de *parcela*." Todos assumiam o risco, todos se esforçavam e todos compartilhavam os lucros.

Mas também havia lugar para novas pessoas, espremidas entre os donos do capital e a tripulação.[7,8] Os donos do capital geralmente estavam distantes do negócio de caça às baleias; eles tinham dinheiro, mas não tinham habilidades. Já os capitães tinham a vontade e as habilidades para navegar em longas viagens, mas não tinham capital. Era preciso um intermediário: um agente.

A função do agente era estabelecer parcerias para a caça às baleias, encontrar capital e, em seguida, trabalhar com cada capitão para planejar uma viagem, adquirindo o melhor equipamento e convocando a tripulação certa. Em geral, o agente aconselhava o capitão sobre o escopo da empreitada e os locais de caça, mas as decisões diárias eram deixadas a cargo da tripulação. Por seu trabalho, o agente participava dos lucros da parceria, detendo entre um terço e metade dos resultados.

A tripulação era motivada da mesma forma. A participação do capitão nos lucros líquidos - sua "parcela" - variava entre 5% e 10%. E ele não era o único membro que ganhava com o sucesso do empreendimento. Os arpoadores e os primeiros, segundos e terceiros imediatos recebiam sua parte, de até 2%. Entre os cerca de trinta membros da tripulação, todos, até os meninos mais novos sob o mastro, participavam da divisão dos lucros. As baleias eram divididas anos antes de serem de fato capturadas, em contratos detalhados - do mesmo modo que os retornos dos investimentos em unicórnios são divididos hoje em dia.[9,10]

8.2 Uma maré alta levanta todos os barcos

Hoje, ICRs e funcionários de startups se identificariam com o ambiente de incentivos experimentado pelos agentes e caçadores de baleias ou pelos mercadores venezianos do passado. Todos eles assumem riscos extremamente altos, fazem grandes esforços e obtêm retornos extraordinários quando são bem-sucedidos. Os ICRs são os intermediários, conectando inovadores com boas ideias, mas sem dinheiro, a investidores com dinheiro, mas sem ideias. O equivalente moderno do contrato de *colleganza* é um contrato de sociedade limitada, segundo o qual os ICRs têm direito ao esquema de remuneração de dois níveis, denominado "2 e 20".

Esse "2" se refere à taxa para calcular o salário e o bônus que os ICRs recebem por administrar o fundo de capital de risco. Em geral, a taxa de administração anual é de 2% do capital fornecido pelos investidores. Essa taxa independe do desempenho do fundo. Os investimentos podem estar em alta ou em baixa, mas a mesma taxa de administração continua a ser paga.[11] A maioria dos ICRs a vê como uma entrada num restaurante sofisticado. O prato principal é o segundo componente, o "20".

O "20" se refere à participação no lucro total do fundo que cabe aos ICRs. Assim como no contrato de Zaccaria Stagnario em 1199, o fundo precisa primeiro devolver todo o capital comprometido pelos investidores. Em seguida, os ICRs ganham 20 centavos sobre cada dólar de lucro. Chamamos isso de "juros transportados". A cifra de 20% é um arranjo comum, mas muitos ICRs chegam a 25%, como Stagnario, ou até 30%, o que está mais perto dos agentes baleeiros de antigamente. A expressão "juros transportados" também vem da época da navegação, referindo-se à comissão que os capitães recebiam pela venda de mercadorias transportadas nos barcos em viagens arriscadas.[12,13] Seja qual for a porcentagem, os juros transportados alinham os interesses dos ICRs aos de seus investidores.

Assim como os agentes baleeiros garantiam que toda a tripulação do navio participasse do esquema de divisão dos lucros, os ICRs querem que todos que trabalham para as startups em que investem se beneficiem das vantagens. A mentalidade de risco encontrou uma solução viável baseada em incentivos. Como condição para o investimento, eles insistem que *todos* que sejam importantes para o sucesso do projeto se tornem proprietários e garantem que a participação no bolo seja significativa. Parafraseando Gordon Gekko, do filme *Wall Street*, de 1987, no negócio de capital de risco a ganância *não é* boa. Mas isso não significa que os ICRs sejam generosos devido à sua natureza caridosa. Ao elaborar contratos inteligentes, os ICRs fazem com que os fundadores tenham uma possibilidade de lucro praticamente ilimitada, ao mesmo tempo que os protegem contra o risco negativo. Se fracassarem, os fundadores não ficarão ricos, mas também não serão punidos. Os ICRs também se certificam de que toda a equipe tire proveito do sucesso, reservando uma parcela significativa do patrimônio para esse fim. Uma maré alta levanta todos os barcos.

Os ICRs alcançam seus objetivos por meio de dois mecanismos poderosos. Ao oferecer incentivos, eles *impulsionam* a equipe a trabalhar duro, mas também *atraem* pessoas inovadoras, talentosas, produtivas, que buscam riscos e são tolerantes ao fracasso. Como pesquisas já mostraram várias vezes, esses dois mecanismos se reforçam mutuamente.

Num experimento, pesquisadores australianos pediram que voluntários jogassem um jogo de anagramas de modo a criar palavras a partir de sete letras.[14] Alguns participantes receberam aleatoriamente um "salário" fixo, ou seja, foram pagos por seu tempo, não por seus resultados. A remuneração dos outros foi determinada pelos pontos que faziam (quanto maiores as palavras formadas, maior a pontuação). Os voluntários remunerados com base nos pontos se saíram melhor e encontraram mais palavras. Em seguida, eles podiam decidir se queriam trocar seu esquema de remuneração. Agora, a livre escolha também passou a ser um fator relevante para o resultado. Como previsto, os jogadores mais produtivos escolheram o pagamento por desempenho, enquanto os menos produtivos escolheram uma remuneração fixa. No primeiro grupo, o número de palavras aumentou ainda mais.

No Capítulo 5, fomos apresentados aos jóqueis, que exercem uma atividade altamente qualificada e perigosa. Assim como os jóqueis de startups, os jóqueis de corrida precisam se esforçar muito para aumentar suas chances de vitória. Tanto nas startups quanto nas corridas, os investidores e os proprietários de cavalos não têm como monitorar facilmente o esforço e o comprometimento de cada jóquei. Sue Fernie e David Metcalf, da London School of Economics, escreveram um artigo sobre a reação dos jóqueis a incentivos, com o provocativo título de "Não se trata de quanto, mas de como você paga, e é isso que gera resultados".[15] Eles descobriram que os cavalos montados por jóqueis que recebiam um percentual do prêmio em dinheiro tinham um desempenho melhor do que os cavalos cujos jóqueis recebiam um salário fixo.

Voltando aos ICRs, vejamos apenas um dia na história das startups: 8 de novembro de 2013. Nesse dia, quando tocou o sino de abertura da Bolsa de Valores de Nova York, a IPO do Twitter foi anunciada e os cofundadores Jack Dorsey e Evan Williams acrescentaram bilhões às suas fortunas.[16] Mas a IPO do Twitter também gerou 1.600 novos milionários, muitos deles engenheiros e gerentes de produtos comuns que haviam sido "inconsequentes" o bastante para se juntar ao Twitter quando ele era apenas uma pequena startup. Eles embarcaram num navio baleeiro e venceram. A IPO do Twitter foi excepcionalmente bem-sucedida, com a demanda quase dobrando o preço das ações no primeiro dia de negociação.

Embora notável, essa conquista não é de forma alguma excepcional. O valor total de todos os eventos de liquidez de unicórnios financiados por capital de risco nos Estados Unidos, como as IPOs, foi de mais de 700 bilhões de dólares apenas em 2021. As mais de 75 IPOs daquele ano, e muitas outras nas últimas décadas, criaram milhares de grandes vencedores. Eles se juntaram aos primeiros financiadores do Twitter – Union Square Ventures, Benchmark Capital e outros FCRs – como beneficiários.

Esses investidores sabiam que as pessoas que esperavam ganhar prêmios de risco – tanto os fundadores quanto os funcionários – precisavam trabalhar duro, muitas vezes com remunerações baixas. Portanto, ao embarcar numa jornada longa e arriscada, se você quiser que a equipe trabalhe duro e traga de volta um grande prêmio, crie incentivos que permitam que todos dividam os lucros. Aqueles que compartilham a dor devem compartilhar também os ganhos. Ou você vai perder a baleia.

8.3 A revolução da remuneração

Em 1957, o Sputnik deu início à corrida espacial, a gripe asiática desencadeou uma pandemia e o primeiro Frisbee foi colocado à venda. No mesmo ano, a revolução da remuneração foi deflagrada num vale da Califórnia conhecido como Heart's Delight, por causa de seus pomares repletos de frutas maduras. A menos que você seja um aficionado por história, provavelmente nunca ouviu falar desse nome, mas com certeza já ouviu falar do vale. Hoje ele é conhecido como Vale do Silício, e o novo nome surgiu, em grande parte, graças à revolução da remuneração.

Tudo começou com oito engenheiros que decidiram deixar um laboratório fundado por William Shockley, coinventor do transistor, que tinha acabado de receber o Nobel de Física. O computador pessoal estava a duas décadas de distância e a ideia de um semicondutor era ainda bastante exótica, mas esses oito rebeldes queriam lançar um empreendimento no setor de semicondutores. Eles tinham ideias brilhantes, mas não tinham capital. Arthur Rock, filho de um imigrante russo, que viria a se tornar um dos primeiros e mais conhecidos ICRs dos Estados Unidos, lhes deu uma mãozinha.[17,18] Após dezenas de tentativas fracassadas, Rock conquistou a atenção de um empresário extravagante, entusiasta da ciência e investidor, Sherman Fairchild. Fairchild era um figurão, o maior investidor individual da IBM à época e fundador e proprietário de muitas empresas, como a Fairchild Aviation, a Fairchild Industries e a Fairchild Camera and Instrument.[19,20,21] Os Aliados usaram as câmeras dessa última empresa para tirar fotos aéreas durante a Segunda Guerra Mundial e seus equipamentos ajudaram a criar mapas aéreos tanto de Manhattan quanto da superfície da Lua.

Fairchild percebeu que havia grandes ideias na cabeça dos oito engenheiros e concordou em financiar o empreendimento, tornando cada um deles um acionista com cerca de 7,5% da empresa.[22,23] O novo empreendimento recebeu o nome (quem diria?) de Fairchild Semiconductor. As intuições de Fairchild e Rock logo se mostraram justificadas, pois a pequena startup fundada numa garagem cresceu para quase 100 milhões de dólares em receita e mais de 7 mil funcionários em menos de cinco anos.[24] O astuto Fairchild inseriu uma cláusula no contrato que lhe dava o direito de comprar a empresa por um valor fixo de 3 milhões de dólares. Apenas dois anos mais tarde, ele fez exatamente isso, pois a empresa começou a apresentar resultados excepcionais. Cada um dos oito fundadores recebeu uma pequena fortuna e Fairchild os transformou então em oito funcionários com salário fixo. Se você entende alguma coisa sobre poder de escolha, é capaz de adivinhar o que aconteceu. Nos anos seguintes, todos os fundadores deixaram a Fairchild Semiconductor para abrir os próprios negócios.

Se você entrar no Museu de História da Computação em Mountain View, Califórnia, vai se deparar com uma "árvore de startups de 1 trilhão de dólares" representada num mural. Esses oito fundadores, apelidados jocosamente de "Fairchildren", deram origem a centenas de empresas, incluindo Intel, AMD, Applied Materials, Oracle, Apple, KPCB, Cisco e Nvidia – seis gerações de empreendimentos cujas raízes remontam à Fairchild Semiconductor.[25,26] Somadas, essas "descendentes" valem hoje trilhões de dólares.

Por que aqueles oito fundadores deixaram a Fairchild? Porque a empresa não ofereceu incentivos suficientes para mantê-los como funcionários. Os oito – alguns dos quais futuros ICRs, outros futuros jóqueis de startups – evitaram repetir o erro de Sherman Fairchild que os levou a deixar a empresa. Começaram a implementar a prática de dar ações à maioria de seus funcionários, tornando os ganhos potencialmente ilimitados.

Esse modelo de incentivo logo se tornou um padrão do setor para todas as empresas financiadas por capital de risco. Os investidores também insistiam em reservar um pacote completo de ações para futuros funcionários (ou seja, ainda não contratados). Na década de 1960, a proliferação desses programas para funcionários persuadiu muitos engenheiros a se mudar dos centros tecnológicos mais antigos de Boston, Nova York e Nova Jersey para o Vale do Silício. A Intel, fundada por dois desses oito rebeldes originais, Gordon Moore e Robert Noyce, chocou muita gente quando concedeu opções de ações a *todo* seu pessoal.[27] Moore e Noyce acreditavam firmemente que deter uma parte da empresa era a melhor maneira de garantir lealdade e inovação. Até hoje a Intel ainda concede ações à maioria de seus funcionários.[28] Outras empresas, como a Apple, rapidamente seguiram o exemplo. A revolução da remuneração iniciou sua marcha triunfante. Por que ela é tão poderosa? E por que é uma revolução?

8.4 Os incentivos guiam o comportamento

Os economistas adoram fazer experimentos com loterias. Imagine que você é um voluntário num desses experimentos e precisa tomar uma sequência de decisões. Você escolheria receber 40 dólares garantidos ou um bilhete de loteria com 10% de chance de faturar 400 dólares? Sua decisão mudaria se o prêmio fosse reduzido para 200 dólares ou aumentado para 1.000? Suas escolhas refletem sua posição no espectro de preferências de risco. Se você é indiferente a um valor certo de 40 dólares ou 10% de chance de ganhar 400, é neutro em relação ao risco. Se achar melhor ter 10% de chance de ganhar um prêmio de 200 dólares do que 40 na mão, é afeito ao risco, e, se só abrir mão dos 40 dólares por um prêmio de 1.000, você é avesso ao risco.

Será que os fundadores de startups são mais afeitos ao risco do que os gestores de grandes empresas? Um grupo de pesquisadores da McKinsey realizou uma pesquisa global para descobrir as preferências de risco dos gerentes corporativos.[29,30] Eles fizeram a seguinte pergunta a 1.500 gerentes:

"Você está cogitando fazer um investimento de 100 milhões de dólares que tem alguma chance de retorno, em valores atuais, de 400 milhões em três anos. Existe também alguma chance de que todo o investimento seja perdido no primeiro ano. Qual é a maior probabilidade de perda que você toleraria sem abandonar o investimento?"

Um tomador de decisões neutro em relação ao risco não deve aceitar mais do que 75% de probabilidade de fracasso. Isso porque, se você multiplicar o valor de 400 milhões em dólares atuais por uma chance de sucesso de 25%, o resultado será 100 milhões de dólares, ou seja, o valor do investimento inicial. No entanto, os gerentes corporativos, como grupo, demonstraram um grau profundamente alto de aversão ao risco. Nove em cada dez exigiam pelo menos 60% de chance de *sucesso* antes de fazer o investimento. Será que os gerentes corporativos são uma espécie única?

Vejamos primeiro a conclusão. Os resultados referentes à extrema aversão ao risco dos gerentes corporativos não são um acaso da pesquisa. Essa aversão é confirmada por um grande número de evidências. Em nosso trabalho com grandes empresas, vemos isso todos os dias. A intuição pode sugerir que os empreendedores deveriam ser mais tolerantes ao risco. Porém, após anos de comparações entre gerentes e empreendedores, os pesquisadores concluíram que as evidências são contraditórias. Dos 28 estudos acadêmicos que analisamos, metade mostrou que os *empreendedores* são mais afeitos ao risco do que os gerentes e metade mostrou que os *gerentes* é que são mais ousados.[31] Como isso é possível?

É claro que a preferência de uma pessoa pelo risco pode ser muito diferente da de outra. Você certamente tem amigos que são muito cautelosos, conservadores e cuidadosos. Da mesma forma, também conhece gente aventureira, despojada e descontraída. Ilya conhece um esquiador que certa vez colidiu com uma árvore ao descer uma pista de esqui. Ele teve que ser resgatado de helicóptero. Uma semana depois de receber alta do hospital, voltou a esquiar. Todos nós conhecemos pessoas assim. Elas podem ser gerentes, fundadores de startups ou o seu cabeleireiro.

Para explicar o comportamento aparentemente intrigante de aversão ao risco dos gerentes corporativos, precisamos de uma ferramenta. Essa ferramenta é chamada de "gráfico de payoff" e ilustra os resultados futuros do projeto de investimento ou da empresa e seu pagamento pessoal. A Figura 11 mostra um resultado financeiro estilizado para os fundadores de uma startup fictícia. O eixo horizontal exibe o possível valor futuro da startup, ou seja, o valor pelo qual ela poderia ser vendida. O investidor injetou 25 milhões de dólares. À esquerda dessa cifra, a startup não é bem-sucedida,

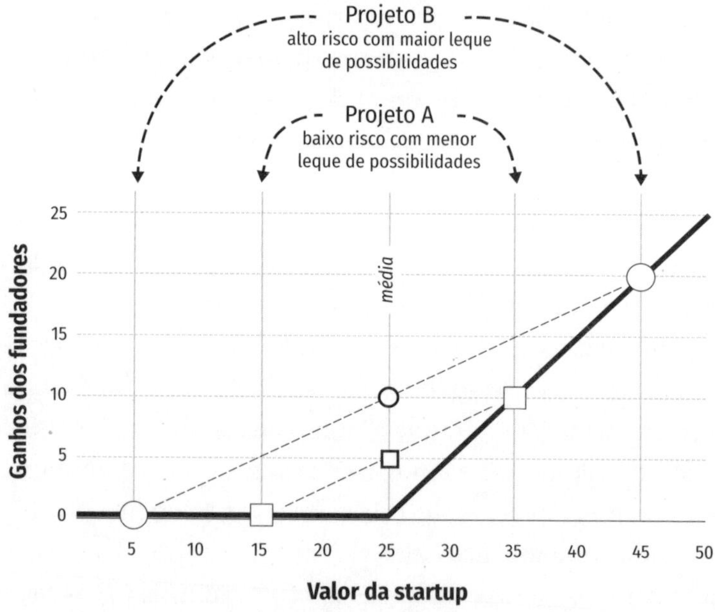

Os fundadores são mais propensos a escolher o **Projeto B**, mais arriscado

Figura 11. Modelo ilustrativo de remuneração para uma startup financiada por capital de risco

pois é vendida por um valor menor que o arrecadado. À medida que nos movemos para a direita, a startup se torna cada vez mais próspera. O eixo vertical mostra o retorno dos fundadores para cada resultado da startup.

Considere o resultado de 5 milhões de dólares.[32] No mundo das startups, os ICRs têm precedência sobre os fundadores: somente depois que os investidores são pagos é que os fundadores começam a se beneficiar também. Assim, para um resultado de 5 milhões, o investidor infelizmente embolsa toda essa quantia (ficando com um déficit de 20 milhões) e os fundadores não recebem nada. Na verdade, para qualquer retorno de menos de 25 milhões de dólares, os fundadores não recebem nada. Você pode supor que não receber nada incentivaria os fundadores a evitar tais cenários, mas ainda não discutimos o que ocorre nos cenários à direita dessa cifra.

Conforme o valor da empresa supera o montante de capital injetado, os fundadores obtêm ganhos. Por exemplo, se a startup for vendida por 35 milhões de dólares, os fundadores terão 10 milhões restantes após pagar os 25 milhões dos investidores. Se o valor da startup ficar grande demais (além dos 50 milhões mostrados no gráfico), os investidores também desfrutarão de parte do lucro, mas os fundadores – desde que possuam uma parte considerável da startup – ficarão com a maior parte.

É claro que os fundadores preferem resultados melhores a resultados piores para si mesmos. Quem não preferiria? Mas pergunte a si mesmo se prefeririam tomar uma decisão de maior ou de menor risco. A figura mostra duas possíveis decisões de investimento entre as quais os fundadores poderiam escolher após arrecadarem 25 milhões de dólares. Ambas levam a dois desfechos com probabilidades iguais, mas resultados diferentes. Você escolheria o Projeto A ou o Projeto B?

O Projeto A tem 50% de chance de ser avaliado em 15 milhões de dólares e 50% de ser avaliado em 35 milhões. Os dois resultados possíveis do Projeto B, cada um com 50% de chance, são 5 milhões e 45 milhões de dólares. O Projeto A é mais seguro, menos inovador e menos volátil. Na pior das hipóteses, não haverá grande perda, mas, na melhor das hipóteses, também não haverá um crescimento muito grande. O Projeto B é mais arriscado, inovador e volátil. Na pior das hipóteses, quase todo o valor será perdido, mas, na melhor delas, o retorno será muito bom. Que escolha os fundadores fariam? Que escolha *você* faria se fosse um deles?

Se você fosse um fundador, apostamos que escolheria o Projeto B. Afinal, se a startup não for bem-sucedida, o que será perdido é o dinheiro dos investidores, não o seu. Mas, se ela tirar a sorte grande, o céu é o limite. Também esperamos que os gerentes corporativos escolham uma ação arriscada, *desde que* eles sejam os fundadores.

A assimetria nos retornos realça o poder dos incentivos. Nas startups, a motivação é projetada para incentivar os tomadores de decisões a correr riscos que podem levar a retornos extraordinários, como ilustra o caso do Twitter. Esses incentivos funcionam particularmente bem no mundo da inovação disruptiva, em que os maiores vencedores podem obter enormes benefícios. Os contratos entre os ICRs e os fundadores evoluíram de modo a motivar os empreendedores nesse mundo disruptivo.[33] Tais incentivos aumentam as chances de fracasso, mas também podem levar ao prêmio máximo.

O que dizer, então, dos gerentes de uma grande empresa tradicional? A mentalidade tradicional funciona na direção oposta, como mostra a Figura 12, considerando o mesmo exemplo. Imagine que você seja um líder

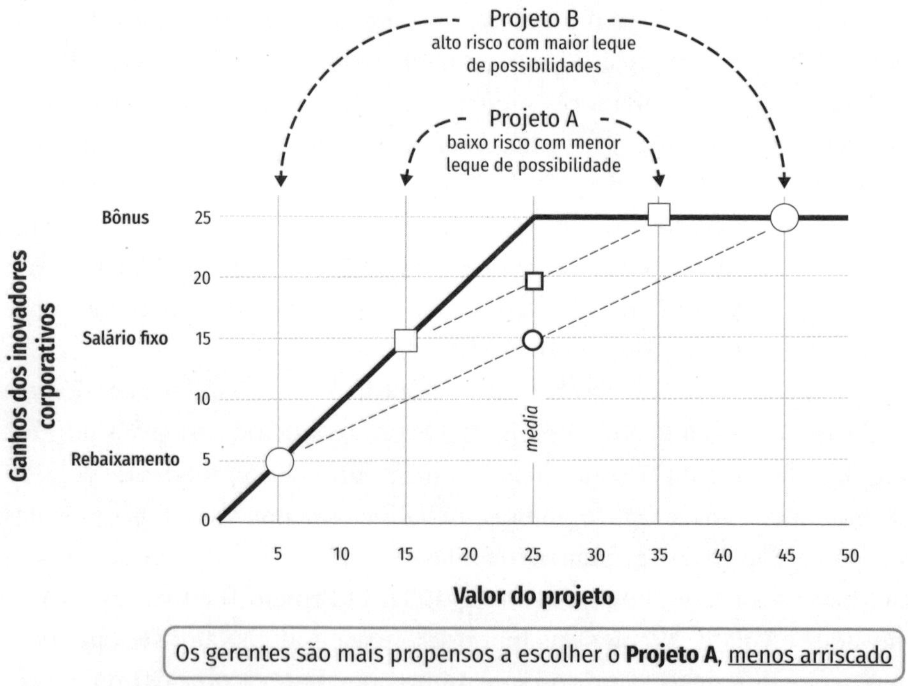

Figura 12. Modelo ilustrativo de remuneração para um projeto corporativo

corporativo escolhendo entre dois investimentos, os Projetos A e B. Eles são idênticos aos Projetos A e B do exemplo da startup, mas, caramba, que diferença na remuneração dos gerentes!

Seu salário de gerente é fixo. Você pode ter ações da empresa, mas, na maioria dos casos, um projeto individual é pequeno demais para ter impacto perceptível no valor de mercado da empresa. Se o gerente escolher um Projeto B mais inovador e tiver um sucesso espetacular, não vai obter nenhum benefício material a mais do que com o Projeto A. Mas, se o Projeto B fracassar, o gerente poderá ser punido severamente. Perderá seu bônus, suas chances de promoção serão reduzidas e sua probabilidade de ser demitido aumentará desconfortavelmente. Se você for como a maioria dos gerentes corporativos, vai escolher o Projeto A, que é mais seguro.

Vamos reiterar o ponto crítico. As Figuras 11 e 12 apresentam a *mesma* escolha de projetos, e a mesma pessoa poderia estar tomando a decisão nesses dois cenários, mas as decisões são muito diferentes. A motivação financeira é uma arma muito poderosa.

Simplificamos as coisas nesse exemplo; a realidade é sempre mais complexa. Um bônus corporativo pode depender dos resultados do projeto e a participação dos fundadores nos lucros pode ser diluída. Mas o insight de colocar todo mundo no mesmo barco é muito poderoso e amplamente aplicável. Os gerentes corporativos são avessos ao risco não porque sejam uma espécie diferente, mas porque seus incentivos financeiros os empurram para uma inovação menos disruptiva. Os gerentes financeiros preferem projetos conservadores por causa de seu horizonte de tempo mais curto, seus fluxos de caixa de curto prazo e suas métricas transparentes e inequívocas. Os engenheiros preferem projetos conservadores porque eles oferecem problemas bem definidos e processos bem projetados. As equipes de vendas e marketing preferem projetos conservadores porque eles atraem os clientes atuais e são complementares às linhas de negócios já existentes. Mas todas essas preferências são motivadas por incentivos.

"Os incentivos guiam o comportamento", dizemos incansavelmente a alunos e executivos. As mesmas pessoas, diante de diferentes incentivos, escolhem ações radicalmente opostas. Com o tempo, outro mecanismo poderoso multiplica esse efeito. Para ver isso em ação, examinemos um estudo com mais de 1.800 gerentes de empresas italianas de comércio e serviço.[34] Algumas dessas empresas pagavam um salário fixo; outras mediam cuidadosamente a produtividade do gerente e pagavam grandes bônus pelo bom desempenho. Os gerentes que, por natureza, eram mais avessos ao risco optaram por trabalhar com um salário fixo. Os mais ousados gravitavam em torno de empresas que ofereciam poderosos incentivos para experimentar novidades.

A empresa que incentiva um comportamento mais conservador vai atrair pessoas avessas ao risco por natureza. Elas se sentem em casa num ambiente assim. As pessoas afeitas ao risco irão para outro lugar. Em contrapartida, a empresa que incentiva um comportamento mais parecido com o de uma startup vai atrair pessoas naturalmente inclinadas a correr riscos maiores. A liberdade de escolha, mais uma vez, é decisiva aqui: os profissionais decidem se querem entrar ou sair de uma empresa dependendo do comportamento que ela incentiva.

8.5 Você recebe aquilo pelo que pagou

Pense duas vezes antes de implementar incentivos. Para termos ideia de como um programa de incentivos pode dar muito errado, vejamos um caso que aconteceu na cidade de Hanói, capital do Vietnã, em 1902.[35] A administração colonial francesa, querendo transformar Hanói numa cidade moderna de estilo europeu, construiu um sistema de esgoto com uma elaborada rede subterrânea. Infelizmente, o esgoto também atraiu ratos, que chegavam da China em navios e trens. A situação logo se tornou desesperadora, pois os ratos começaram a subir pelos encanamentos no bairro francês e a invadir os banheiros das residências.

A administração colonial respondeu vigorosamente com uma campanha de desratização. Contrataram um exército de caçadores de ratos profissionais. Em alguns dias, mais de 20 mil ratos foram exterminados. Para assegurar o sucesso da iniciativa, as autoridades criaram um esquema de incentivo maravilhoso: pagariam um centavo por rato morto. Para comprovar a morte, os caçadores tinham que mostrar uma cauda de rato. Se você paga por cauda... é cauda que você vai ter.

Logo os franceses começaram a ver ratos sem cauda andando pelas ruas de Hanói. Os habitantes perceberam que, cortando as caudas e deixando os ratos soltos, poderiam matar dois coelhos (em vez de um rato) com uma cajadada só: receberiam um centavo por cauda e deixariam os ratos vivos para continuar se reproduzindo. Mais ratos, mais dinheiro. Um novo empreendimento comercial surgiu: importar ratos de outras províncias para Hanói! A criação de ratos virou um próspero modelo de negócios. A campanha de erradicação levou a uma multiplicação dos ratos e teve que ser interrompida, pois a peste bubônica assolou a cidade. Se você paga por cauda...

Que metrópole está no topo da lista das mais limpas do mundo? Singapura.[36,37] A explicação está, mais uma vez, nos incentivos. Singapura introduziu multas duríssimas para quem joga lixo no chão. Uma guimba de cigarro pode custar 300 dólares aos infratores primários, chegando rapidamente a milhares de dólares em caso de reincidência.

Ou vejamos a AT&T, que pagava seus engenheiros de software com base no número de linhas de código em seus programas.[38,39] Quanto mais extenso o código, melhor a remuneração. Os executivos da AT&T provavelmente queriam códigos melhores e mais eficientes, mas o que eles conseguiram? Códigos muito extensos, que resultavam em aplicativos mais lentos e menos eficientes.

O que aconteceria se você incentivasse as vendas recompensando-as com uma remuneração maior? Em 2007, a agência hipotecária Countrywide deu início ao programa High-Speed Swim Lane (raia de alta velocidade), oficialmente conhecido como HSSL, mas rapidamente apelidado pelos funcionários de Hustle (golpe).[40] Os agentes de crédito eram incentivados a aumentar a velocidade e o volume de empréstimos. Os empréstimos ruins foram rapidamente se acumulando, o que contribuiu para a crise financeira.

O que poderia acontecer se os vendedores fossem recompensados com base no número de clientes que atendem? Como a Sears descobriu, os funcionários das oficinas de reparos em seus centros de serviços automotivos ludibriavam clientes ao empurrar reparos desnecessários.[41] E se a remuneração depender do tamanho da equipe? Vêm aí equipes gigantescas. E se houver uma sanção para a baixa retenção de usuários? Pode esperar por um processo complicado de cancelamento de assinaturas e longos tempos de espera na central de atendimento. E se as recompensas dependerem do aumento do número de usuários? Pode esperar por contas falsas – a cauda de rato do mundo moderno. O Wells Fargo aprendeu essa lição do jeito mais difícil.[42]

Encontrar os incentivos certos é extremamente complexo. Fazer isso no mundo da inovação é ainda mais, pois é preciso incentivar o tipo de inovação que você deseja: gradual ou disruptiva. O exemplo da Thermo Fisher Scientific, um fornecedor global de equipamentos de laboratório, ilustra uma abordagem inteligente para a inovação disruptiva. A empresa, que depende muito da inovação, decidiu fazer um *crowdsourcing* de ideias sobre soluções de software para melhorar o acesso do público a equipamentos médicos avançados. Qual a melhor forma de gerar mais e melhores ideias? Você prefere dar um prêmio de 15 mil dólares para a ideia mais inovadora ou dividir o prêmio em dez prêmios menores, de 600 dólares para o décimo colocado a 6 mil para o primeiro? Em ambos os casos, o valor total é o mesmo. A empresa decidiu fazer as duas coisas e dividiu os participantes em dois grupos: um com um único prêmio grande e outro com muitos prêmios menores. Os participantes podiam decidir trabalhar em equipes e enviavam suas ideias a um painel de especialistas, que avaliava as propostas de acordo com vários critérios.

O número de ideias e as pontuações gerais em ambos os grupos foram semelhantes.[43] No entanto, os indicadores de novidade, que medem as soluções em relação ao que já está disponível no mercado, foram drasticamente diferentes. O vencedor do grupo que disputou o prêmio único foi muito mais inovador. Os participantes desse grupo correram mais riscos e pensaram fora da caixa; já os participantes que tentaram ganhar um dos muitos prêmios menores optaram pela cautela. Isso é justamente o que os criadores da competição queriam, e é também o que os ICRs esperam de suas equipes de gerenciamento de startups, fazendo com que se concentrem no prêmio maior. Está em busca de novas ideias? Tenha essa dinâmica em mente.

Na maioria das vezes, uma estrutura de remuneração tradicional funciona bem. Você não quer que seus contadores tentem desenvolver projetos arriscados. No mundo da inovação gradual, com pontos de referência bem definidos, você quer um grau mensurável de riscos. Porém, no mundo dos novos negócios, das disrupções e do desconhecido, o esquema tradicional de incentivos atua contra as empresas. Serão trazidas caudas, não ratos. É nesse momento que a mentalidade de risco é fundamental para o sucesso. Ela nos diz para realizarmos duas mudanças ao mesmo tempo: incentivar os ganhos e, em paralelo, oferecer ao tomador de decisões um grau de proteção contra as perdas.

8.6 Quando a ganância *não é* boa

Benjamin Franklin disse: "Se você quer que algo seja feito, faça você mesmo; se não quiser, mande outra pessoa fazer." Todos nós podemos economizar algum dinheiro se seguirmos esse conselho, e isso vale principalmente quando estamos diante de um crescimento exponencial. Não consideramos esse crescimento em muitas de nossas decisões. Não precisamos pensar em termos de "matar ou morrer" e não estamos diariamente à beira da falência. Todo o modelo de negócios de capital de risco é baseado na criação de valor, não na extração. Trata-se de fazer o bolo crescer ainda mais em vez de obter uma fatia maior.

A escolha entre um bolo maior e uma fatia maior deveria ser central para mais empresas. Em sociedades como consultorias ou escritórios de advocacia, essa escolha está sempre presente. Os sócios são coproprietários e o lucro obtido com muito esforço é distribuído entre todos eles no final do ano. Quanto mais lucros a sociedade gera, mais dinheiro cada sócio recebe. Porém, quanto mais sócios houver, maior será o denominador, de modo que o bolo será dividido entre mais pessoas. Algumas sociedades decidem limitar o número de sócios, enquanto outras apostam na esperança de que os sócios recém-promovidos façam o bolo crescer ainda mais. Sociedades organizadas como um clube de elite, que estabelecem um padrão de parceria alto demais, começam a perder seus melhores talentos, como aconteceu com a Fairchild Semiconductor. Os profissionais mais ambiciosos abrem seus negócios ou se juntam aos concorrentes. Empresas que costumam abrir suas portas para novos sócios crescem e ficam à frente da concorrência. A estratégia de fazer o bolo crescer é uma das razões pelas quais as maiores empresas de consultoria têm milhares de sócios no mundo todo.

Esse conceito não se limita ao compartilhamento de lucros. Como o professor Alex Edmans demonstrou de modo contundente no livro *Faça o bolo crescer*, manter o foco no valor social em vez de exclusivamente nos lucros pode, surpreendentemente, levar a mais lucros e a melhores decisões de longo prazo.[44]

Ao se deparar com o crescimento exponencial no contexto da inovação disruptiva, você pode realinhar os incentivos aplicando os seguintes princípios da mentalidade de risco:

Torne todo mundo sócio

Benjamin Franklin entendia um bocado sobre incentivos. Além de todos os outros papéis que desempenhava, ele era também um empreendedor visionário. No início da década de 1730, criou uma empresa de publicação e impressão, e seu *Pennsylvania Gazette* se tornou o jornal de maior sucesso nas colônias. Franklin começou a pensar em expansão. Como não podia viajar de uma cidade a outra para abrir negócios, teve uma ideia. E se enviasse seus funcionários de maior espírito empreendedor para abrir o negócio em outras cidades? Franklin deu a eles o capital inicial necessário e cobriu algumas despesas operacionais. Esses funcionários tinham que cuidar da mão de obra, do papel, da tinta, da lã, do óleo e de quaisquer reparos. Assim como os ICRs modernos, Franklin não pedia muito, garantindo que os novos empreendedores tivessem fortes incentivos para ter sucesso. Por seis anos, ele ficaria com um terço do lucro dos empreendimentos, com a opção de que eles se tornassem totalmente independentes depois disso. Franklin fundou o primeiro sistema de franquias dos Estados Unidos.[45] Ele transformou seus funcionários em sócios.

Num interessante estudo sobre o setor imobiliário, três pesquisadores exploraram o poder dos incentivos.[46] Eles se perguntaram se corretores imobiliários agiriam de forma diferente quando estivessem representando um cliente ou vendendo um imóvel próprio. O estudo ajustou cuidadosamente as características dos imóveis de modo que essa fosse a única diferença entre eles. A discrepância de valor encontrada foi grande. Os corretores vendem os imóveis próprios por um preço 3% a 7% mais alto do que quando representam um cliente.

Para os economistas, o comportamento dos corretores é um exemplo do problema principal/agente, no qual o agente (aqui, o corretor) não internaliza por completo os interesses do principal (o proprietário do imóvel). O problema principal/agente é comum em muitos cenários: sócio/gerente, patrão/empregado, cliente/advogado. Mas é muito difícil resolvê-lo num ambiente de alta incerteza, em que o fracasso é a regra, não a exceção.

É por isso que os ICRs aplicam o lema da "revolução da remuneração" e transformam todo mundo em sócio. Essa etapa, claro, é poderosa, e vai muito além das empresas de tecnologia. A Starbucks introduziu as "bean stocks" (ações de grãos), dadas a todos os funcionários qualificados, que são chamados de sócios.[47] Embora a profissão de barista não torne ninguém milionário, quando as ações da Starbucks subiram, muitos funcionários puderam pagar empréstimos estudantis, dar entrada na casa própria ou planejar viagens para o exterior.

Colocar todos no mesmo barco pode funcionar até mesmo numa empresa de garagem. A firma de *private equity* KKR comprou a C.H.I. Overhead Doors em 2015 por menos de 700 milhões de dólares e transformou todos os oitocentos funcionários, de motoristas de caminhão a gerentes seniores, em acionistas.[48,49] Essa foi uma notícia inesperada e bem-vinda para a pequena cidade de Arthur, Illinois, sede da empresa. A ideia foi de Pete Stavros, sócio da KKR, cujo pai era operário da construção civil. Desde que introduziu o novo modelo de incentivo, a empresa passou a operar com mais segurança, lucratividade e redução de desperdício.[50] Até mesmo um negócio tradicional pode se tornar um unicórnio. Em 2022, a KKR vendeu a C.H.I. para a fabricante de aço Nucor por 3 bilhões de dólares.[51] Uma jornada de vários anos valeu muito a pena, e não apenas para os investidores. Quando Stavros anunciou o negócio na cidade, as pessoas foram ao delírio. Os funcionários que trabalhavam por hora receberam, em média, 175 mil dólares, mais de cinco vezes seu salário anual, com o total de recompensas chegando a 360 milhões.[52]

A mentalidade de risco resolve o problema principal/agente tornando todos acionistas. Em vez de buscar formas de obter uma fatia maior do bolo, todos se empenham em fazer o bolo crescer.

A mentalidade de risco também introduziu a aquisição de ações nos esquemas de propriedade dos funcionários, incentivando-os ainda mais a permanecer na empresa. Os funcionários de startups não recebem sua parte das ações imediatamente, mas têm que merecê-las ao longo de vários anos. Aqueles que saem muito cedo perdem sua participação acionária. Para se beneficiar de uma maré alta, é preciso permanecer no barco.

Resolva o desafio "1.000 a 1.001"

Como costumam ser menores, as empresas financiadas por capital de risco têm uma vantagem distinta em relação às maiores: a atribuição do sucesso é mais fácil quando se tem uma única linha de produtos. Até mesmo os funcionários comuns podem sentir que seu trabalho aumenta o valor de toda a empresa de maneira significativa. Quer você seja um gerente de marketing ou um especialista em cadeia de suprimentos, todos contribuem para o mesmo objetivo: o valor de "saída" da empresa.

Um duro desafio numa grande corporação é vincular as contribuições de cada funcionário à avaliação da empresa. Chamamos esse problema de desafio "1.000 a 1.001".[53] Em seu best-seller *De zero a um*, o famoso ICR Peter Thiel descreveu os desafios de uma empresa que cresce do nada para se tornar algo grandioso. Começar do zero é difícil, mas o impacto é evidente. O valor passa de nada para, digamos, 1 bilhão de dólares, fazendo da empresa um unicórnio. Mas e se uma equipe de uma grande empresa causar o mesmo impacto de 1 bilhão de dólares? Sua contribuição será diluída num grande negócio existente. Esse é um problema "1.000 a 1.001". O impacto é o mesmo ou talvez até maior, mas a recompensa costuma ser desproporcionalmente menor, fazendo com que funcionários talentosos deixem a empresa. Muitas vezes, os que saem são os mais empreendedores, os Fairchildren atuais.

A Waymo, uma subsidiária de carros autônomos da Alphabet, oferece uma solução.[54,55] Às vezes, perguntamos em tom de brincadeira: "Quem está ao volante de um carro da Waymo?" E nós mesmos respondemos: "Fantasmas!" Estamos nos referindo às ações fantasmas concedidas aos funcionários. O pessoal da Waymo não é incentivado com ações da Alphabet, porque o valor de mercado da Alphabet é impulsionado principalmente pelo mecanismo de busca do Google, e não pelos resultados da Waymo. Em vez disso, eles recebem "ações" cujo valor depende da avaliação e do desempenho da própria Waymo. Essas ações são fantasmas porque a Waymo não é uma empresa independente de capital aberto.

Embora os mecanismos legais possam diferir, o objetivo no fim das contas é reduzir a distância entre o esforço de cada funcionário e a avaliação da empresa. Isso ajuda a trazer o "1.000 a 1.001" de volta para o "0 a 1".

Recompense a ousadia

O Vale do Silício está repleto de histórias de enriquecimento súbito. Você já ouviu falar de Charlie Ayers?[56] Ele era um chef de cozinha que disputou com outros 25 chefs uma vaga numa pequena empresa iniciante. O salário prometido era apenas metade do que ele poderia conseguir em outro lugar, mas a remuneração incluía opções de ações. Depois de conversar com amigos, Ayers ficou convencido de que a empresa estava destinada a crescer, então pegou seu bilhete de loteria e se tornou o funcionário número 53 da Google. Seu prêmio acumulado, no dia da IPO da Google, supostamente atingiu 26 milhões de dólares.

David Choe, um grafiteiro de 35 anos, foi convidado a pintar murais nas paredes dos escritórios do Facebook e lhe perguntaram se queria receber em dinheiro ou em ações da empresa.[57] Choe optou por receber tudo em ações, tornando-se um entre os mais de mil milionários quando o Facebook abriu seu capital.

Talvez você despreze essas histórias como exemplos radicais que não podem ser reproduzidos numa empresa tradicional. Mas elas ilustram que, para alinhar os incentivos, você precisa garantir que haja formas de todos os funcionários participarem e se beneficiarem. Exemplos de sucesso entre os funcionários fazem com que os outros se esforcem mais para ter a mesma sorte.

E, quando falamos em milionários, podemos logo pensar nos corretores de Wall Street e nos primeiros funcionários da Google e do Twitter, mas "o McDonald's fez mais milionários do que qualquer outra entidade econômica em todos os tempos, em qualquer lugar", segundo George Will, do *The Washington Post*.[58] Isso se deve ao seu modelo de franquia, no qual os interesses de todas as partes estão estreitamente alinhados.

Por fim, imagine que você fundou uma startup muito bem-sucedida. Que percentual você possuiria quando sua empresa atingisse o importante marco da IPO? Quando divulgamos o percentual médio, muitos ficam surpresos. Normalmente, restam apenas 15% a 20% das ações para todos os cofundadores somados.[59] Os fundadores da Lyft, da Box e da Pandora ficaram com apenas 6%, 4% e 2%, respectivamente.[60,61,62] Por que as pessoas aceitariam tais acordos? Porque os ICRs e os fundadores das empresas por eles financiadas preferem uma fatia menor de um bolo maior, e não o contrário. As empresas deveriam agir da mesma forma, assim como todos que queiram promover ideias inovadoras.

CHECKLIST DA MENTALIDADE DE RISCO

- ☐ Seus funcionários se beneficiam do sucesso de projetos inovadores?
- ☐ A recompensa é significativa o bastante para estimulá-los a correr riscos?
- ☐ Em sua empresa, as equipes menores que trabalham em projetos críticos são valorizadas ou a importância é determinada apenas pela escala e pelo orçamento do projeto?

9

Grandes feitos levam tempo

Conheça a principal causa de morte da inovação

9.1 Estimule o pensamento de longo prazo

Tudo começou com um incêndio.

A ilha Matagorda, localizada cerca de 160 quilômetros a sudoeste de Houston, Texas, costumava abrigar o Peninsula Army Airfield, uma instalação de treinamento da Segunda Guerra Mundial. O investidor e empresário do ramo petrolífero Toddie Lee Wynne era dono da fazenda Star Brand Ranch, no extremo sul da ilha, e a ofereceu para um evento inusitado: o lançamento de um foguete.[1] A meta ambiciosa era colocar cargas úteis em órbita por meio do primeiro lançamento de foguete realizado por uma empresa comercial com fins lucrativos.

Depois de vários atrasos, no final da tarde de 5 de agosto foi bombeado oxigênio líquido suficiente para tirar do chão o foguete de quase 17 metros de comprimento, levá-lo ao espaço e alçá-lo ao hall da fama aeroespacial.[2] Algumas dezenas de técnicos se agacharam atrás de uma barricada de sacos de areia de mais de 2 metros de altura, aguardando por aquele momento histórico. Às cinco da tarde, quando o botão de ignição foi acionado, surgiu uma fumaça na base do foguete. Como porém a válvula principal do tanque de oxigênio líquido não se abriu, a pressão começou a aumentar rapidamente. Um segundo depois, antes que alguém pudesse piscar, o veículo suborbital produzido por duas empresas, uma de Houston e outra de Sunnyvale, Califórnia, explodiu na plataforma de lançamento, provocando um incêndio no gramado ao redor. Os técnicos levaram meia hora para apagar o fogo.

"Não sabemos ao certo o que aconteceu", disse Charles Chafer, um decepcionado porta-voz da Space Services Inc., logo após o desastre.[3] Mas ficou claro que a explosão na ilha Matagorda havia frustrado a esperança de enviar um satélite comercial ao espaço pelo valor irrisório de 3 a 5 milhões de dólares por lançamento, ou seja, uma fração dos custos exorbitantes e monopolistas da NASA.

Um ano mais tarde, um lançamento comercial teve sucesso. Dessa vez, o fundador da Space Services Inc. recebeu uma mensagem de parabéns que dizia: "Vocês mostraram o potencial da iniciativa privada para realizar até mesmo os feitos técnicos mais sofisticados." O que tornava a mensagem tão especial era seu autor, ninguém menos que o presidente dos Estados Unidos.

Seu nome era Ronald Reagan.

O ano era 1981 quando aquele incêndio destruiu o Wynne's Percheron, o primeiro foguete comercial americano financiado com recursos privados.[4,5,6,7,8,9] Elon Musk tinha 10 anos e morava com seu pai em Pretória, África do Sul.

Passados 25 anos, em março de 2006, outra pequena ilha, dessa vez no oceano Pacífico, foi palco de mais uma tentativa de transformar um sonho em realidade.[10,11] A essa altura, Musk já havia se tornado um rico empresário ao vender sua participação no PayPal. Agora, como fundador da SpaceX, ele foi até o distante atol de Kwajalein, nas Ilhas Marshall, para ver o feito com os próprios olhos. O que ele não sabia era que, cerca de sete minutos antes do lançamento, uma pequena rachadura por corrosão numa peça de alumínio havia provocado um vazamento de combustível. No momento da ignição do motor principal, o combustível que havia vazado pegou fogo e destruiu tudo. Uma pequena porca enferrujada pôs fim ao tão alardeado primeiro lançamento de um foguete da SpaceX, o Falcon 1, que poderia ter se tornado o primeiro veículo de desenvolvimento privado, totalmente movido a combustível líquido, a orbitar a Terra. Mas o desastre do Falcon 1 não acabou com as esperanças. Musk voltaria a tentar.

Um ano depois, em março de 2007, no mesmo atol, o Falcon fracassou novamente – dessa vez devido a um problema no motor. Mais uma vez, Musk estava determinado a tentar de novo.

A terceira tentativa da SpaceX foi em 3 de agosto de 2008.[12,13] O voo era fundamental, pois a empresa havia firmado contratos para entregar cargas úteis para clientes comerciais e governamentais. O Falcon transportava um satélite para a Força Aérea dos Estados Unidos, nanossatélites para a NASA e uma carga para uma empresa privada, a Celestis Inc. Mais uma vez, o Falcon fracassou. A imprensa se refestelou, atacando a NASA e a DARPA (agência americana que investe em tecnologia avançada de defesa), que haviam apostado na SpaceX.

No dia seguinte à terceira tentativa fracassada, Musk deixou todos de boca aberta ao anunciar que a SpaceX havia acabado de receber um investimento de 20 milhões de dólares do Founders Fund, um importante FCR com sede em São Francisco.[14] A primeira captação de recursos externos da SpaceX ocorreu não só após seu terceiro fracasso extremamente público como também em meio à crise financeira de 2008, que havia abalado a economia global.

"O quarto lançamento [...] usou a última verba que tínhamos para o Falcon 1", admitiu Musk anos depois.[15] Mas finalmente, em setembro de 2008, a quarta tentativa foi um sucesso.

Menos de um ano depois, a DFJ, outro importante fundo de capital de risco, liderou uma rodada de investimentos que injetou mais 50 milhões de dólares na SpaceX. O quinto lançamento, em julho de 2009, apenas um mês após o investimento da DFJ, também atingiu sua meta. A maré virou. A SpaceX abriu uma nova era de empresas espaciais privadas, com a Blue Origin e a Virgin Galactic logo se juntando a ela.[16]

Em 22 de maio de 2012, o Falcon 9 não tripulado decolou com um contêiner especial a bordo. O proprietário era a Celestis, a empresa cuja carga útil havia ido parar no oceano após a terceira tentativa fracassada da SpaceX. O contêiner estava cheio de restos cremados de pessoas que tinham pagado caro para que suas cinzas fossem levadas ao espaço numa missão chamada "Memorial Spaceflight". Entre os restos mortais de 320 pessoas estavam as cinzas do astronauta Gordon Cooper e do ator James Doohan, de *Star Trek*.[17] A própria Celestis era um cliente muito especial. Ela pertencia a Charles Chafer, que anunciara ao mundo o fracasso do Percheron em 1981, e era uma subsidiária da Space Services Inc., a mesma empresa que fizera a tentativa naquele ano. No fim das contas, Chafer só realizou seu sonho com a ajuda da SpaceX.

O Falcon 9 levou menos de dez minutos para chegar à órbita, mas a jornada da SpaceX para ganhar o respeito de especialistas, analistas e do mundo levou muito mais tempo. Nas palavras de Bill Nelson, chefe da NASA: "Todo mundo subestimou a SpaceX."[18]

Apesar de todas as críticas e tanto ceticismo, o número de lançamentos aumentou. Em 2008, houve apenas dois, um deles fracassado. Em 2014, foram seis, todos bem-sucedidos. Em 2022, a SpaceX lançou 61 foguetes, ou seja, mais de um por semana. Nessa época, ela era líder indiscutível em lançamentos espaciais, mesmo quando comparada a agências governamentais. A empresa fez tudo isso com uma fração do orçamento normalmente alocado a agências espaciais, como a NASA nos Estados Unidos, a Roscosmos na Rússia ou a CNSA na China. Foi uma conquista excepcional de uma equipe relativamente pequena, com apenas alguns milhares de pessoas. Para fins de comparação, a Roscosmos emprega mais de 200 mil funcionários.

Se você fosse um investidor afeito ao risco e tivesse investido na SpaceX em 2008, hoje seu patrimônio seria muito maior do que naquela época. Usando avaliação pós-monetária, uma das métricas de avaliação mais amadas no setor de capital de risco, a SpaceX foi avaliada em pouco mais de 400 milhões de dólares em 2008; quinze anos depois, em 2023, havia disparado para 137 bilhões, um aumento de mais de trezentas vezes. Tanto o Founders Fund quanto a DFJ fizeram uma aposta não apenas arriscada, mas também de longo prazo. Recentemente, Musk reconheceu que suas apostas foram arriscadíssimas, admitindo que havia uma "chance de 90% de que tanto a SpaceX quanto a Tesla acabassem por não valer nada".[19]

Enquanto escrevemos este capítulo, em meados de 2023, a SpaceX ainda é uma empresa privada financiada por capital de risco e recentemente levantou sua Série N. Isso mesmo – os investidores da SpaceX ainda assumem o risco e aguardam pela oportunidade de converter sua aposta inicial em dinheiro. Alguns argumentam, em tom de brincadeira, que a SpaceX pode até mesmo esgotar todo o alfabeto e ainda assim não chegar à abertura de capital. Os investidores fizeram uma aposta no futuro e agora esperam pacientemente pelo resultado.

A história da SpaceX é uma lição clássica de como ir devagar para ir rápido. Os ICRs apostam em mudanças tectônicas que levam tempo para amadurecer e provocar um impacto geral. Chegar cedo e ter paciência é o lema dos ICRs. Muitos líderes corporativos também percebem com clareza a aproximação de mudanças tectônicas em seu setor. Chegará o dia em que robôs e algoritmos generativos substituirão muitos funcionários. As fontes de energia renováveis substituirão as fontes tradicionais. O envelhecimento da população sobrecarregará os sistemas de saúde. Porém nenhuma dessas mudanças ocorre num único ciclo orçamentário, de modo que os tomadores de decisões deixam as coisas para depois. E continuam postergando, até que a mudança tectônica se torna inevitável, mas aí já é tarde demais; o gato já subiu no telhado. Será que a mentalidade tradicional teria investido na SpaceX em 2008 ou 2009?

Muitas vezes nos perguntam: "O que a SpaceX tem a ver com a gente?" As pessoas costumam afirmar que a exploração espacial é uma longa aposta, mas que o setor delas é de "curto prazo", seja ele o de calçados, autopeças ou produtos para perda de peso. Esperamos que, a esta altura, você tenha aprendido que na mentalidade de risco não existem setores de curto prazo. Há tendências de longo prazo que provocam disrupção em todos os setores. A oficina mecânica do seu bairro pode desaparecer, assim como ficaram no passado as locadoras de vinil ou as agências físicas de viagens. Os calçados vieram para ficar, mas será que a eterna luta para encontrar o melhor modelo e tamanho levará a uma solução tecnológica disruptiva que vai pegar desprevenidos os principais fabricantes de hoje? A população sempre vai se preocupar com a obesidade, mas será que a próxima geração de medicamentos acabará com as empresas tradicionais que oferecem produtos para perda de peso? Os ICRs e as empresas inovadoras estão apostando nessas e em outras tendências de longo prazo enquanto escrevemos este parágrafo.

No romance *O sol também se levanta*, de Ernest Hemingway, perguntam a Mike Campbell como ele foi à falência. Numa frase memorável, ele responde: "De duas maneiras. Gradualmente e depois de repente." Numa única frase, Hemingway resume o perigo de ignorar as tendências de longo prazo. Infelizmente encontramos muitos tipos como Mike Campbell no mundo dos negócios. Não seja um deles.

9.2 Brotando das cinzas

Entre os muitos fundos de capital de risco da SpaceX estava a Sequoia Capital. Na década de 1970, seu fundador, Don Valentine, escolheu o nome

Sequoia como uma referência à árvore que fica mais alta e mais forte com o tempo, e pode viver por mais tempo do que todos nós.[20,21] Entre as sementes que a Sequoia plantou, 23andMe, Apple, DoorDash e Instagram são apenas algumas das que amadureceram e se tornaram árvores imponentes.

A Califórnia é a terra onde gigantes levam tempo para crescer. Na paisagem idílica do Parque Nacional Redwood, não muito distante do Vale do Silício, podemos encontrar as maiores, mais antigas e mais altas árvores do mundo.[22,23,24] A mais alta, batizada de Hyperion, foi descoberta em 2006 pelos naturalistas Chris Atkins e Michael Taylor. Inicialmente, eles mediram sua altura com um laser, mas, para confirmar seu lugar no *Guinness*, alguém escalou a árvore até o topo para medir a distância até o chão com uma fita. A Hyperion levou setecentos anos para atingir duas vezes e meia a altura da Estátua da Liberdade. É claro que, como qualquer outra sequoia, ela começou com uma única semente. Mas uma semente e tempo não bastam. As sequoias precisam de fogo.

Os incêndios florestais podem ser devastadores, deixando para trás milhares de hectares de terra queimada.[25] Mas, como evidência do complexo equilíbrio da natureza, os incêndios também são necessários para a sobrevivência e a reprodução das sequoias. Eles fazem com que os cones das sequoias sequem, abram e liberem sementes que dão origem a futuras árvores. De muitos cones e sementes, apenas uma parcela absurdamente minúscula sobrevive para despontar acima de seus pares.

Incêndios também são devastadores para as cidades. Às 5h12 da manhã de 18 de abril de 1906, São Francisco foi atingida por um grande terremoto; pouco depois, a cidade inteira foi engolfada por incêndios de grandes proporções. Os primeiros abalos fizeram com que Amadeo Peter Giannini, de 35 anos, e sua esposa, Clorinda, pulassem da cama. A casa deles em San Mateo, a 27 quilômetros de distância, tremeu, mas ficou de pé. Giannini era um banqueiro recém-formado que abrira as portas de seu Bank of Italy em São Francisco dois anos antes, em 1904. O incêndio ameaçava transformar seus sonhos em cinzas. Os trens haviam parado de funcionar, então Giannini *caminhou* 27 quilômetros até São Francisco. O prédio do banco estava em completo caos. No entanto, para seu alívio, Giannini encontrou os objetos de valor e os registros intactos. Ele colocou cerca de 80 mil dólares – uma quantia enorme na época – numa carroça emprestada por seu padrasto, cobriu as pilhas de notas com laranjas, para protegê-las de saques, e voltou para casa.

A maioria dos banqueiros de São Francisco disse que precisaria de seis meses para restaurar suas operações devido aos prédios desmoronados, ativos presos e desafios burocráticos. Giannini abriu seu banco no dia seguinte e começou a conceder empréstimos, um aperto de mão de cada vez. Seu banco, agora instalado na orla da devastada San Francisco North Beach, consistia numa simples mesa feita com dois barris de cerveja e uma tábua. Giannini acreditava que a cidade e seu povo se recuperariam rapidamente. Das cinzas cresceriam mais empresas e edifícios mais altos, como as sequoias. Giannini estava pronto para conceder empréstimos sem garantias físicas. Ele fez uma aposta arriscada e de longo prazo... e acertou.

Em sua carreira no setor bancário, Giannini fez muitas apostas não convencionais. Ele atendia imigrantes de origens diversas, mulheres, clientes da classe trabalhadora e fazendeiros. Ofereceu produtos de financiamento incomuns numa época em que os bancos eram um símbolo de prestígio e riqueza. Concedeu a empresas menores o que chamou de "empréstimos de caráter", com base na reputação do cliente. "O pequeno empresário é o melhor cliente que um banco pode ter", disse ele, "porque está do seu lado. Ele começa com você e fica até o fim."[26]

Algumas das apostas de Giannini eram tão pouco convencionais que ele ganhou a reputação de "implacável e imprudente, um dissidente intimidador e impetuoso do setor bancário que trouxe para seu império [...] um impulso competitivo feroz e o desejo de dominar os outros".[27] Alguns disseram que ele era "o banqueiro popular mais amado e mais odiado da Califórnia". O capital fornecido por seu banco teve um impacto duradouro. Ele apoiou Walt Disney em tempos de vacas magras e seu banco financiou o primeiro filme de animação completo da Disney, *Branca de Neve e os sete anões*. Era o banqueiro preferido das vinícolas da Califórnia. Giannini chegou a financiar William Hewlett e David Packard quando a HP ainda funcionava numa garagem.[28] Essa garagem é hoje um marco e o local oficial de nascimento do Vale do Silício.

Quando Giannini faleceu, em 1949, seu banco, com 6 bilhões de dólares em ativos, era o maior do mundo. Continua sendo uma das maiores instituições financeiras globais, hoje conhecida como Bank of America.

A história se repete. No momento do incêndio, literal ou metafórico, a maioria dos investidores foge em pânico, mas alguns continuam a apoiar novas ideias e novos empreendedores. No final de 2008 e início de 2009, sobre as cinzas de uma crise financeira mais contemporânea, muitas empresas começaram a brotar. Muitos recuam quando ocorre uma recessão, as avaliações caem ou um "incêndio" se espalha. Mas os ICRs sabem que as oportunidades mais revolucionárias surgem justamente nessas horas. Pense na Uber, na Airbnb e na Square – empresas que não apenas transformaram os setores de táxi, hotelaria e pagamentos como também enriqueceram seus primeiros investidores, que tiveram a coragem de apostar em ideias absurdamente ousadas quando a poeira ainda não havia baixado. SpaceX, Tesla, HP, Uber e Disney cresceram e se tornaram sequoias de altura recorde. Muitas outras empresas do mesmo calibre, que veremos como grandes sucessos daqui a alguns anos, estão sendo plantadas hoje graças à mentalidade de risco.

É difícil imaginar uma empresa tradicional anunciando grandes projetos de inovação em meio a uma grande recessão. Em vez disso, ouvimos "cortes", "estagnação" e "redução de riscos". Onde a mentalidade tradicional vê encolhimento, os ICRs veem oportunidades.

Bill Gurley, da Benchmark Capital, apresenta essa filosofia de capital de risco em alto e bom som: "A Benchmark nunca muda o ciclo de investimento devido a oscilações econômicas."[29] Num texto publicado em seu site no final de 2022, o investidor Fabrice Grinda descreveu os tempos sombrios que se aproximavam, mas terminou com palavras de otimismo: "Os melhores investimentos em startups da última década foram feitos entre 2008 e 2011. A macroeconomia que importa para as startups é a que ocorrerá daqui a seis ou oito anos."[30] Como disse Sheryl Sandberg: "Se lhe oferecerem um assento num foguete, não pergunte qual assento. Apenas embarque."[31] Esse tipo de pensamento de longo prazo permite que a mentalidade de risco ignore os temores imediatos de queima de caixa para enxergar além do horizonte mais próximo. É preciso um incêndio para que brotem as maiores sequoias do mundo.

9.3 Ativos inestimáveis

"Pai, todo mundo quer te conhecer!" Assim começou a semana de fama de Ilya, quando ele se tornou o pai mais popular da escola de sua filha, no ensino fundamental. Tudo teve início quando ela falou que seu pai era o maior "especialista em unicórnios" do mundo.

Ilya é de fato um especialista em unicórnios, mas não do tipo mítico de um só chifre das lendas medievais.[32,33,34] Aileen Lee, uma investidora de capital de risco do Vale do Silício, escreveu um post em 2013 intitulado "Bem-vindos ao Clube do Unicórnio: aprendendo com startups bilionárias". Esse foi o primeiro uso da palavra "unicórnio" para se referir a uma empresa financiada por capital de risco com uma avaliação superior a 1 bilhão de dólares, a maioria startups extremamente bem-sucedidas. Unicórnios ainda eram raríssimos em 2013. Lee e sua equipe identificaram apenas 39 empresas privadas que pertenciam ao clube. Ilya e sua equipe vêm analisando unicórnios financiados por capital de risco há anos, e o rebanho hoje é muito maior. Enquanto escrevemos esta frase, há mais de mil deles por aí.

A importância dos unicórnios não deve ser subestimada. O valor acumulado de todas as empresas de capital aberto em alguns países pode ser menor do que o de um único unicórnio. Além disso, o valor total estimado de todos os unicórnios privados financiados por capital de risco é de trilhões de dólares. A título de comparação, essa cifra supera o PIB da Índia, do Brasil ou do Reino Unido e beira o da Alemanha. O unicórnio da mitologia virou realidade no mundo do capital de risco, mas não se limita a ele. Atualmente, muitas empresas tradicionais se tornaram criadoras de unicórnios. Embora seja difícil estabelecer um preço para os unicórnios corporativos, eles certamente afetam o valor de suas empresas controladoras. Basta pensar em exemplos como Amazon Web Services, Azure, Post-it ou Disney Parks.

Investidores, CEOs e membros de conselho vivem curiosos para saber como nasce um unicórnio e, mais importante ainda, como encontrar, criar ou reproduzir um. É tudo uma questão de talento, bons contatos e um pouco de sorte? Claro. No entanto, um atributo específico faz dos ICRs os melhores pastores de unicórnios.

Paciência.

O problema dos unicórnios e de outros investimentos de risco é que esses ativos são difíceis de vender. São como pinturas antigas que herdamos dos bisavós: o quadro pode ser de um artista famoso, mas autenticá-lo e vendê-lo não costuma ser fácil. Os investidores que compram ações de empresas de capital aberto podem vendê-las quando quiserem. A vida útil de uma transação de um fundo quantitativo, gerido por algoritmos e inteligência artificial, é medida em milissegundos, se não em nanossegundos. Os *day traders*, como diz o nome, compram e vendem todos os dias. Mas os ICRs ficam presos às suas decisões por anos. Eles sabem que o capital que fornecem às startups ficará retido por muito tempo – mesmo, e talvez principalmente, em caso de sucesso. É raro terem a chance de se desfazer rapidamente de sua participação no unicórnio. Para usar o jargão financeiro, o investimento deles é muito *ilíquido*. Ou, de maneira mais informal, eles não têm para onde fugir.[35]

A falta de liquidez é apenas um dos desafios enfrentados por quem investe em startups. As empresas financiadas por capital de risco também tendem a queimar dinheiro em vez de ganhar. Normalmente, elas não são lucrativas e seu valor está na expectativa de crescimento futuro, não nas receitas atuais ou nos ativos tangíveis existentes. Em consequência disso, elas não pagam dividendos. Na verdade, costumam escoar rios de dinheiro, como uma rua alagada durante um temporal. Um unicórnio levanta, em média, mais de meio bilhão de dólares e depois gasta todo esse dinheiro na esperança de figurar na lista de empresas de capital aberto que deram certo ou então de ser adquirido por um valor extraordinário. Muitas vezes, é preciso esperar anos até que a posse de uma startup possa finalmente ser convertida em dinheiro. Esse marco é chamado de "evento de liquidez", mas os ICRs usam um termo mais simples: *saída*.

Essa palavra não significa que a empresa esteja saindo, mas que os ICRs podem finalmente sair de seus investimentos e, com sorte, obter algum lucro. Para muitos investidores iniciais, a saída é a primeira vez que veem algum dinheiro voltar. A IPO da Palantir Technologies em 2020 foi um sucesso para os primeiros investidores. Eles venderam suas ações com um retorno de três dígitos, mas tiveram que esperar dezesseis anos por isso. A Palantir é um dos mais de 230 unicórnios cujos primeiros investidores precisaram esperar mais de dez anos. Entre todos os unicórnios que abriram o capital, foram necessários, em média, nove anos após sua fundação para que o sino da IPO fosse tocado.[36] Mesmo para as empresas de estágio final financiadas por capital de risco, o prazo médio beira os cinco anos. Levou dez anos para a MongoDB e a Uber, doze para a Eventbrite e a Joby Aviation, e quinze para a DocuSign e a Etsy. E, como vimos anteriormente, a SpaceX se manteve como uma empresa privada por mais de quinze anos.

Em suma, a mentalidade de risco exige muita paciência. É difícil imaginar ativos piores do que os dos ICRs. De verdade. Startups são arriscadas e ilíquidas. Passam muitos anos sem obter lucro e os investidores precisam esperar muito tempo para ter seu dinheiro de volta.

O desempenho de empresas inovadoras costuma ser descrito numa curva em J, no formato de taco de hóquei (Figura 13). A curva ilustra o fato de que a maioria das ideias disruptivas gera apenas perdas no início, com somente uma pequena fração entrando na trajetória de crescimento exponencial. No mundo do capital de risco, a profundidade e a duração do período de perdas são extensas e intensas. As coisas sempre pioram antes de melhorar. É preciso ter nervos de aço para sobreviver à primeira parte de uma curva em J.

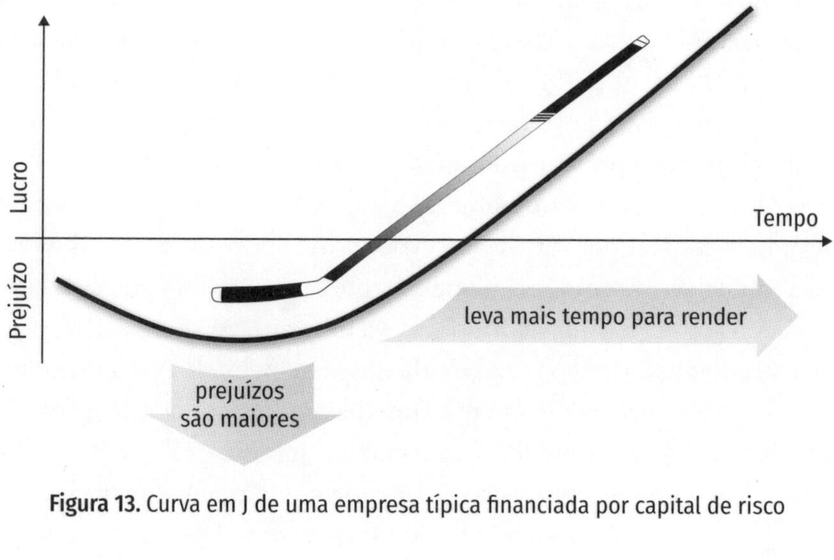

Figura 13. Curva em J de uma empresa típica financiada por capital de risco

Os ICRs bem-sucedidos são bem recompensados por sua paciência. O lado bom é que a avaliação do unicórnio na saída é, em média, de 4 bilhões de dólares – mais de vinte vezes o valor total do capital levantado.[37] No entanto, esses retornos são excepcionais. Os investimentos de capital de risco são como a reluzente carruagem da Cinderela, pois podem se transformar em abóbora a qualquer momento.

A paciência exigida e a impossibilidade de descer do trem no meio da viagem obrigam a mentalidade de risco a pensar de modo diferente dos investidores e líderes tradicionais. Mas o que é realmente notável nos investimentos de capital de risco é que os equivalentes mais próximos do que eles fazem – em muitas camadas – são os projetos corporativos.

A iliquidez, a prolongada falta de lucratividade e a longa espera são fortes características tanto dos investimentos em startups quanto de muitos investimentos corporativos internos arriscados. Inúmeros executivos de muitas empresas com as quais trabalhamos nos ouvem falar sobre os desafios enfrentados pelos ICRs e exclamam: "Uau, isso é assustadoramente parecido com os projetos que precisamos escolher em nosso setor" – seja ele de mineração, construção civil, construção naval ou produtos de consumo. Não faltam exemplos.

Ficar preso a uma ideia ou a um negócio por muito tempo muda o modelo mental. Imagine alugar um carro por uma semana. Você derrama um pouco de refrigerante no assento do motorista – nada de mais, basta passar um lenço de papel e as manchinhas não o incomodarão muito. Com que tipo de gasolina você vai abastecer o carro? A mais barata. Quem se importa? Você é um usuário de curto prazo, e minimizar o custo por dia é sua principal preocupação. Mas toda essa postura muda se você estiver comprando um carro e planejar ficar com ele por vários anos. Você usa critérios de seleção diferentes, limpa as manchas e arranhões imediatamente e usa a melhor gasolina porque se preocupa em proteger o valor do carro a longo prazo.

O pensamento de longo prazo muda nossa maneira de agir. Ele nos torna mais dispostos a incorrer em perdas imediatas. "Devido à nossa ênfase no futuro distante", diz o fundador da Amazon, Jeff Bezos, "podemos tomar decisões e ponderar as compensações de forma diferente de outras empresas."[38] A paciência e o pensamento de longo prazo eliminam da mente as limitações desnecessárias e nos levam a pensar no que pode acontecer com o mundo daqui a cinco, dez ou quinze anos. Eles nos forçam a olhar além da rotina. Levam os ICRs a buscar apostas estratégicas de longo prazo em ideias como tecnologia espacial, carros autônomos e sistema CRISPR. Por outro lado, essas iniciativas se dão ao luxo de não precisar divulgar seus lucros a cada trimestre. Seus investidores costumam ficar muito mais preocupados quando as empresas de seu portfólio apresentam lucros cedo demais. Será que a empresa está sacrificando outras oportunidades de crescimento e, talvez, perdendo a chance de se tornar um unicórnio?

Enquanto os investidores e líderes tradicionais se concentram nos desafios imediatos de lucratividade, os ICRs pensam no potencial de longo prazo. Eles não perguntam aos empreendedores sobre sua participação no mercado atual; eles se preocupam com o tamanho do mercado futuro. Procuram brotos de sequoias e se incomodam menos com incêndios temporários. Sabem também que incêndios e terremotos costumam ser as melhores ocasiões para procurar novas sementes.

À medida que crescem, essas novas sementes podem desestabilizar o mundo, mas, assim como acontece com as sequoias, grandes mudanças podem levar tempo. Foram necessários mais de 65 anos para que a eletricidade chegasse a 90% das residências dos Estados Unidos.[39,40] O telefone, mesmo 35 anos após o início de sua comercialização, era um luxo acessível a apenas um quarto dos americanos.[41] Giannini teve que andar numa carroça a cavalo para salvar seus ativos do Bank of Italy em 1906. E, menos de uma década mais tarde, as grandes cidades americanas tinham mais carros do que cavalos nas ruas.[42]

E, agora, o que vai substituir o carro? Pense na Uber ou no Lyft. Este último se chamava Zimride quando Ann Miura-Ko e Mike Maples, sócios da Floodgate, decidiram investir na empresa em 2010. Eles haviam observado várias macrotendências de longo prazo. O GPS dos smartphones estava se tornando bem mais preciso. Um número suficiente de pessoas tinha smartphones para fornecer uma massa crítica de motoristas e passageiros. "Foi um ponto de inflexão!", exclama Maples. "Se você fizesse essa aposta anos antes, talvez acabasse sonhando alto demais. Se esperasse muito, perderia a oportunidade." Essa visão de longo prazo – e não um desejo de lucro imediato – convenceu Miura-Ko e Maples a apostarem no que se tornaria um dos investimentos mais bem-sucedidos da Floodgate. "Uma startup é uma aposta no futuro que acaba saindo em conta, porque a maioria das pessoas não está disposta a pagar", explica Maples. "Eu me ancoro na incerteza:

quanto mais incerto o futuro, melhor, pois menos pessoas estariam dispostas a correr atrás dele."

Gostaríamos que pessoas de mais empresas, e não apenas ICRs, adotassem essa postura. O paradoxo é que muitas delas apostam no passado e não no futuro, investindo em ideias que já passaram da data de validade.

O que virá depois? Carros sem motorista? Carros voadores? Transporte público mais eficiente? Uma rede de escritórios remotos conectados por meio de salas de realidade virtual? Ninguém sabe, mas os ICRs estão investindo em todas essas ideias. Muitos no mundo corporativo são céticos, e com razão: poucas ideias vão sobreviver. Mas, como lembramos a alunos e executivos, o ceticismo é melhor do que a arrogância. "O cavalo veio para ficar; o automóvel é apenas uma novidade, uma moda passageira", teria dito o presidente do Michigan Savings Bank ao advogado de Henry Ford, Horace Rackham, em 1903.[43] Mais recentemente, em 1999, Steve Riggio, CEO da rede de livrarias Barnes & Noble, declarou: "Ninguém vai nos vencer na venda de livros. Isso simplesmente não vai acontecer."[44] Em 2007, o CEO da Microsoft, Steve Ballmer, afirmou: "Não existe nenhuma chance de o iPhone obter uma participação significativa de mercado. Nenhuma. É um item subsidiado de 500 dólares."[45] "No momento não vislumbramos mudanças tecnológicas para a entrega de curta distância", disse Fred Smith, CEO da transportadora FedEx, em 2017.[46] Como foi que todos esses líderes visionários não enxergaram o ônibus espacial rumo ao futuro?

9.4 Olhando além dos ganhos imediatos

Pensar a longo prazo é uma escolha.

São onze da noite e Alex ainda está no escritório do diretor de operações de uma grande usina de energia. "A única coisa que importa é o horizonte de tempo", declara o executivo, dando um gole em sua Coca Zero. "Você me diz qual é o plano de saída e eu lhe digo o que fazer", sintetiza ele, esmagando a lata e jogando-a no lixo. É a primeira reunião de um projeto de planejamento estratégico.

"Veja, por exemplo, meu programa de reparo e manutenção", continua o executivo. "Meu orçamento de gastos com caldeiras depende de estarmos planejando vender a empresa daqui a três anos ou daqui a dez ou quinze anos." Com um prazo mais curto, explica, ele se preocuparia apenas com a lucratividade imediata e daria ordens a sua equipe para cortar todos os custos possíveis até o limite. Finanças atraentes, em sua opinião, ajudariam a obter um valor mais alto do próximo proprietário. Mas, se souber que os mesmos ativos permanecerão sob sua supervisão por pelo menos uma década, ele muda de rumo. Em vez de cortar custos, decide fazer reformas e reparos na usina.

As pessoas aplicam essa mesma lógica geral na contratação de funcionários, nas decisões de investimento, nos programas de bônus e em muitas outras circunstâncias corporativas, principalmente quando os níveis de incerteza são altos. Por exemplo, vejamos a abordagem das empresas para treinar novos funcionários. Como você já deve ter notado, a qualidade do serviço varia muito de restaurante para restaurante. Alguns garçons sabem muito pouco sobre o cardápio ou a carta de vinhos porque não foram treinados nem motivados a aprender; nem o dono nem os atendentes esperam ficar ali por muito tempo. Mas, se esperassem o contrário, o esforço e o custo do treinamento fariam mais sentido. Davide Oldani, chef-proprietário do famoso D'O, um premiado restaurante em Milão, optou por criar uma cultura diferente da de seus colegas, que desgastam a equipe rapidamente devido às longas horas de trabalho e ao tratamento abusivo.[47] Suas aspirações de longo prazo levam Oldani a pagar à sua equipe salários acima do mercado e a oferecer treinamento contínuo. Como resultado, a rotatividade é excepcionalmente baixa: apenas três pessoas saíram em dez anos. O *Guia Michelin* classificou muito bem o "serviço profissional e entusiasmado" do D'O e recentemente lhe concedeu a cobiçada segunda estrela.

Ou pense nos programas de bônus para funcionários. A primeira pergunta que um funcionário pode se fazer é: "Será que ainda vou estar aqui quando pagarem o bônus?" Olhe ao seu redor e você vai se surpreender com a quantidade de decisões influenciadas pelo horizonte de tempo. Várias parecem vantajosas a curto prazo, mas podem levar a resultados desastrosos num futuro distante, inclusive à falência.

Quem poderia prever que a promessa de ganhar 1 bilhão de dólares seria o começo do fim? Numa reunião de rotina para discutir os resultados trimestrais, um CEO instigou os analistas de Wall Street ao prometer que a rede social da empresa atingiria a incrível marca de 1 bilhão de dólares em receitas no ano seguinte. Logo no início, quatro anos antes daquela importante reunião, a plataforma havia batido todas as metas. Levou apenas alguns meses para conquistar milhões de usuários ávidos no mundo todo. Em pouco tempo, havia 5 milhões de pessoas registradas. No ano seguinte, a plataforma atraiu mais tráfego do que o Google, com o número de usuários chegando a quase 100 milhões. A empresa chegou a fechar um contrato de parceria exclusiva de publicidade com a Google no valor de 900 milhões de dólares, um dos maiores negócios da história envolvendo mídias digitais até então.

Até que a maré virou.[48] Pais e mães começaram a culpar a plataforma pelo suicídio de seus filhos e casos de abuso sexual. A empresa foi flagrada compartilhando com anunciantes dados pessoais de usuários, inclusive seus nomes e fotos de perfil. Os processos judiciais começaram a se acumular. O site tinha bugs. Adolescentes perderam o interesse e pararam de se registrar. Spams proliferavam, desde pedidos de casamento aleatórios até solicitações de amizade supostamente enviadas por garotas se exibindo em webcams. "Um lugar para amigos" se transformou num caos. "Delete sua conta" virou o lema por trás da raiva dos usuários.[49]

Se a história lhe parece familiar, pense mais um pouco. Não estamos descrevendo o Facebook, mas seu antecessor, o MySpace. Mencionamos o MySpace no Capítulo 2, quando contamos que o ICR Paul Madera e seus sócios tiveram que interromper a proposta de investimento quando o conglomerado de mídia News Corporation adquiriu a rede social em 2005 por mais de meio bilhão de dólares. O CEO que disse que ficaria surpreso se a empresa não atingisse 1 bilhão de dólares no prazo de um ano era Rupert Murdoch.[50] O MySpace tinha gerado menos de 100 milhões de dólares em receita no ano anterior. Em pouco tempo faliu e foi vendido por apenas 35 milhões.[51]

Filho feio não tem pai. Embora seja difícil apontar uma razão para o desastre do MySpace, muitos concordam que a promessa de curto prazo de 1 bilhão de dólares feita por Murdoch naquela infame reunião foi o último prego no caixão. "O chefe disse que temos que fazer 1 bilhão de dólares", lembrou o ex-vice-presidente de marketing on-line do MySpace, Sean Percival, "então acho que precisamos fazer 1 bilhão de dólares."[52] Diante da meta superestimada de aumentar os rendimentos do ano seguinte, os executivos se concentraram em maximizar a receita de publicidade à custa de aprimorar a tecnologia subjacente e de estimular o engajamento dos usuários. O acordo com a Google exigia que o MySpace garantisse a entrega de um determinado número de cliques nos anúncios por ano, exacerbando ainda mais o estado de espírito imediatista.[53] Enquanto o Facebook estava desenvolvendo a usabilidade de seu produto, o MySpace era lento, confuso e cheio de anúncios irritantes. O foco total em metas imediatas de receita acabou com as chances de sucesso a longo prazo.

A história do MySpace teve muitos perdedores, mas houve quem ganhasse com ela. Dois fundos de capital de risco, VantagePoint Capital Partners e Redpoint Ventures, tinham investido inicialmente cerca de 15 milhões de dólares cada no MySpace e saíram quando o império de Rupert Murdoch adquiriu a startup. Obtiveram saudáveis retornos nove e três vezes superiores ao investimento inicial, respectivamente. Mas esses investidores estavam longe de se sentir satisfeitos. Geoff Yang, sócio da Redpoint, se opôs veementemente à venda para a News Corp em 2005 e acredita que o novo proprietário destruiu o valor de um grande ativo.[54] A maioria das pessoas estaria nas nuvens depois de triplicar seu dinheiro em poucos meses, mas Yang, não. Sua mentalidade de risco não se concentrava nos ganhos imediatos, mas sim na oportunidade de longo prazo perdida. Ele preferia que sua jornada tivesse sido do segundo tipo.

A mensagem da mentalidade de risco para os líderes das empresas que compõem seu portfólio é alta e clara: tomem decisões que privilegiem o valor de longo prazo e demonstrem progresso em direção a essa meta nos próximos seis a doze meses. É necessário algum progresso, pois os ICRs raramente oferecem mais dinheiro antes que alguns marcos sejam atingidos, mas a ênfase está na longa trajetória, não num retorno rápido.

Nas empresas tradicionais, impor esse pensamento de longo prazo é difícil, mas fundamental. Uma plateia de cem pessoas não conseguiu conter o riso quando viu recentemente a mensagem provocativa num de nossos slides que dizia que uma iniciativa corporativa de capital de risco só funciona de verdade se sobreviver a pelo menos dois CEOs. Os cem espectadores eram os principais líderes de um banco com 25 mil funcionários e participavam do nosso workshop "Empreendedores digitais" enquanto se preparavam para lançar produtos financeiros inovadores. O CEO do banco estava entre os participantes que riram. Ele havia sido nomeado para liderar o banco apenas dois anos antes. Será que muitas das iniciativas de inovação do CEO anterior haviam sobrevivido até aquele workshop? Você sabe a resposta.

O mandato médio dos CEOs de grandes empresas nos Estados Unidos é de cerca de sete anos.[55,56] O horizonte de tempo dos investimentos de capital de risco é de cinco a dez anos, em média. Será que isso poderia explicar o fracasso de tantos programas de inovação corporativa?

O pensamento de curto prazo está disseminado na mentalidade tradicional. Os orçamentos são projetados para um ano. Prazos de retorno um pouco mais longos provocam cenhos franzidos. Executivos adoram discutir a curva em J, mas tendem a ignorar o fato de que ela é menos empolgante e, muitas vezes, dolorosa. Quase quatro em cada cinco diretores financeiros abririam mão do valor econômico em troca de ganhos suaves.[57] Quando Ilya e sua colega de pesquisa Amanda Wang estudaram mais de 160 departamentos de capital de risco corporativo de grandes empresas globais, descobriram que mais da metade tinha em vista metas inferiores a dois anos e que seus orçamentos eram aprovados a cada ano ou a cada negócio. Essa é uma triste imagem da mentalidade tradicional que atropela as oportunidades oferecidas pela mentalidade de risco.

Empresas financiadas por capital de risco estão protegidas do escrutínio trimestral de Wall Street. Os ICRs observam seus investimentos de perto, mas esse exame é voltado para um horizonte mais distante. Eles raramente se assustam com uma perda trimestral, a menos que isso indique que as promessas de longo prazo não serão cumpridas. Shai Bernstein, hoje em Harvard, afirmou num artigo de 2015 que, quando as empresas privadas abrem o capital e começam a enfrentar a pressão dos investidores por resultados rápidos, seus melhores inventores tendem a sair e os que permanecem produzem menos patentes em comparação com os inventores de empresas que tiveram que permanecer com o capital fechado por algum motivo.[58] Patentes talvez não sejam a melhor medida de inovação, mas servem como bom indicador dos esforços de pesquisa e desenvolvimento de uma empresa. Bernstein também afirmou que, depois que abrem seu capital, as empresas aplicam menos recursos em investimentos visionários em P&D.

Algumas empresas bem estabelecidas sabem como pensar a longo prazo. "Gostamos que as coisas funcionem em cinco a sete anos", disse Jeff Bezos.[59,60] Ele vive de acordo com esse mantra e dá um prazo longo o suficiente para permitir que novos negócios, como AWS, Amazon Go e Alexa, ganhem velocidade. Seja qual for a complexidade, a empresa busca uma visão de longo prazo e grandes ambições. "Estamos dispostos a plantar sementes e deixá-las crescer", diz Bezos. "Talvez não dê para saber se uma delas vai se transformar num carvalho, mas pelo menos sabemos que isso é possível." Deixe que a mentalidade de risco o inspire. Complemente seus orçamentos anuais com planos de três a dez anos. Ao estender a linha do tempo, você vai sentir a atmosfera mudar. Distanciar-se dos desafios imediatos fará com que seu próximo orçamento anual esteja mais sintonizado com riscos e oportunidades de longo prazo.

Você está inserido numa cultura corporativa conservadora e cética? Em nossas palestras com executivos costumamos fazer o exercício *pre-mortem*. Pedimos aos participantes que imaginem que sua empresa não existe mais daqui a cinco ou dez anos, e que identifiquem os principais fatores que levaram ao seu hipotético fim. Também pedimos que apontem uma empresa que possa ter sido responsável por essa derrocada. Por fim, perguntamos o que pode ser feito para evitar a tragédia. Exercícios como esse, que despertam a mentalidade de risco, inevitavelmente mudam o tom do debate.

Algumas empresas de setores tradicionais entendem muito bem o jogo de longo prazo. Tratores agrícolas e colheitadeiras podem não parecer, à primeira vista, produtos tecnológicos inovadores. Mas a John Deere, companhia líder no setor de equipamentos agrícolas, começou a fazer apostas de longo prazo já em 2002, quando lançou os primeiros tratores com recursos autônomos.[61] A empresa percebeu que o mundo estava fervilhando, com a expectativa de que a população global tivesse um aumento inacreditável de 2 bilhões de pessoas até 2050. Esse aumento poderia colocar ainda mais gente em risco de fome, que já afeta um em cada dez humanos no planeta. Assim, em 2017 a John Deere fez uma aposta de longo prazo ao adquirir uma empresa chamada Blue River Technology, que utiliza o poder da visão computacional para fazer o desbaste preciso da alface. A John Deere também empossou o CEO e cofundador da Blue River, Jorge Heraud, como chefe de sua agenda de automação. Mais precisão, menos desperdício e maior rendimento eram os resultados esperados, mas isso levaria tempo. Em 2022, a John Deere anunciou outra nova aposta na montagem de um trator inteiramente robótico. Essa filosofia de "pé no chão, olho no horizonte" funciona para uma empresa que não está buscando lucro rápido. Para reforçar essa meta, o então presidente da John Deere, Sam Allen, disse em 2016 que perguntaria a seus colegas: "Onde vocês querem que a empresa esteja daqui a dez ou vinte anos?" É muito pouco provável que essas apostas se materializem em receitas adicionais de 1 bilhão de dólares para a John Deere no próximo ano, mas podem muito bem ajudar a empresa a ter sucesso em meio à disrupção da tecnologia agrícola que está impactando esse setor tão crucial para a economia.

Mas será que o pensamento de longo prazo se restringe apenas a grandes protagonistas da economia americana? De forma alguma. O Kaspi.kz deixou de ser um banco tradicional e se transformou drasticamente numa empresa de tecnologia bem-sucedida e multifacetada.[62] Essa instituição financeira originalmente conservadora do Cazaquistão (ridicularizado pouco tempo atrás pelo comediante Sacha Baron Cohen com seu personagem Borat) surpreendeu muita gente com seu modelo de negócios inovador e seu foco de longo prazo. Os líderes da empresa estavam entre os primeiros no mundo a perceber que os consumidores preferem gerenciar a vida com apenas alguns cliques no celular. O superaplicativo que surgiu daí, que combina serviços de pagamento com comércio eletrônico e produtos financeiros, tornou o Kaspi.kz uma das maiores empresas de capital aberto da Ásia Central. Com uma mentalidade de "pensar a longo prazo", empresas conseguem criar produtos duradouros e inovadores.

Talvez você nunca tenha usado o aplicativo Kaspi.kz, mas é muito provável que tenha usado o Acrobat Reader ou o Photoshop, produtos da Adobe, a gigante de softwares com mais de 15 bilhões de dólares em receita.[63] Em 2013, a empresa enfrentou um desafio existencial quando anunciou que não venderia mais a versão física de seu conjunto de softwares Creative Suite, com preços acima de mil dólares. Em vez disso, os clientes teriam que fazer uma assinatura mensal de 50 dólares. Os usuários chamaram o modelo de "heroína digital" e ficaram revoltados. Mais de 30 mil pessoas assinaram uma petição no Change.org para reverter a transição. Com a taxa inicial mais baixa e os usuários irritados, as receitas de curto prazo sofreram um golpe. Mas a liderança da Adobe estava firme: eles haviam feito uma longa aposta na computação em nuvem e no modelo de software como serviço. A mudança para a nuvem foi uma dor temporária com ganhos de longo prazo.

É excepcionalmente difícil para a gestão de uma empresa sacrificar a receita de curto prazo ou os indicadores de lucratividade em troca de um sucesso futuro. Mas isso não é um desafio apenas para executivos de alto escalão.

9.5 Quanto mais marshmallows, melhor

Talvez você conheça o famoso experimento do marshmallow, no qual o psicólogo Walter Mischel, de Stanford, convidou crianças de 4 anos a escolher um marshmallow, um pretzel ou um cookie de uma bandeja.[64] Depois as crianças precisavam escolher entre duas opções claras: um marshmallow (ou a outra guloseima de sua preferência) agora, ou dois se esperassem sozinhas naquela sala por quinze minutos sem comer o doce. O que você teria feito?

Algumas crianças colocavam o marshmallow na boca no instante em que o adulto fechava a porta; outras esperavam... e esperavam... e finalmente, depois de quinze longos e dolorosos minutos, recebiam seu merecido prêmio. Entre no YouTube, digite "teste do marshmallow" e você vai ver uma versão moderna do estudo original, em que as crianças lutam para vencer o desejo de colocar instantaneamente o doce na boca. Menos da metade consegue resistir à tentação, enquanto as demais sucumbem ao desejo de gratificação imediata. Em outro experimento parecido, um menino separou cuidadosamente duas metades de um biscoito Oreo, lambeu o creme entre elas, colocou-as de volta na mesa e esperou para receber sua recompensa! Todas as crianças queriam a guloseima extra e muitas preferiram o ganho de curto prazo, mas outras conseguiram esperar pacientemente pelo resultado futuro.

O que realmente tornou esse experimento famoso foram os estudos subsequentes realizados anos depois.[65] As crianças que aos 4 anos conseguiram adiar a gratificação por quinze minutos tiveram melhores resultados em termos de desempenho acadêmico, habilidades sociais e controle do estresse. No SAT, exame de admissão às universidades americanas, elas tiveram uma pontuação consideravelmente mais alta do que aquelas que só conseguiram esperar trinta segundos.

Meio século de pesquisas posteriores confirmou as descobertas originais de que as crianças que exerciam autocontrole o faziam de maneiras específicas e previsíveis.[66] Elas tomavam a iniciativa de desviar sua atenção do ganho de curto prazo – o delicioso marshmallow – para outras atividades. Algumas desviavam o olhar e fechavam os olhos. Algumas brincavam. Outras chutavam as cadeiras e a mesa. Algumas cantavam ou até mesmo tiravam um cochilo. Ficar olhando para o marshmallow pensando nas recompensas de curto e longo prazos não era útil. Optar pela espera depende não apenas de força de vontade, mas também de estratégias de enfrentamento. Evite pensar na recompensa final, mantenha a paciência e você receberá o dobro. Aqueles que foram instruídos a pensar em coisas divertidas conseguiram esperar muito mais tempo. Estudos experimentais mais recentes descobriram outras maneiras de lidar com a situação. Por exemplo, colocar as crianças em pequenos grupos as ajuda a encontrar melhores estratégias para exercitar a paciência.

Encontrar estratégias que funcionem contra a visão de curto prazo é um desafio. A valorização de recompensas imediatas em detrimento das de longo prazo está incorporada em nosso modo de tomada de decisões, tanto em adultos quanto em crianças. O desconto de recompensas futuras é um mecanismo-padrão de avaliação em finanças, baseado na simples ideia de que 100 dólares hoje valem mais do que 100 dólares daqui a um ano. Mas e se as pessoas preferirem 100 dólares hoje a 150 dólares em um ano? Pesquisas demonstraram que a maioria das pessoas toma decisões com base em taxas de desconto surpreendentemente altas. Num estudo, John Warner e Saul Pleeter usaram os cortes militares do início dos anos 1990 para examinar as decisões de mais de 65 mil oficiais do Exército americano, que puderam escolher entre um grande pagamento único e um pagamento anual.[67] A maioria optou pelo pagamento único, apesar de a outra opção ser mais vantajosa com base nas taxas vigentes na época, o que indicava uma taxa de desconto muito alta.

A impaciência é apenas um fator dessa equação. Os pesquisadores usam uma expressão especial, "desconto hiperbólico", para se referir a decisões em que a gratificação imediata implica uma taxa de desconto alta demais, mas que é subestimada quando as pessoas pensam num futuro distante. O desconto hiperbólico está por trás de muitas decisões. Trabalhadores impacientes que sofrem com o "hiperbolismo" procuram com menos empenho um novo emprego.[68] Um grau maior de hiperbolismo impaciente está relacionado também à obesidade e ao alcoolismo.[69]

"O mercado de ações é um dispositivo para transferir dinheiro dos 'impacientes' para os 'pacientes'", brincou Warren Buffett. Buffett e seu sócio de longo prazo, Charlie Munger, são bem conhecidos por adiar a gratificação.[70] No entanto, no líquido mercado de ações, os ganhos de curto prazo podem ser grandes. Para prosperar em seu mundo ilíquido, os ICRs aprendem a ignorar os ganhos imediatos (um marshmallow hoje) em troca do sucesso de longo prazo e, por fim, de uma saída lucrativa (dois ou talvez até dez marshmallows no futuro).

De modo semelhante às estratégias que as crianças usam para controlar seu desejo imediato de comer um marshmallow, os ICRs bem-sucedidos não pensam constantemente na futura saída das empresas de seu portfólio. Steve Vassallo, sócio-diretor da Foundation Capital, nos contou que, em 2014, liderou o investimento de sua empresa na startup de pagamentos Stripe. Alguns anos depois, a avaliação havia triplicado e eles receberam uma oferta para vender suas ações. Alguns dos sócios de Steve podem ter ficado tentados, mas não ele. "É uma empresa de importância geracional", nos disse ele. "Talvez tenhamos que esperar mais de quinze minutos pelo segundo marshmallow, mas a recompensa será ainda mais doce." As ofertas continuaram a chegar à medida que a avaliação atingia novos patamares. Enquanto o marshmallow crescia diante de seus olhos, Vassallo esperava pacientemente. Por fim, ele vendeu parte de sua participação a uma avaliação de 110 bilhões de dólares, obtendo um retorno trinta vezes maior. Vassallo tirou disso duas lições: "A disciplina de dizer *não* agora é de vital importância, seja para crianças obstinadas ou para ICRs. Mas também, em algum momento, você tem que comer o marshmallow. Esperar para sempre não é uma opção."

O que mais importa para os ICRs é o trabalho diário de ajudar os empreendedores a aumentar o valor da empresa e atingir os marcos que a coloquem em posição de crescimento de longo prazo. Eles sabem que a saída vai acontecer algum dia, mas se concentram na jornada, não no destino.

O mesmo se aplica a grandes decisões na nossa vida. Sempre que ex-colegas e alunos nos perguntam sobre opções de carreira, nossa resposta é a mesma: "Concentre-se no seu valor de longo prazo e dê menos importância às métricas imediatas, como salário inicial ou bônus de contratação." Esses são os equivalentes adultos de um marshmallow agora. Todos nós temos que pagar nossas contas e, portanto, o salário não pode ser ignorado, mas não caia na armadilha do curto prazo. Exercite a mentalidade de risco. Sua carreira é provavelmente um dos projetos mais importantes e empolgantes em que você está trabalhando. Pense mais à frente.

Da próxima vez que você se deparar com uma decisão importante, lembre-se da postura do capitão James Cook quando seu navio se aproximava da Ilha de Páscoa, na Polinésia. Cook e seus homens encontraram uma terra árida, três ou quatro canoas quebradas e algumas centenas de pessoas, cujo idioma eles não conheciam, habitando aquela ilha três vezes maior que Manhattan. Não havia nenhum sinal de árvores. Mas eles encontraram centenas e centenas de grandes estátuas, "com cinco metros de altura e dois de largura", feitas de rochas vulcânicas, espalhadas por grandes áreas. "Não conseguíamos imaginar como aqueles ilhéus [...] tinham sido capazes de criar figuras tão estupendas", escreveu Cook em seu diário de 1774.

As estátuas eram indícios de uma civilização mais próspera e mais populosa em épocas anteriores. A ilha, antes repleta de milhões de árvores, havia perdido todas elas. O mistério da Ilha de Páscoa deu origem a muitos enigmas históricos e desempenhou um papel de destaque nas recentes narrativas de desastres ecológicos, como as histórias de Jared Diamond sobre o colapso de sociedades.[71] Muitos cientistas acreditam que o método de corte e queima praticado pelos agricultores da Ilha de Páscoa provocou o desastre. No curto prazo, a queima de florestas disponibilizou mais terras para o cultivo e o sustento da crescente população, mas, a longo prazo, foram necessárias apenas algumas gerações para que todas as árvores desaparecessem. Será que a civilização humana está vivendo hoje um experimento do marshmallow em grande escala, que se estende por gerações, não por minutos?

Se você quiser fazer um teste do marshmallow com Ilya ou Alex, a melhor isca não será uma guloseima (a menos que seja um vinho doce). Como colecionador de vinhos finos, Ilya costuma levar amigos à sua adega, um lugar frio onde os convidados sempre perguntam: "Qual é a garrafa mais valiosa que você tem aqui?" A resposta de Ilya: "É aquela que os meus bisnetos vão abrir!"

Um bom vinho exige paciência. Sempre que Ilya compartilha uma garrafa de 1941 com seu pai, que nasceu naquele ano, ou brinda à memória de sua avó com um Madeira de 1916, momentos especiais surgem. E não há nada que supere a gratificação tardia de segurar uma taça com o líquido dourado do Rüdesheimer Apostelwein, o vinho doce feito com uvas Riesling colhidas nas colinas íngremes com vista para o Reno no ano de 1727 (o vinho, degustado no Bremen Ratskeller em 2018, estava sensacional!). É claro que, embora alguns se beneficiem desse longo envelhecimento, a maioria dos vinhos se transforma num vinagre intragável. Os riscos estão à espreita em cada esquina e em cada prateleira. Esperamos que os netos e bisnetos de Ilya se divirtam ao ler este parágrafo como uma mensagem do passado enquanto abrem uma garrafa de vinho guardada para eles há tantas luas. Ou, talvez, eles prefiram beber vinhos provenientes de adegas orbitais, se os futuros inovadores espaciais tomarem nota de um estudo recente que mostra que o vinho tinto envelhece mais rápido no espaço do que na Terra.[72]

Qual é a *sua* aposta de longo prazo?

CHECKLIST DA MENTALIDADE DE RISCO

- ☐ Os acionistas da sua empresa se sentem confortáveis em fazer investimentos em ideias com um horizonte de tempo de cinco a dez anos?
- ☐ O valor de longo prazo do projeto ou da iniciativa é levado em conta, ou o foco principal é exclusivamente a lucratividade imediata?
- ☐ Os incentivos dos gestores são centrados na lucratividade ou no valor da empresa?

Conclusão

"Prontos para sentir que estão furtando uma loja?", perguntou Alex baixinho, em tom de brincadeira, a um grupo de executivos enquanto eles cruzavam os corredores do estabelecimento rumo à saída. Os executivos participavam de um projeto de Stanford e estavam aproveitando uma viagem de fim de semana a Seattle. A loja não tinha filas, nem caixas registradoras, nem mesmo atendentes.

Era meados de 2018, e a primeira loja Amazon Go tinha enfim sido aberta ao público. Que experiência surreal quando pegamos os produtos e saímos sem interagir com um único funcionário! Nada de confusão, nada de filas, nada de perda de tempo, mas muito medo entre as principais redes varejistas. Será que fazer compras nunca mais seria a mesma coisa?

Poucos dias depois, os mesmos executivos faziam anotações nas palestras de Ilya sobre disrupção e inovação corporativa, dominando os princípios da mentalidade de risco. "Não tenha medo", Ilya concluiu sua mensagem. "Assuma a liderança no jogo da inovação." Um dos alunos de Ilya que havia participado da viagem de campo a Seattle, Tomasz Blicharski, levou esse conselho a sério. Apenas três anos depois, a Żabka, principal varejista polonesa, lançava sua primeira loja sem caixas sob a liderança de Blicharski.[1,2] Dois anos depois, a rede de lojas de conveniência Żabka Nano ultrapassou a Amazon na corrida europeia das lojas autônomas. O título de Blicharski é diretor-administrativo da Żabka Future. Ele e sua equipe são literalmente responsáveis pelo futuro. A melhor maneira de prever o futuro é criá-lo.

"Eu me senti inspirado a correr riscos, a transformar a empresa e realmente prepará-la para o futuro usando os princípios que aprendi", disse Blicharski cinco anos mais tarde. "A loja sem caixas é apenas um dos muitos projetos que lançamos para melhorar a experiência do cliente." Tudo começou com a decisão de economizar o tempo do cliente, o oposto do que os varejistas costumam desejar: mantê-lo dentro da loja pelo maior tempo possível. "Pense nas lojas de conveniência como geladeiras. Você não quer passar muito tempo dentro dela, certo?" Hoje, uma visita às lojas autônomas da Żabka Nano leva, em média, menos de um minuto – cinquenta segundos, para sermos exatos.[3] Quanto tempo durou sua última ida a uma loja de conveniência?

A Żabka se tornou um exemplo emblemático do que a tecnologia e a mentalidade de risco podem alcançar. É compreensível que muitos executivos tenham medo do ataque da disrupção; outros se tornam aprendizes ávidos e construtores corajosos. Os líderes inovadores de empresas tradicionais aprendem com as startups. Mais importante ainda: eles aprendem com os ICRs que tornam as startups possíveis e adotam a mesma mentalidade deles. Em vez de ignorar as mudanças em grande escala, esses líderes as definem.

A batalha da automação no mundo atual está longe do fim. A Żabka ultrapassou a Amazon na Europa, mas a Amazon ainda é uma máquina gigante de inovação. A John Deere apresentou o primeiro trator totalmente autônomo em 2022, mas em breve poderá enfrentar a dura concorrência de empresas como Tesla ou Waymo. A Microsoft é uma geração mais velha que a Google, mas hoje está ameaçando o gigante das buscas em seu território.

Empresas tradicionais podem e conseguem contra-atacar com sucesso seus concorrentes mais novos. Elas geralmente são mais capazes, têm amplos recursos, melhor acesso a capital e uma grande base de clientes para ajudá-las a superar startups financiadas por capital de risco e outros recém-chegados a seus setores. Entretanto, o que muitas vezes lhes falta é a mentalidade certa – mais especificamente, a mentalidade de risco. Quanto mais líderes corporativos a adotarem, mais unicórnios, decacórnios e centacórnios surgirão sob o teto de uma empresa.

No mundo da inovação, não há um livro de receitas com modos de preparo bem definidos para o progresso, mas há princípios e mecanismos orientadores que, se implementados, aumentam as chances de sobrevivência e sucesso. Esses princípios foram aprendidos e aperfeiçoados pelos mais experientes apoiadores da inovação: os investidores de capital de risco. E também devem ser aplicados em outros lugares. Neste livro, detalhamos os princípios mais importantes. Evitamos fazer um debate minucioso sobre como aplicar esses princípios a um setor ou tecnologia específicos, por vários motivos. Em primeiro lugar, aplicações específicas costumam exigir personalização, como testemunhamos repetidas vezes em nosso trabalho de consultoria com inúmeros líderes corporativos. Em segundo, o sucesso de cada tática é fortemente afetado pela qualidade da execução. E, em terceiro, setores e tecnologias específicos podem se transformar ou desaparecer pouco tempo depois de este livro chegar às prateleiras (se é que ainda existirão prateleiras). Os aplicativos mudam; os princípios orientadores da mentalidade de risco, não. Descobrimos que desenvolver a inovação internamente, da maneira adequada, pode ser até mais impactante do que alinhar uma série de aquisições. As equipes de capital de risco corporativo podem descobrir seus Zooms e trazer mudanças importantes para as empresas – ou, se não souberem fazer isso direito, podem ser um completo desperdício de tempo, esforço e dinheiro.

Os ICRs estão bem cientes de que, quando determinada ideia aparece na capa de uma revista de negócios, o jogo já está muito adiantado. Para o público em geral, o ChatGPT se tornou um sucesso no início de 2023. Mas a startup por trás dele, a OpenAI, foi fundada em 2015 e, com o financiamento do capital de risco, se tornou um unicórnio em 2019. A empresa de carne vegana Impossible Burger figurou na lista das cem melhores invenções da *Time* em 2019; financiada por capital de risco, ela foi fundada em 2011 e alcançou o status de unicórnio em 2016. Os ICRs estão descobrindo ideias discretamente muito antes de elas ganharem ampla atenção. Tanto a OpenAI quanto a Impossible Burger estavam, desde o início, na lista de empresas financiadas por capital de risco que Ilya analisou em Stanford. Até mesmo grandes empresas de setores similares as ignoraram ou ridicularizaram até que provavelmente fosse tarde demais.

O que começa com ignorância logo se transforma em medo. Em nossos workshops, costumamos mostrar aos executivos um simples mapa de calor dos unicórnios, recentes e futuros, em seus setores. Essa visão panorâmica mostra onde está ocorrendo a mudança, para onde o capital de risco está fluindo e que tipos de alteração um determinado setor pode esperar na próxima década. Esse gráfico simples muitas vezes provoca calafrios nos executivos, pois seu setor de negócios confiável, com fluxos de caixa estáveis e acionistas satisfeitos, é retratado como um alvo vulnerável à possível disrupção. No entanto, ter fome de aprender e construir é muito mais produtivo do que reagir com medo e na defensiva. Se os ICRs conseguem identificar essas oportunidades emergentes, por que você não poderia fazer o mesmo?

A pesquisa de Ilya mostra que a principal regra no mundo da inovação é a ausência de regras rígidas. Os unicórnios são extremamente diversificados e é difícil prever quais startups, dentre milhares e milhares de candidatas, vão produzir tendências. Muitas têm sede no Vale do Silício, mas muitas estão localizadas em outras regiões. Os fundadores podem ser jovens que largaram a universidade ou ex-executivos experientes. Ter um diploma de uma importante instituição acadêmica americana certamente ajuda, mas muitos unicórnios são fundados em outros países ou por imigrantes que chegaram com diplomas do mundo todo. Ser um ex-aprendiz da Google, da Amazon ou da McKinsey também ajuda, mas não garante o sucesso. Nessa área, a imprevisibilidade é previsível. Essa é a beleza do mundo que os ICRs dominaram. E qualquer um pode ganhar se fizer a aposta certa.

A aposta certa começa com as pessoas, suas decisões e suas mentalidades. A inovação geralmente surge nos cargos mais baixos, não na sala dos fundadores e altos executivos. O lendário Steve Jobs não estava nem mesmo ciente do projeto experimental que levou à criação do iPhone.[4] Além disso, ele quase rejeitou a ideia, mas a equipe que trabalhava nela o convenceu a lhe dar continuidade. Howard Schultz era diretor de marketing da Starbucks quando, após uma viagem de negócios à Itália, teve a ideia de vender bebidas cafeinadas, além de café em grãos.[5] Se os fundadores originais da Starbucks tivessem visto o enorme potencial de uma rede de cafeterias, sua história poderia ter sido bem diferente. Em vez disso, Schultz fundou sua empresa e depois comprou a Starbucks, transformando-a na maior rede de cafeterias do mundo.

A Nintendo poderia ter sido apenas uma fabricante de cartas de baralho.[6,7] Mas, graças a Gunpei Yokoi, contratado em 1965 como engenheiro de manutenção da linha de montagem, tornou-se uma lendária empresa de videogames, famosa por seus jogos Mario e seu console. Como isso aconteceu? O neto de um fundador da Nintendo percebeu o talento criativo de Gunpei Yokoi. Quando Yokoi perguntou a ele "O que você quer que eu faça?", a resposta foi "Algo fantástico". E Yokoi de fato criou algo fantástico, incluindo o sistema portátil Game & Watch e o Game Boy. A Nintendo, fundada no século XIX, encontrou um caminho lucrativo para o século XXI apenas porque se reinventou várias vezes. Muitas outras empresas, como Disney, Lego e 3M, lançaram mão da mentalidade certa para se reinventar. Acreditamos, sinceramente, que as empresas tradicionais podem acompanhar as mudanças geracionais que exigem reinvenção, mas, para isso, elas precisam de líderes e membros da equipe com a mentalidade correta.

É por aí que você precisa começar – as pessoas e suas mentalidades. Assim como o sistema operacional do seu smartphone requer atualizações periódicas, seu pessoal precisa de uma reinicialização de vez em quando. Para fazer isso, uma das empresas com as quais trabalhamos realizou um workshop especialmente projetado para seus vice-presidentes recém-nomeados. A lógica era que o que havia permitido que os participantes se tornassem VPs talvez não os tornasse grandes líderes em toda a organização, capazes de reinventar o negócio. Uma empresa familiar dedicou recursos a moldar a mentalidade da geração mais jovem antes de dar a ela o controle total da companhia e a chance de reinventá-la. Muitas outras escolhem cerca de cem dos seus líderes atuais e futuros para um treinamento destinado a semear a mentalidade de risco por todos os departamentos e munir as pessoas mais motivadas das ferramentas certas. É preciso uma única pessoa para que uma ideia surja, mas são necessárias muitas para transformá-la em realidade.

Com uma nova mentalidade apoiada nos nove princípios que examinamos, funcionários, membros da diretoria, acionistas e proprietários de todas as gerações podem ver o cenário de uma perspectiva diferente. Quando percebeu que a tecnologia poderia transformar todo o setor de varejo, Tomasz Blicharski começou a correr atrás de ideias inovadoras que tivessem um impacto extraordinário. Algumas ideias, como a Żabka Nano, deram certo; muitas outras fracassaram, mas isso não diminuiu a motivação de sua equipe. Por quê? *Golaços importam, bolas fora, não!* Enquanto Blicharski compartilhava sua história conosco, ele estava prestes a embarcar num avião, mais uma vez para o Vale do Silício, em busca de novas ideias e inspirações. *Sair das quatro paredes* ainda é seu mantra.

Em nossa jornada até aqui, conhecemos muitos heróis como Blicharski e compartilhamos algumas dessas histórias com você. Aprendemos que sempre há uma pessoa e uma equipe por trás de qualquer inovação. A JetBlue Technology Ventures não teria sido possível sem Bonny Simi *preparar sua mente.* Alan George Lafley capacitou a Procter & Gamble a criar um grande fluxo de ideias apenas para que algumas sobrevivessem, ao *dizer "não" cem vezes.* O superlaboratório de Robert Langer não seria possível sem sua crença de *apostar no jóquei.* Nicolas Sauvage, da TDK Ventures, usa o princípio de *concordar em discordar* na busca de novas ideias para inovar numa empresa japonesa quase centenária. Astro Teller e sua equipe da X projetaram o processo de *dobrar a aposta ou desistir* mirando na próxima Google. *Fazer o bolo crescer* funcionou bem para a fabricante C.H.I. Overhead Doors graças a Pete Stavros, sócio da KKR. Jorge Heraud levou muitos anos para anunciar um trator inteiramente autônomo numa feira de inovações em Las Vegas desde o momento em que começou a montar a Blue River Technology e sua posterior aquisição pela John Deere. De fato, *grandes feitos levam tempo.*

Quando estiver implementando esses princípios, você pode enviar suas perguntas, observações, comentários e histórias de sucesso *e* fracasso para comments@thevcmindset.com. Gostaríamos muito de ouvir suas notícias da trincheira.

A mentalidade importa. Para criar uma empresa preparada para o futuro, a mentalidade de risco importa ainda mais. Incorpore-a e ponha-a em prática para transformar sua empresa, sua vida e seu mundo.

Agradecimentos

O que é necessário para se escrever um livro? Assim como não existe uma única receita de lasanha, cada jornada de escrita é singular. Aqui vão nossos ingredientes: dedicar muitos anos a pesquisas; reservar três anos para discutir, escrever e reescrever; examinar incansavelmente milhares de arquivos espalhados em centenas de pastas; ouvir com paciência seu coautor; receber apoio da família; estocar muitas caixas de vinho.

No entanto, nosso ingrediente secreto foi um grupo de colegas e amigos que dedicaram seu tempo a tornar este livro possível. Sem esse molho, nosso esforço teria sido em vão. Somos cozinheiros de sorte, sem dúvida alguma.

Queremos agradecer a todos os nossos alunos, participantes de workshops e clientes corporativos. Aprendemos mais com vocês do que com todas as fontes impressas e digitais juntas. Vocês nos fizeram perguntas difíceis, aprofundaram-se em exemplos da vida real e nos desafiaram a criar ferramentas práticas para implementar a inovação em suas empresas. A curiosidade de vocês foi o que, antes de tudo, inspirou esta obra.

"Falta existir um livro fácil de ler para compartilhar com todos os meus funcionários em toda a minha empresa", reclamou um alto executivo, "para que todos entendam a importância do que vocês acabaram de falar sobre inovação." Tentamos suprir essa falta. Esperamos que todos que queiram aplicar as fascinantes lições do mundo dos ICRs tenham agora um livro que possam ler e recomendar.

O café turco, o antigo chá de Taiwan e o ainda mais antigo vinho Madeira ajudaram nossa criatividade a fluir. Mas trabalhar com ICRs fez toda a diferença. Somos gratos às centenas deles que abriram seus baús de tesouro para compartilhar sua experiência em reuniões, almoços, jantares e chamadas por Zoom. Alguns foram citados diretamente, outros preferiram permanecer anônimos, mas todos puseram em prática aquilo que diziam. Essas reuniões foram preciosas e poderiam, sozinhas, render um livro inteiro. Gostaríamos de agradecer a toda a comunidade do capital de risco por abrir seu acervo de ferramentas e mecanismos que lhe permitiu moldar o mundo moderno. Agora esse acervo está à disposição de um público mais amplo.

Embora não possamos listar aqui todos os ICRs que nos ajudaram ao longo dos anos, gostaríamos de destacar Patrick Eggen, Nagraj Kashyap e Sachin Deshpande (os protagonistas da nossa história de abertura sobre o Zoom), bem como Paul Arnold, Mercedes Bent, Claudia Fan Munce, Theresia Gouw, Brian Jacobs, Mike Maples, Kate Mitchell, Alex Rampell, Bryan Roberts, Cami Samuels, Nicolas Sauvage, David Singer, Ali Tamaseb, Steve Vassallo e Ann Winblad. Agradecimentos especiais a Theresia Gouw e Brian Jacobs, que são não apenas ICRs de sucesso como também "parceiros de crime" de Ilya como cocriadores do curso de Stanford sobre capital de risco e empreendedorismo.

Escrevemos um livro sobre capital de risco, mas não para investidores de capital de risco. Nós o escrevemos para os tomadores de decisões, e muitos nos ajudaram ao longo do caminho. Conversamos com líderes de grandes e médias empresas e de órgãos governamentais. Tomasz Blicharski, da Żabka, cuja história contamos na Conclusão, é um dos muitos exemplos inspiradores do que pode ser conquistado com a mentalidade de risco.

Acreditamos sinceramente que a mentalidade de risco é aplicável em qualquer lugar, não apenas no mundo do capital de risco e dos negócios. A inovação não tem fronteiras. É por isso que entramos em contato com muitos especialistas de outras disciplinas – ciências, educação, pesquisa de medicamentos e até mesmo jogos de azar. Muitos ficaram surpresos ao receber nossas perguntas. Como você teria respondido a um e-mail pedindo para falar das semelhanças entre investidores de risco e macacos-vervet ou para ensinar um professor de Stanford e um executivo de tecnologia a jogar pôquer? Felizmente, recebemos respostas positivas e ajuda generosa nesses e em muitos outros casos. Agradecemos especialmente a Ben Bensaou, Richard Harroch, Bob Langer e Erica van de Waal pela paciência e pelo entusiasmo.

Escrever um primeiro livro é como acampar pela primeira vez. Você não sabe o que esperar da natureza selvagem, então é melhor ter um guia. Nosso guia foi Chris Parris-Lamb, nosso agente na The Gernert Company. Guardamos com carinho seu primeiro feedback: "O capítulo de amostra que vocês compartilharam é excelente, mas..." Esse "mas" foi um eufemismo. Não podíamos sequer imaginar quanto trabalho árduo estava por vir. *Mas*. Mas Chris sempre esteve ao nosso lado. Ele trata os escritores como seus filhos. Ficou contente quando descobrimos nossa voz e sempre nos incentivou a continuar tentando quando sabia que o nível mais alto possível ainda não havia sido ultrapassado. Somos muito gratos, Chris!

Se Chris foi nosso guia, nossa editora na Portfolio, Lydia Yadi, foi nosso anjo da guarda. Sem a ajuda dela este livro teria sido mais longo, mais grosso, mais pesado e mais difícil de ler. A primeira vez que a ouvimos falar "Vocês precisam se desapegar, a menos que queiram que o livro seja apenas um peso na estante", entramos em pânico. Mas nos desapegamos e o texto voltou a brilhar. E, então, Lydia retornou: "Vocês podem cortar esse capítulo ainda mais?" Claro que não! Mas cortamos. E de novo. E de novo. Escrever é difícil, mas não tanto quanto editar. A persistência calma e gentil de Lydia teve um retorno gigantesco.

Como novatos na área editorial, não tínhamos ideia de quem era Adrian Zackheim quando ouvimos falar dele pela primeira vez. Bem, hoje sabemos, e somos abençoados por ter Adrian e a Portfolio publicando nosso livro. Por sinal, editoras são muito parecidas com ICRs: elas fazem muitas apostas todos os anos, na esperança de que algumas delas se tornem grandes sucessos. A *Forbes* publica anualmente a lista Midas – que engloba os ICRs excepcionalmente bem-sucedidos, talentosos e, bem, sortudos. Os fundadores que recebem capital e atenção de um ICR da Midas já alcançaram muita coisa. Se houvesse uma lista semelhante dos melhores "investidores" do setor editorial, Adrian estaria no topo. Adrian, seus conselhos foram inestimáveis. Somos gratos por seu apoio e esperamos que você tenha feito a aposta certa.

A comunidade acadêmica, especialmente em Stanford, foi fundamental para tornar este projeto possível. Agradecemos a toda a equipe da Venture

Capital Initiative e aos colegas, coautores e alunos de doutorado de Ilya em Stanford. Agradecimentos especiais aos incansáveis Paul Gompers, Steven Kaplan e Will Gornall.

Escrever um livro é um esforço coletivo, e diversos assistentes de pesquisa nos ajudaram de muitas maneiras. Em que ano aconteceu a primeira conferência Slush e a festa da sauna? Quem foi a primeira pessoa a quem tal citação pode ser atribuída? Tal história é fato ou uma lenda urbana? Nossas assistentes de pesquisa favoritas, Anastasia Sochenko e Anna Elyasova, merecem elogios especiais. Nenhum fato ficou por checar!

Muitos de nossos amigos leram várias versões preliminares deste livro, pacientemente dando sugestões e apontando nossos argumentos fortes (de vez em quando) e fracos (com muito mais frequência). Nossa gratidão a Alex Edmans, Tanya Fedorova, Victor Huang, Kaushik Mani, Michael Menke, Anna Neverova, Victor Osyka, Vijay Parikh, Steve Rogers, Ignacio Vinke e Jonathan Walker – nossos maravilhosos primeiros leitores que dedicaram horas de seu tempo a nos ajudar a melhorar o livro.

Juntar as palavras em frases que fluem e as frases em parágrafos eficazes é mais difícil do que imaginávamos. Levamos muito tempo para erradicar o estilo acadêmico e o jargão dos negócios. O Dr. Stephen Wilbers, autor de *Keys to Great Writing* (Segredos da ótima escrita), influenciou nossa abordagem na lapidação do texto e foi paciente com nossas dúvidas e generoso em sua ajuda. Bruce Barron ofereceu um par adicional de olhos escrupulosos e amigáveis em vários rascunhos, a ponto de começarmos a nos perguntar: "O que Bruce diria sobre isso?" Também agradecemos a Lionel Barber, que nos ajudou a encontrar nosso estilo narrativo e nos incentivou a nos dirigirmos a um público mais amplo.

Nossos pais incutiram em nós dois, desde a infância, o amor pela beleza da palavra escrita e o apreço por seu poder. Se soubéssemos o que é necessário para escrever este livro, talvez tivéssemos nos rendido antes. Se nossas famílias estivessem cientes do tempo em que ficaríamos ausentes, talvez tivessem nos trancado em casa. Ilya editou rascunhos em aviões, secretamente à noite durante as viagens com a família e entre reuniões com seus alunos de doutorado. Alex revisou capítulos com um recém-nascido no colo, uma xícara de café forte numa das mãos e uma mamadeira na outra. Mas amamos. Cada segundo. Agradecemos a paciência e o amor de nossos familiares – Anya, Daniel e Elizabeth, do lado de Ilya, e Masha e Timosha, do lado de Alex, e a nossos pais –, a quem dedicamos este livro.

Também seríamos negligentes se não agradecêssemos um ao outro. Nesta era de blogs, TikTok e vídeos curtos, trabalhar num livro foi uma longa jornada e um investimento em que nós dois acreditamos. Essa empreitada tornou nossa amizade mais próxima, mais forte e algumas centenas de páginas mais extensa. Produzimos lembranças para compartilhar com uma taça de vinho por anos a fio. Foi uma jornada divertida, e agradecemos a todos que a tornaram mais divertida ainda, nos oferecendo apoio, paciência, feedback e incentivo!

Manual da mentalidade de risco

CAPÍTULO 1. Golaços importam; bolas fora, não

Modelo de negócios: Como ganhar muito

1. Construa sua pirâmide
2. Não exagere na cautela
3. Não aposte tudo de uma vez
4. Capine regularmente seu jardim de ideias

CAPÍTULO 2. Saia das quatro paredes

Garimpo: Como encontrar a próxima grande ideia

5. Tenha fé nos seus intraempreendedores
6. Use olheiros de inovação
7. Confie na sabedoria das multidões

CAPÍTULO 3. Prepare sua mente

Triagem: Como analisar as oportunidades

8. Faça o trabalho de campo fora das quatro paredes
9. Aproveite sua experiência no setor
10. Escolha seu campo de batalha

CAPÍTULO 4. Diga "não" cem vezes

Diligência prévia: Quando dizer "não"

11. Não esconda os riscos; traga-os à tona o quanto antes
12. Não bloqueie o funil
13. Não seja cético cedo demais

CAPÍTULO 5. **Aposte no jóquei**

Critérios de seleção: O que importa

14. Valorize o carisma e o caráter
15. Encontre desajustados que se ajustem
16. Aposte na equipe, não no indivíduo
17. Construa suas pistas

CAPÍTULO 6. **Concorde em discordar**

Decisões: Como e quando chegar a um consenso

18. Mantenha a equipe pequena
19. Incentive a divergência (usando, por exemplo, um advogado do diabo)
20. Deixe que os rebeldes decidam
21. Não exija unanimidade

CAPÍTULO 7. **Dobre a aposta ou desista**

Investimentos subsequentes: Quando cair fora

22. Não dobre a aposta sozinho
23. Busque a perspectiva de pessoas de fora
24. Desista com frequência suficiente

CAPÍTULO 8. **Faça o bolo crescer**

Incentivos: Como fazê-los funcionar

25. Torne todo mundo um sócio
26. Resolva o desafio "1.000 a 1.001"
27. Recompense a ousadia

CAPÍTULO 9. **Grandes feitos levam tempo**

Saída: Como evitar a visão de curto prazo

28. Amplie o horizonte de investimento
29. Olhe para além dos ganhos imediatos
30. Ignore as oscilações temporárias

Notas

Introdução

1 Philip Levinson, "3 Reasons Why Almost Every VC Investor Passed on Zoom", *The Next Web*, 26 de janeiro de 2021.
2 A Qualcomm detinha 1,7% das ações Classe B na época da IPO. Ver "Zoom Video Communications, Amendment No. 2 to Form S-1 Registration Statement", US Securities and Exchange Commission, 16 de abril de 2019, 121.
3 Sobre a IPO do Zoom, ver Alex Konrad, "Zoom IPO Values It at $9 Billion – and Mints New Cloud Billionaire Eric Yuan", *Forbes*, 18 de abril de 2019.
4 Tom Taulli, "Why Emergence Invested in Zoom in… 2015", *Forbes*, 4 de setembro de 2020.
5 Ron Miller, "Zoom Video Conferencing Service Raises $100 Million from Sequoia on Billion-Dollar Valuation", *TechCrunch*, 17 de janeiro de 2017, techcrunch.com/2017/01/17/sequoia-invests-100-million-in-zoom-video-conferencing-service.
6 "Zoom Video Communications, Amendment No. 2 to Form S-1 Registration Statement", 96.
7 Ben Bergman, "SentinelOne's First Investor Also Wrote Zoom's First Check", *Insider*, 1º de julho de 2021.
8 Ron Miller, "Zoom Launches $100m Zoom Apps Investment Fund", *TechCrunch*, 19 de abril de 2021.

CAPÍTULO 1. Golaços importam; bolas fora, não

1 A história da Fab.com se baseia nas seguintes fontes: Matthieu Guinebault, "Fab.com's $300 Million Fundraiser", *Fashion Network*, 22 de maio de 2013; Alyson Shontell, "Fab Hits 1 Million Users 5 Months After Launch", *Business Insider*, 14 de novembro de 2011; Seth Fiegerman, "Fab Passes 10 Million Members, Sells 5.4 Products Every Minute", Mashable, 31 de dezembro de 2012; Alyson Shontell, "Fab,

a Design Site That Raised $156 Million to Compete with Ikea, Now Has 10 Million Members", *Business Insider*, 31 de dezembro de 2012; Leena Rao, "DesignFocused Flash Sales Site Fab.com Raises $40M from Andreessen Horowitz, Ashton Kutcher", *TechCrunch*, 8 de dezembro de 2011; Brian Laung Aoaeh, "Case Study: Fab – How Did That Happen?", *Innovation Footprints*, 27 de novembro de 2017; Zachary Crockett, "Sh*t, I'm F*cked: Jason Goldberg, Founder of Fab", *The Hustle*, 17 de outubro de 2017; Christina Chaey, "Fab Now Offers Made-to-Order Products, a Physical Retail Store", *Fast Company*, 30 de abril de 2013; Steven Millward, "Fab's $150M Backers Include Tencent and Itochu, Plans to Launch in China and Maybe Japan", *Tech in Asia*, 19 de junho de 2013; Ben Rooney, "Put Emotion at the Heart of E-Commerce, Says Fab Founder", *The Wall Street Journal*, 6 de fevereiro de 2013.

2 Para "comércio emocional", ver Sarah Frier, "Chasing Growth, Fab.com Sheds Executives and Misses Targets", *Bloomberg*, 4 de julho de 2013.

3 Michael Haley, "Jason Goldberg, Best Known for Fab, Has Raised $8 Million in Seed Funding for Virtual Fitness Startup Moxie from Resolute, Bessemer, Greycroft, Others", *Insider*, 8 de abril de 2021.

4 "Market Share of Selected Leading Coffee Chains in the United States in 2020, by Number of Outlets", Statista, statista.com/statistics/250166/market-share-of-major--us-coffee-shops.

5 Ingrid Lunden, "Apple Closes Its $400m Shazam Acquisition and Says the Music Recognition App Will Soon Become Ad Free", *TechCrunch*, 24 de setembro de 2018.

6 Will Gornall e Ilya A. Strebulaev, "Venture Capital Fund Returns", em andamento, Stanford Graduate School of Business.

7 Wesley Gottesman, "Thinking of Venture in Bets", *Medium*, 15 de julho de 2019.

8 "Post-its", *Quartz*, 20 de fevereiro de 2018.

9 ODP Corporation, "The ODP Corporation Announces Fourth Quarter and Full Year 2022 Results", *Business Wire*, 1º de março de 2023.

10 Alvin Soon, "Dr. Geoff Nicholson, the 'Father of Post-it Notes', on 3M & Innovation", *Hardware Zone*, 22 de março de 2013.

11 Richard Sandomir, "Spencer Silver, an Inventor of Post-it Notes, Is Dead at 80", *The New York Times*, 13 de maio de 2021.

12 3M Company, *A Century of Innovation: The 3M Story*, 2002, 17.

13 Prakash Kolli, "American Stocks Paying 100+ Years of Dividends", *Dividend Power*, 23 de março de 2021.

14 Brian Hindo, "At 3M, a Struggle Between Efficiency and Creativity", *Inside Innovation – in Depth*, 11 de junho de 2007.

15 Steve Alexander, "3M, the Corporate Inventor, Surpasses 100,000 Patents Worldwide", *Minneapolis Star-Tribune*, 9 de maio de 2014.

16 Shannon Black, "How the 15% Rule Became a Stepping Stone for 3M's Innovation", *Market Realist*, 22 de junho de 2016.

17 Paul D. Kretkowski, "The 15 Percent Solution", *Wired*, 23 de janeiro de 1998.

18 Dale Buss, "Former GE Executives Successful as CEOs Elsewhere", *InvestmentNews*, 3 de dezembro de 2001.
19 Hindo, "At 3M, a Struggle".
20 Don Peppers, "How 3M Lost (and Found) Its Innovation Mojo", *Inc.*, 9 de maio de 2016.
21 Mary Benner e Michael L. Tushman, "Exploitation, Exploration, and Process Management: The Productivity Dilemma Revisited", *Academy of Management Review* (abril de 2001), 28, 238–56.
22 Hindo, "At 3M, a Struggle".
23 Andrew Haeg, "3M at 100 – on the Right Path for Growth?", *Minnesota Public Radio*, 10 de junho de 2002.
24 Mark J. Perry, "Only 52 US Companies Have Been on the Fortune 500 Since 1955, Thanks to the Creative Destruction That Fuels Economic Prosperity", American Enterprise Institute, *AEIdeas*, 22 de maio de 2019.
25 Michael Sheetz, "Technology Killing Off Corporate America: Average Life Span of Companies Under 20 Years", *CNBC Markets*, 24 de agosto de 2017.
26 "Why Avoiding Risk Can Be Good for Managers but Bad for Shareholders", *Knowledge at Wharton*, 9 de dezembro de 2014.
27 Benny Evangelista, "How 'Amazon Factor' Killed Retailers Like Borders, Circuit City", *SFGate*, 10 de julho de 2015.
28 Valerie Peterson, "Borders Group History – the Creation of a Bookstore Chain", *LiveAbout*, atualizado em 3 de fevereiro de 2020.
29 *The New York Times* Open Team, "How We Rearchitected Mobile A/B Testing at *The New York Times*", *Medium*, 4 de março de 2021.
30 Alexandria Symonds, "When a Headline Makes Headlines of Its Own", *The New York Times*, 23 de março de 2017.
31 Daniel Thomas, "Why Did the Airbus A380 Fail?", *BBC News*, 14 de fevereiro de 2019.
32 "Trouble in Legoland: How Too Much Innovation Almost Destroyed the Toy Company", *Knowledge at Wharton* e *Time*, 12 de julho de 2013.
33 Jonathan Ringen, "How Lego Became the Apple of Toys", *Fast Company*, 8 de janeiro de 2015.
34 Lisa Kay Solomon, "Conversation with Storyteller Dan Klein: How to Unlock Creative Collaboration with Presence and Play", LisaKaySolomon.com, 13 de fevereiro de 2018.
35 Mat Honan, "Remembering the Apple Newton's Prophetic Failure and Lasting Impact", *Wired*, 5 de agosto de 2013.
36 Ryan Mac, "Live Blog: Amazon Launches First Phone in Seattle", *Forbes*, 18 de junho de 2014.
37 Taylor Soper, "Ouch: Amazon Takes $170M Write-Down on Fire Phone", *GeekWire*, 23 de outubro de 2014.

38 Tricia Duryee, "Amazon Fire Phone Sales Estimated at 35,000 – Equal to Just 25% of Employee Base", *GeekWire*, 26 de agosto de 2014.

39 Tom Warren, "Apple Sold a Record 4 Million iPhones in 24 Hours", *The Verge*, 15 de setembro de 2014.

40 Jeb Su, "4 Reasons the Amazon Fire Phone Will Fail", *Forbes*, 19 de junho de 2014.

41 Monica Nickelsburg, "Amazon's Jeff Bezos on the Fire Phone: 'We're Working on Much Bigger Failures Right Now'", *GeekWire*, 19 de maio de 2016.

42 Charles Duhigg, "Is Amazon Unstoppable?", *The New Yorker*, 10 de outubro de 2019.

43 Catherine Clifford, "Jeff Bezos to Exec After Product Totally Flopped: 'You Can't, for One Minute, Feel Bad'", CNBC, 22 de maio de 2020.

44 Larry Page, "G Is for Google", *Alphabet, The Keyword*, 10 de agosto de 2015, blog.google/alphabet/google-alphabet.

45 Oliver Franklin-Wallis, "Inside X, Google's Top-Secret Moonshot Factory", *Wired*, 17 de fevereiro de 2020.

46 David Grossman, "Secret Google Lab 'Rewards Staff for Failure'", *BBC News*, 24 de janeiro de 2014.

47 Henry Stewart, "8 Companies That Celebrate Mistakes", *Happy*, 8 de junho de 2015, happy.co.uk/blogs/8-companies-that-celebrate-mistakes.

48 Stephen Follows, "Is the Number of Box Office Flops Increasing?", *StephenFollows.com*, 3 de dezembro de 2018.

49 Arthur De Vany, *Hollywood Economics: How Extreme Uncertainty Shapes the Film Industry*. Londres: Routledge, 2004, 39.

50 Matthew Jackson, "12 Amazing Facts About Sam Raimi's *Spider-Man*", *Mental Floss*, 3 de maio de 2017.

51 Lizette Chapman, "Palantir Goes Public After 17-Year Wait", *Los Angeles Times*, 30 de setembro de 2020.

52 "A Guide to All the Netflix Shows That Have Been Canceled (and Why)", *Hollywood Reporter*, 7 de julho de 2017.

53 Karl Cohen, "Is Pixar Losing Its Mojo?", *CineSource*, 2 de julho de 2013.

54 Polina Pompliano, "The Profile Dossier: Ed Catmull, Pixar's Creative Genius", *Substack*, 5 de maio de 2021, theprofile.substack.com/p/the-profile-dossier-ed-catmull--pixars.

CAPÍTULO 2. Saia das quatro paredes

1 Lizette Chapman, "Sequoia Capital's Early Dropbox Bet Pays Off with $2 Billion Stake", *Bloomberg*, 23 de março de 2018.

2 Arash Ferdowsi abandonou o MIT para correr atrás do sonho do Dropbox. Houston concluiu a graduação em 2006. Drew Houston, "Thank You, Arash", Dropbox, *Work in Progress*, 20 de março de 2020, blog.dropbox.com/topics/company/-thank--you-arash.

3 Jessica Livingston, "Congrats Dropbox!", Y Combinator, Founder Stories, 23 de março de 2018, ycombinator.com/blog/congratsdropbox.

4 Anne Gherini, "Pejman Nozad: From Rugs to Riches", Affinity, affinity.co/blog/pejman-nozad.

5 Sean Aune, "Online Storage: 80+ File Hosting and Sharing Sites", Mashable, 28 de julho de 2007.

6 Zoe Bernard, "The Rise of Dropbox CEO Drew Houston, Who Just Made the Forbes 400 After Taking His Company Public", *Insider*, 4 de outubro de 2018.

7 Neil Thompson, Didier Bonnet e Sarah Jaballah, "Lifting the Lid on Corporate Innovation in the Digital Age", Capgemini Invent e MIT, 2020, 12.

8 Sophia Kunthara, "A Peek at Trendy Eyewear Retailer Warby Parker's Funding History", *Crunchbase News*, 29 de setembro de 2021.

9 Somini Sengupta, Nicole Perlroth e Jenna Wortham, "Behind Instagram's Success, Networking the Old Way", *The New York Times*, 15 de abril de 2012.

10 Maya Kosoff, "How Snapchat's First Investor Hunted Down Evan Spiegel", *Vanity Fair*, 14 de março de 2017.

11 Ramana Nanda, Sampsa Samila e Olav Sorenson, "The Persistent Effect of Initial Success: Evidence from Venture Capital", *Journal of Financial Economics* 137, n. 1 (julho de 2020): 231–48.

12 Reid Hoffman, "Allies and Acquaintances: Two Key Types of Professional Relationships", LinkedIn Pulse, 27 de novembro de 2012, linkedin.com/pulse/20121126205355-1213-allies-and-acquaintances-two-key-types-of-professional--relationships.

13 "Reid Hoffman: Founder of LinkedIn", Yo! Success, Success Stories, 25 de janeiro de 2016, yosuccess.com/success-stories/reid-hoffman-linkedin.

14 David Kirkpatrick, "With a Little Help from His Friends", *Vanity Fair*, 6 de setembro de 2010.

15 Steven Bertoni, "Sean Parker: Agent of Disruption", *Forbes*, 28 de setembro de 2011.

16 Reid Hoffman e Mark Pincus investiram 40 mil dólares cada um; Peter Thiel injetou 500 mil dólares. Ver o site Who Owns Facebook?, whoownsfacebook.com.

17 Paul Gompers, William Gornall, Steven N. Kaplan e Ilya A. Strebulaev, "How Do Venture Capitalists Make Decisions?", *Journal of Financial Economics* 135, n. 1 (janeiro de 2020): 169–90.

18 Ilya A. Strebulaev e Amanda Wang, "Organizational Structure and Decision-Making in Corporate Venture Capital", em andamento, Stanford Graduate School of Business, 16 de novembro de 2021, disponível em papers.ssrn.com/sol3/papers.cfm?abstract_id=3963514.

19 "Amazon: Reimagining Commerce", Kleiner Perkins, kleinerperkins.com/case-study/amazon.

20 Laurie J. Flynn, "The Google I.P.O.: The Founders: 2 Wild and Crazy Guys (Soon

To Be Billionaires), and Hoping To Keep It That Way", *The New York Times*, 30 de abril de 2004.

21 Mark Gurman, "Why Apple CEO Tim Cook Invested in a Shower Head", *Bloomberg*, 21 de janeiro de 2020.

22 "The Seeds of Success", *Time*, 15 de fevereiro de 1982.

23 Entrevistas por Sally Smith Hughes, "Early Bay Area Venture Capitalists: Shaping the Economic and Business Landscape", Regional Oral History Office, Universidade da Califórnia, 2010.

24 Social Media Fact Sheet, Pew Research Center, 7 de abril de 2021.

25 David Capece, "What Can We Learn from MySpace?", *Fast Company*, 5 de janeiro de 2010.

26 Nicholas Jackson e Alexis C. Madrigal, "The Rise and Fall of Myspace", *The Atlantic*, 12 de janeiro de 2011.

27 "MySpace Hit #1 US Destination Last Week, Hitwise", *TechCrunch*, 11 de julho de 2006, techcrunch.com/2006/07/11/myspace-hit-1-us-destination-last-week-hitwise.

28 Florian Zandt, "The Rise and Fall of MySpace", Statista, 12 de novembro de 2021, statista.com/chart/26176/estimated-number-of-myspace-users-at-key-milestones.

29 Shirin Sharif, "All the Cool Kids Are Doing It: Thousands of Stanford Students Join Facebook Web Site", *The Stanford Daily*, 30 de abril de 2004, A4.

30 Abigail Keefe, "New College Craze: TheFacebook.com", *The Loquitur* (Universidade Cabrini), 7 de outubro de 2005, theloquitur.com/newcollegecrazethefacebookcom.

31 Ann Grimes, "Powerful Connections: Social-Networking Web Sites", *The Wall Street Journal*, 30 de outubro de 2003.

32 Parmy Olson, "Exclusive: The Rags-to-Riches Tale of How Jan Koum Built WhatsApp into Facebook's New $19 Billion Baby", *Forbes*, 19 de fevereiro de 2014.

33 Carita Harju, "Slush 2018: World's Leading Start-Up Event Builds the Sauna Village Again", Sauna from Finland, 12 de junho de 2018, saunafromfinland.com/news/slush-2018-worlds-leading-start-up-event-builds-the-sauna-village-again.

34 Nellie Bowles, "Burning Man Becomes a Hot Spot for Tech Titans", *SFGate*, 25 de agosto de 2014, sfgate.com/style/article/Burning-Man-becomes-a-hot-spot-for-tech-titans-4756482.php.

35 Note-se que essa constatação se refere apenas à primeira parte do funil de negociação e não significa que os fundadores asiáticos ou do sexo feminino tenham mais probabilidade de receber financiamento.

36 A história foi extraída quase integralmente de "The Anti-Portfolio: Honoring the Companies We Missed", Bessemer Venture Partners, bvp.com/anti-portfolio.

37 Trung T. Phan, "Garry Tan on Coinbase: 'We're Still in the Early Innings'", *The Hustle*, 14 de abril de 2021, thehustle.co/garry-tan-q-and-a-coinbase-trung-phan.

38 A participação de Tan era de 0,66% à época da IPO. Alex Konrad, "How Initialized Investor Garry Tan Turned a $300,000 Bet on Coinbase into a $680 Million 'Golden

Ticket"", *Forbes*, 14 de abril de 2021. A avaliação pré-monetária na IPO foi de 85,8 bilhões de dólares (PitchBook).

39 Anna Mazarakis e Alyson Shontell, "How Box's Founders Got Mark Cuban to Invest in Their Startup While They Were Still in College – Without Ever Meeting Him", *Business Insider India*, 17 de julho de 2017, businessinsider.in/How-Boxs-founders-got-Mark-Cuban-to-invest-in-their-startup-while-they-was-still-in-college-without-ever-meeting-him/articleshow/59635769.cms.

40 Uma história quase inacreditável sobre esse fundador é contada em Catherine Clifford, "How a 25-Year-Old High-School Dropout Cold-Emailed Mark Cuban and Got an Investment", CNBC, 22 de março de 2017, cnbc.com/2017/03/22/25-year-old-high-school-dropout-emailed-mark-cuban-and-got-investment.html. Se você acha que esse foi o momento mais inusitado na vida de Adam, então se prepare: no início da carreira, ele já havia trabalhado ensacando compras, embalando encomendas, lavando pratos e vendendo seguros, mas foi demitido de todos os empregos. Até que fundou a própria empresa no porão da casa de um amigo enquanto vivia do seguro-desemprego. Sua vida deu uma guinada quando ele ganhou o prêmio de Empreendedor do Ano da Ernst & Young.

41 Ellen Embleton, "Revisiting Ramanujan", Royal Society, 2 de outubro de 2018, royalsociety.org/blog/2018/10/revisiting-ramanujan.

42 Como professor em Stanford, eu (Ilya) recebo muitos e-mails, às vezes mais de dez por semana, de possíveis alunos de doutorado. São jovens de diversas partes do mundo que sonham em vir para a Califórnia e fazer doutorado em Stanford. A maioria pede para trabalhar comigo e ser orientada por mim. Os e-mails são excessivamente longos, escritos de forma desajeitada e, em geral, os candidatos não entendem o que o corpo docente procura ao selecionar alunos de doutorado. Em suma, eles não sabem como escrever propostas "do nada". Recuso educadamente a maioria. No fundo, porém, estou sempre me perguntando se acabei de perder a oportunidade de encontrar outro Ramanujan.

43 A história de Chester Carlson e da xerografia se baseia nas seguintes fontes: "October 22, 1938: Invention of Xerography", *APS News* 12, n. 10 (outubro de 2003), aps.org/publications/apsnews/200310/history.cfm; Antony Anderson, "Review: How We All Became Copycats – *The Anatomy of Xerography: Its Invention and Evolution* by J. Mort", *New Scientist*, 5 de maio de 1990.

44 A empresa era produtora de baterias de célula seca (mercúrio e alcalina Duracell), componentes eletrônicos, incluindo capacitores eletrolíticos e temporizadores, e dispositivos de alerta sonoro. "P. R. Mallory and Company", *Encyclopedia of Indianapolis*, revisado em julho de 2021, indyencyclopedia.org/p-r-mallory-and-company.

45 Para um ponto de vista alternativo, ver Anderson, "Review: How We All Became Copycats". Carlson foi inspirado por um breve artigo escrito pelo físico húngaro Pál Selényi, mas trabalhou sozinho na invenção. "Entrepreneurs, Inventors and Innovators: Chester Carlson, Class of 1938, Inventor of Xerography", New York

Law School, Digital Commons, digitalcommons.nyls.edu/entrepreneurs_inventors_innovators/4. "O trabalho pioneiro de Selényi na transmissão e gravação de imagens eletrostáticas fez dele o pai da xerografia, embora o potencial comercial de sua inovação não tenha sido reconhecido pela Tungsram [seu empregador]. Ele também foi o primeiro a gravar imagens em selênio. Em 1939, devido à segunda lei judaica [na Hungria], ele foi forçado a se aposentar", in "Pál Selényi, Physicist: The Father of Xerography", Tungsram, lighting.tungsram.com/en/tungsram-heritage/pal-selenyi-physicist-the-father-of-xerography, acesso em julho de 2023.

46 Brian Taylor, "GFD Complete Histories – Xerox", Global Financial Data, 2 de junho de 2013, globalfinancialdata.com/gfd-complete-histories-xerox.

47 Edward Tenner, "The Mother of All Invention: How the Xerox 914 Gave Rise to the Information Age", *The Atlantic*, julho–agosto de 2010. A *Fortune* descreveu a Xerox dessa forma devido à sua alta margem bruta.

48 Katrina C. Arabe, "Chester's Dream: The Genesis of the Modern Photocopier", Thomas, 9 de abril de 2001, thomasnet.com/insights/imt/2001/04/09/chesters_dream.

49 Joseph J. Ermenc, "Interview of Chester F. Carlson, the Inventor", *NYLS Law Review* 44, n. 2 (janeiro de 2001): 265–66.

50 Tim Biggs, "The Man Who Refused a Third of Apple for $50K", *Stuff*, 24 de março de 2015, stuff.co.nz/technology/gadgets/67491648/the-man-who-refused-a-third-of-apple-for-50k.

51 É interessante notar que o cofundador da Apple, Wozniak, sugere numa entrevista que Bushnell e sua equipe não prestaram a devida atenção porque estavam distraídos com outro produto na época: "Vocês tinham a primeira versão doméstica do *Pong* prestes a ser lançada, e isso representava milhões de dólares para vocês, então sua mente estava muito concentrada. Vocês disseram 'Não temos tempo para fazer um computador também', e isso se concretizou mais tarde"; Husain Sumra, "Steve Wozniak and Atari Founder Nolan Bushnell Recall Steve Jobs and Early Apple Memories Together", *MacRumors*, 27 de setembro de 2013, macrumors.com/2013/09/28/steve-wozniak-and-atari-founder-nolan-bushnell-recall-steve-jobs-and-early-apple-memories-together.

52 Walter Isaacson, *Steve Jobs* (Nova York: Simon and Schuster, 2011), 75. [Ed. bras.: *Steve Jobs* (Rio de Janeiro: Intrínseca, 2022).]

53 "How Atari's Nolan Bushnell Turned Down Steve Jobs' Offer of a Third of Apple at $50,000", Fairfax Media, vídeo disponível em youtube.com/watch?v=GSHdQVhYqok.

54 Urvaksh Karkaria, "Wozniak: 'I Begged HP to Make the Apple I. Five Times They Turned Me Down'", *Atlanta Business Chronicle*, 31 de janeiro de 2013, bizjournals.com/atlanta/blog/atlantech/2013/01/woz-i-begged-h-p-to-make-the-apple-1.html.

55 "Atari's New Owner Orders Layoffs", *The New York Times*, 7 de julho de 1984.

56 Ajay K. Agrawal, Iain M. Cockburn e Carlos Rosell, "Not Invented Here? Innovation in Company Towns", Working Paper 15437, National Bureau of Economic Research, outubro de 2009, nber.org/papers/w15437.

57 Markus G. Reitzig e Olav Sorenson, "Intra-Organizational Provincialism", 12 de fevereiro de 2010, papers.ssrn.com/sol3/papers.cfm?abstract_id=1552059.

58 Atualmente, existem até livros sobre o fenômeno da câmara de eco entre os terraplanistas, relacionando-o aos algoritmos das redes sociais. Mas será que a natureza humana pode ser a culpada? Ver Kelly Weill, *Off the Edge: Flat Earthers, Conspiracy Culture, and Why People Will Believe Anything* (Chapel Hill, NC: Algonquin Books, 2022).

59 Douglas Hunter, "Nortel", *The Canadian Encyclopedia*, 5 de janeiro de 2018, thecanadianencyclopedia.ca/en/article/nortel.

60 "Nortel and the TSE 299", CBC News, 18 de agosto de 2000, cbc.ca/news/business/nortel-and-the-tse-299-1.230333.

61 Com base, entre outras fontes, em Peter MacKinnon, Peter Chapman e Hussein Mouftah, "Nortel Technology Lens: Analysis and Observations", Escola de Engenharia, Universidade de Ottawa, 25 de março de 2015, sites.telfer.uottawa.ca/nortelstudy/files/2014/02/nortel-technology-lens-report-release-version.pdf.

62 Henry W. Chesbrough, *Open Innovation: The New Imperative for Creating and Profiting from Technology* (Boston: Harvard Business School Press, 2003).

63 Gil Press, "Apple and Steve Jobs Steal from Xerox to Battle Big Brother IBM", *Forbes*, 15 de janeiro de 2017.

64 Chesbrough, *Open Innovation*, 5.

65 "Triumph of the Nerds", transcrição do canal PBS, pbs.org/nerds/part3.html.

66 Daniel P. Gross, "Xerox PARC and Yesterday's Office of Tomorrow", 29 de outubro de 2021, dgross.ca/blog/xerox-parc.

67 A sede da Xerox permaneceu em Rochester até 1973, quando foi transferida para Stamford, Connecticut, a uma distância ainda maior de Palo Alto. Ver "Xerox: Online Fact Book", web.archive.org/web/20100423184011/http://www.xerox.com/go/xrx/template/019d.jsp?id=Historical&view=Factbook.

68 Dan Tynan, "Tech Meccas: The 12 Holy Sites of IT", *InfoWorld*, 3 de agosto de 2009, infoworld.com/article/2631062/tech-meccas--the-12-holy-sites-of-it.html?page=4.

69 Evgenia Pukhaeva, "Slow Coffee in Rome: Sant'Eustachio", *Surreal Generation*, 24 de outubro de 2020, surrealgeneration.com/2020/10/24/slow-coffee-in-rome-santeustachio.

70 "Eric Favre – the Swiss Inventor Who Put Coffee into Capsules", House of Switzerland, Swiss Stories, 7 de junho de 2017, houseofswitzerland.org/swissstories/economics/eric-favre-swiss-inventor-who-put-coffee-capsules.

71 A história oficial da Nespresso está em "Nespresso: How One Man's Passion Created a Coffee Icon", Nestlé, nestleusa.com/media/nespresso-history-eric-favre-coffee-vacation.

72 Pode-se assistir a uma entrevista com Eric Favre em "Eric Favre: From Nespresso to Monodor, the Story of an Inventor", Lift Conference, Genebra, 2008, disponível em youtube.com/watch?v=JJkRPn3zVsM.

73 Ben Bensaou e Karl Weber, *Built to Innovate* (Nova York: McGraw Hill, 2021).

74 Agradecemos ao professor Bensaou por nos fornecer detalhes adicionais com base em suas entrevistas na BASF.

75 Kevin J. Delaney, "'Built to Innovate' by Ben M. Bensaou: The Approaches Behind the Magic Eraser, Marvel Studios, and Other Breakthroughs", *Charter*, 29 de outubro de 2021, charterworks.com/built-to-innovate-ben-bensaou.

76 Ed Getty, "Open Innovation Model Helps P&G 'Connect and Develop'", *Tech Briefs*, 1º de dezembro de 2007, techbriefs.com/component/content/article/tb/pub/features/articles/2482.

77 Nos workshops de inovação corporativa, costumamos destacar o fato de que a P&G tem mais Ph.D.'s entre seus funcionários do que as cinco principais universidades americanas somadas.

78 Neil Buckley, "The Power of Original Thinking", *Financial Times*, 13 de janeiro de 2005.

79 Larry Huston e Nabil Sakkab, "Connect and Develop: Inside Procter & Gamble's New Model for Innovation", *Harvard Business Review*, março de 2006.

80 Michael Ringel, Andrew Taylor e Hadi Zablit, "Bringing Outside Innovation Inside: The Most Innovative Companies 2016", BCG, 25 de janeiro de 2017, bcg.com/publication/2017/growth-bringing-outside-innovation-inside.

81 "J&J's Incubator Makes Health Equity High Priority for Selecting New Partners", *S&P Global Market Intelligence*, 9 de março de 2022, spglobal.com/marketintelligence/en/news-insights/latest-news-headlines/j-j-s-incubator-makes-health-equity-high-priority-for-selecting-new-partners-69184687.

82 "JLabs Navigator", Johnson & Johnson Innovation, jnjinnovation.com/JLABSNavigator.

83 Matthew Salganik, "5.3.1 Netflix Prize", *Bit by Bit: Social Research in the Digital Age* (Princeton: Princeton University Press, 2017), edição aberta, bitbybitbook.com/en/mass-collaboration/open-calls/netflix-prize.

84 Xavier Amatriain, "On the 'Usefulness' of the Netflix Prize", *Medium*, 23 de junho de 2021, xamat.medium.com/on-the-usefulness-of-the-netflix-prize-403d360aaf2.

85 Anna Brown, "A Profile of Single Americans", Pew Research Center, 20 de agosto de 2020, pewresearch.org/social-trends/2020/08/20/a-profile-of-single-americans.

86 Michael Rosenfeld, Reuben J. Thomas e Sonia Hausen, "Disintermediating Your Friends: How Online Dating in the United States Displaces Other Ways of Meeting", *Proceedings of the National Academy of Sciences* 116, n. 36 (2019): 17753–58.

87 Lou Adler, "New Survey Reveals 85% of All Jobs Are Filled via Networking", LinkedIn Pulse, 29 de fevereiro de 2016, linkedin.com/pulse/new-survey-reveals-85-all-jobs-filled-via-networking-lou-adler.

88 "Eighty Percent of Professionals Consider Networking Important to Career Success", LinkedIn, 22 de junho de 2017, news.linkedin.com/2017/6/eighty-percent-of-professionals-consider-networking-important-to-career-success.

89 Susan Adams, "Networking Is Still the Best Way to Find a Job, Survey Says", *Forbes*, 7 de junho de 2011.

90 Annie Riley, "Pejman Nozad: Use Your Differences", *Who Got Me Here* podcast, episódio 7, whogotmehere.com/episodes/pejman-nozad, início em 12min38s.

CAPÍTULO 3. Prepare sua mente

1 Para fins de discussão, escolhemos startups que apresentaram seus projetos a estudantes de vários anos diferentes.

2 "BabyQuip: Rent Baby Gear on Your Next Vacation. Serving 1000+ Locations", BabyQuip, 13 de dezembro de 2022, disponível em youtube.com/watch?v=u-1ZqAtFZfg.

3 Sensate, getsensate.com/pages/meet-sensate; Ashlee Marie Preston, "Finally, a Social Media Platform That Cares About LGBTQ Safety: The Spaces App Is Worth 'Following'", *Forbes*, 24 de agosto de 2022; Blotout, blotout.io; Cleary, gocleary.com; BabyQuip, babyquip.com.

4 Você pode assistir a esse episódio de *Shark Tank* no Hulu (temporada 11, episódio 14) e decidir que perguntas faria, se investiria e em que condições; ver também "BabyQuip Shark Tank Tale", *Shark Tank Tales* (temporada 11, episódio 14), sharktanktales.com/babyquip-shark-tank-update.

5 Os episódios são editados antes de serem exibidos. Portanto, uma apresentação média dura mais do que o que vai ao ar.

6 Andrew L. Maxwell, Scott A. Jeffrey e Moren Lévesque, "Business Angel Early Stage Decision Making", *Journal of Business Venturing* 26, n. 2 (março de 2011): 212–25.

7 Jaclyn Foroughi, Theresia Gouw e Ilya A. Strebulaev, "Dropbox: Series B Financing", Case F309, Stanford Graduate School of Business, 11 de novembro de 2013, 4.

8 Essa citação é tão boa que já foi atribuída a muitas pessoas! De acordo com a Thomas Jefferson Foundation (Monticello), a frase não aparece em nenhum lugar de seus escritos; ver "I am a great believer in luck (...) (Spurious Quotation)", *Thomas Jefferson Encyclopedia*, monticello.org/research-education/thomas-jefferson-encyclopedia/i-am-great-believer-luckspurious-quotation.

9 Berber Jin, "The Inside Story of Youniversity Ventures, Keith Rabois's Investing Group That Turned a £380,000 Airbnb Seed Investment into $600 Million", *Insider*, 11 de dezembro de 2020, businessinsider.com/how-keith-rabois-youniversity-ventures-got-into-airbnbs-seed-round-2020-12.

10 "The Complete History and Strategy of Airbnb", podcast *Acquired*, temporada 7, episódio 8, 10 de dezembro de 2020, acquired.fm/episodes/airbnb.

11 Paul Graham, postagem no Twitter, 8 de dezembro de 2020, twitter.com/paulg/status/1336387068633747463?lang=en.

12 "Discovery and Development of Penicillin", ACS Chemistry for Life, acs.org/education/whatischemistry/landmarks/flemingpenicillin.html#alexander-fleming-penicillin.

13 Morton A. Meyers, *Happy Accidents: Serendipity in Major Medical Breakthroughs in the Twentieth Century* (Nova York: Arcade, 2011).

14 "X-Rays and Other Accidental Discoveries", BBC Bitesize, bbc.co.uk/bitesize/articles/zg9q8hv.

15 Heather Brown, "5 Best Accidental Inventions", *Famous Scientists*, famousscientists.org/5-best-accidental-inventions.

16 "Serendipity and the Prepared Mind: An NHLBI Intramural Researcher's Breakthrough Observations", National Heart, Lung, and Blood Institute, 24 de dezembro de 2013, nhlbi.nih.gov/directors-messages/serendipity-and-the-prepared-mind.

17 Walter Isaacson, *Steve Jobs* (Nova York: Simon and Schuster, 2011), 94, capítulo 8. [Ed. bras.: *Steve Jobs* (Rio de Janeiro: Intrínseca, 2022).]

18 Ali Montag, "Here's Why Your Computer Has a Mouse, According to Steve Jobs in 1985", CNBC, 21 de maio de 2018, cnbc.com/2018/05/21/why-your-computer-has--a-mouse-according-to-steve-jobs.html.

19 "The Xerox PARC Visit", Making the Macintosh: Technology and Culture in Silicon Valley, web.stanford.edu/dept/SUL/sites/mac/parc.html.

20 "Steve Jobs Interview: One-on-One in 1995", *NetworkWorld*, 6 de outubro de 2011, networkworld.com/article/2181879/steve-jobs-interview--one-on-one-in-1995.html; vídeo disponível em youtube.com/watch?v=cBk4a_uOi7Q, início do trecho em 59min00s.

21 As informações desse parágrafo foram extraídas de Douglas K. Smith e Robert C. Alexander, *Fumbling the Future: How Xerox Invented, Then Ignored, the First Personal Computer* (Lincoln, NE: iUniverse, 1999).

22 Paul Atkinson, "The Best Laid Plans of Mice and Men: The Computer Mouse in the History of Computing", *Design Issues* 23, n. 3 (verão de 2007): 46–61.

23 Bill Snyder, "Marc Andreessen: 'We Are Biased Toward People Who Never Give Up'", Stanford Graduate School of Business, *Insights*, 23 de junho de 2014, gsb.stanford.edu/insights/marc-andreessen-we-are-biased-toward-people-who-never-give; vídeo disponível em youtube.com/watch?v=JYYsXzt1VDc.

24 Dan Primack, "Marc Andreessen Talks About That Time Facebook Almost Lost 80% of Its Value", *Fortune*, 18 de junho de 2015.

25 Samidha Sharma, "Yurika! The Billionaire with the Secret Spreadsheet", *Times of India*, 6 de agosto de 2015.

26 Richard Wray, "Digital Sky Technologies Takes $200m Stake in Facebook", *The Guardian*, 26 de maio de 2009, theguardian.com/business/2009/may/26/dst-facebook-zuckerberg-microsoft-milner.

27 Entrevista de Milner para o *The Bell*, em russo, disponível em youtube.com/watch?-v=x0fxbdoMTgg, 1h23min51s.

28 Patrick J. Kiger, "How Do Airplanes Get Inflight WiFi and Live TV?", *HowStuffWorks*, 31 de janeiro de 2019, science.howstuffworks.com/transport/flight/modern/do-airplanes-get-wifi-and-live-tv.htm.

29 Jane L. Levere, "Business Travel: Passengers on JetBlue Will Be Able to Watch Live Satellite-Television Programming from Their Seats", *The New York Times*, 21 de julho de 1999.

30 Bonny Simi protagonizou um estudo de caso de negócios da Stanford Graduate School of Business. Alguns dados foram extraídos desse caso. Robert A. Burgelman, Joseph N. Golden e Amit Sridharan, "JetBlue Technology Ventures: Brin-

ging External Innovation In House", Caso E660, Stanford Graduate School of Business, 2019.

31 "3Victors: Providing Data Science as a Service", JetBlue Ventures, jetblueventures.com/portfolio/3victors.

32 Scott Meslow, "How Hollywood Chooses Scripts: The Insider List That Led to 'Abduction'", *The Atlantic*, 23 de setembro de 2011.

33 Kimberly D. Elsbach e Roderick M. Kramer, "Assessing Creativity in Hollywood Pitch Meetings: Evidence for a Dual-Process Model of Creativity Judgments", *Academy of Management Journal* 46, n. 3 (junho de 2003): 283–301.

34 Carmine Gallo, "The Art of the Elevator Pitch", *Harvard Business Review*, 3 de outubro de 2018.

35 Chris Bourn, "The World of Dating in 2015", *Time Out*, 4 de fevereiro de 2015, web.archive.org/web/20150317003851/http://www.timeout.com/dating-2015.

36 Frédéric C. Godart e Ashley Mears, "How Do Cultural Producers Make Creative Decisions? Lessons from the Catwalk", *Social Forces* 88, n. 2 (dezembro de 2009): 671–92.

37 "Eye Tracking Study", Ladders, 2018, theladders.com/static/images/basicSite/pdfs/TheLadders-EyeTracking-StudyC2.pdf.

38 Outro estudo descobriu que os empregadores visualizam os currículos por menos de onze segundos; "Employers View Resumes for Fewer Than 11 Seconds", Workopolis, 21 de abril de 2014, careers.workopolis.com/advice/employers-view-resumes-for-fewer-than-11-seconds.

CAPÍTULO 4. Diga "não" cem vezes

1 A "maldição do vencedor" foi criada por três engenheiros da Atlantic Richfield: E. C. Capen, R. V. Clapp e W. M. Campbell, "Competitive Bidding in High-Risk Situations", *Journal of Petroleum Technology* 23, n. 6 (1971): 641–53. É interessante que um conceito tão crucial tenha sido debatido pela primeira vez por profissionais do setor petrolífero, e não por economistas acadêmicos. Eles mostraram que as baixas taxas de retorno na exploração de petróleo offshore poderiam ser explicadas pelo fato de os licitantes pagarem mais pela propriedade (arrendamentos de poços de petróleo) do que ela valia.

2 Harish Sridharan, "Rise and Fall of Crypto Exchange FTX", Reuters, 17 de novembro de 2022, reuters.com/markets/currencies/rise-fall-crypto-exchange-ftx-2022-11-10.

3 Cory Weinberg, "Inside the Venture FOMO Machine That Powered SBF's Meteoric Rise", *The Information*, 11 de novembro de 2022, theinformation.com/articles/inside-the-venture-fomo-machine-that-powered-sbfs-meteoric-rise.

4 Karen Kwok, "Review: WeWork's Debacle Had Many Enablers", Reuters, 6 de agosto de 2021, reuters.com/article/us-companies-wework-breakingviews-idDEKBN-2F71UY.

5 Masha Borak, "Troubled Bike-Sharing Company Ofo Is Now a Shopping App", *South China Morning Post*, 5 de fevereiro de 2020.

6 Richard Waters, "Founder of Google's Venture Capital Arm Stepping Down", *Financial Times*, 8 de novembro de 2016.

7 Matthew Herper, "Flatiron Health, Purchased by Roche, Signs Three-Year Deal with Bristol-Myers", *Forbes*, 2 de maio de 2018.

8 "Roche and Foundation Medicine Reach Definitive Merger Agreement to Accelerate Broad Availability of Comprehensive Genomic Profiling in Oncology", Foundation Medicine, release de imprensa, 19 de junho de 2018, foundationmedicine.com/press-releases/24c62ccb-a2c4-47cf-b2d5-c7e6378c08fe.

9 Jillian D'Onfro, "Bill Maris: Here's Why Google Ventures Didn't Invest in Theranos", *Business Insider*, 21 de outubro de 2015.

10 Jennifer Reingold, "Theranos' Board: Plenty of Connections, Little Relevant Expertise", *Fortune*, 15 de outubro de 2015.

11 Michael Liedtke, "Elizabeth Holmes Gets More Than 11 Years for Theranos Scam", Associated Press, 18 de novembro de 2022, disponível em usnews.com/news/business/articles/2022-11-18/elizabeth-holmes-faces-judgment-day-for-her-theranos-crimes.

12 Erin Griffith, "Silicon Valley Can't Escape Elizabeth Holmes", *The New York Times*, 4 de janeiro de 2022.

13 De fato, muitos ICRs recusaram a oportunidade da Theranos. Quase todo o dinheiro que a empresa acabou levantando veio de pessoas de fora da área de tecnologia. Sebastian Mallaby, "What Elizabeth Holmes and Theranos Reveal about Venture Capitalism", *The New York Times*, 26 de janeiro de 2022.

14 "Marc Andreessen on Big Breakthrough Ideas and Courageous Entrepreneurs", entrevista ao View From The Top, Stanford Graduate School of Business, 4 de março de 2014, gsb.stanford.edu/insights/marc-andreessen-people-courage-are-determined-succeed.

15 Paul Gompers, William Gornall, Steven N. Kaplan e Ilya A. Strebulaev, "How Do Venture Capitalists Make Decisions?", *Journal of Financial Economics* 135, n. 1 (janeiro de 2020): 169–90.

16 Angela Moscaritolo, "Netflix Users Waste Ton of Time Searching for Something to Watch", *PCMag*, 21 de julho de 2016, pcmag.com/news/netflix-users-waste-ton-of--time-searching-for-something-to-watch.

17 Jerrel P. et al., "I Would Like to Know What Is the Average Length of Time a Consumer Spends Buying a Car", Wonder, 5 de junho de 2017, askwonder.com/research/know-average-length-time-consumer-spends-buying-car-vd5g8tr8c#:.

18 Gompers, Gornall, Kaplan e Strebulaev, "How Do Venture Capitalists".

19 Os memorandos da Bessemer Venture Partners estão disponíveis em bvp.com/memos.

20 Alice Singer, "Risk Management When Investing in Venture Capital: How to Avoid Debt", CBNation, 25 de dezembro de 2020, rescue.ceoblognation.com/2020/12/25/risk-management-when-investing-in-venture-capital-how-to-avoid-debt.

21 Um exemplo pode ser visto em "Amazon's Prime Pantry Phenomenon", productstrategy.co/content/files/2022/05/Amazon-PrimePantry-PR-FAQ.pdf.

22 Colin Bryar, "Working Backwards: How PR/FAQs Help Launch Successful Products like AWS, Kindle and Prime Video", Coda.io, 2023, coda.io/@colin-bryar/working-backwards-how-write-an-amazon-pr-faq.

23 "Company News: I.B.M. Forming Unit for Multimedia Developments", *The New York Times*, 21 de janeiro de 1993.

24 Josh Lerner, "Corporate Venturing", *Harvard Business Review*, outubro de 2013.

25 Ilya A. Strebulaev e Amanda Wang, "Organizational Structure and Decision-Making in Corporate Venture Capital", em andamento, Stanford Graduate School of Business, 16 de novembro de 2021, disponível em papers.ssrn.com/sol3/papers.cfm?abstract_id=3963514.

26 "The Reason for All the Fireworks!", *Tech Monitor*, 24 de janeiro de 1993, techmonitor.ai/technology/the_reason_for_all_the_fireworks.

27 Apresentação no R. H. Donnelley Investor Day, 22 de março de 2006, media.corporate-ir.net/media_files/irol/74/74700/presentations/rhdinvestorday.pdf.

28 Jon Harari, "Death of the Yellow Page Directories", LinkedIn Pulse, 29 de maio de 2019, linkedin.com/pulse/death-yellow-page-directories-jon-harari.

29 Andrew Bary, "Flashing Yellow, with Lots of Green", *Barron's*, 18 de agosto de 2008, barrons.com/articles/SB121884884595646323.

30 "Yellow Pages Offer Walk Through Time", Associated Press, 22 de fevereiro de 2005, disponível em deseret.com/2005/2/22/19878504/yellow-pages-offer-walk-through-time.

31 Jeevan Sivasubramaniam, "How You (or Anyone) Can Be a Pulitzer Prize Nominee", Berrett-Koehler Publishers, bkconnection.com/bkblog/jeevan-sivasubramaniam/how-you-or-anyone-can-be-a-pulitzer-prize-nominee.

32 "Deconstructing the Pulitzer Fiction Snub", *The New York Times*, 18 de abril de 2012, nytimes.com/2012/04/19/opinion/deconstructing-the-pulitzer-fiction-snub.html.

33 Michael Moats, "The Story of the Pulitzer That Never Was", Fiction Advocate, 11 de julho de 2012, fictionadvocate.com/2012/07/11/the-story-of-the-pulitzer-that-never-was.

34 Nem sempre foi assim. A Google limitou o número de entrevistadores após uma análise detalhada. "What's the Optimum Number of Interviews According to Google?", Cowen Partners Executive Search, cowenpartners.com/whats-the-optimum-number-of-interviews-according-to-google.

35 As fontes variam quanto às chances de se conseguir um emprego na Google, todas citando um número inferior a 1%. Esta fonte, citando um ex-diretor de RH da Google, cita 0,2%: Max Nisen, "Here's Why You Only Have a 0.2% Chance of Getting Hired at Google", *Quartz*, 22 de outubro de 2014, qz.com/285001/heres-why-you-only-have-a-0-2-chance-of-getting-hired-at-google.

36 Sangdi Lin, "Predicting Sparse Down-Funnel Events in Home Shopping with Trans-

fer and Multi-Target Learning", Zillow, 16 de abril de 2020, zillow.com/tech/predicting-sparse-down-funnel-events.
37 Erica Gonzales, "Michaela Coel Turned Down Netflix's $1 Million Offer for *I May Destroy You*", *Harper's Bazaar*, 7 de julho de 2020, harpersbazaar.com/culture/film-tv/a33234332/michaela-coel-turned-down-netflix-deal.

CAPÍTULO 5. Aposte no jóquei

1 Ali Tamaseb, *Super Founders: What Data Reveals About Billion-Dollar Startups* (Nova York: PublicAffairs, 2021). [Ed. bras.: *Superfundadores: o segredo das startups bilionárias* (São Paulo: Universo dos Livros, 2024).] Caso você esteja se perguntando qual foi o primeiro livro de Ali, ele não compete com *Superfundadores* em popularidade, embora mais de 20 mil leitores tenham apreciado seu esforço para descrever como os competidores se preparam para as Olimpíadas de Física do Irã.
2 Alex Cox, "The History of Minecraft – the Best Selling PC Game Ever", *Tech Radar*, 4 de setembro de 2020, techradar.com/news/the-history-of-minecraft.
3 "Hay Day Success Story", *Success Story*, successstory.com/products/hay-day.
4 "Supercell: About Us", supercell.com/en/about-us.
5 Mike Butcher, "Supercell Raises $12m from Accel Partners to Power Social Web Games", *TechCrunch*, 27 de maio de 2011, techcrunch.com/2011/05/26/supercell-raises-12m-from-accel-partners-to-power-social-web-games.
6 Perfil da Supercell, PitchBook, pitchbook.com/profiles/company/52225-57#overview.
7 "SoftBank Buys $1.5 Billion Stake in Finnish Mobile Games Maker Supercell", CNBC, 15 de outubro de 2013, cnbc.com/2013/10/15/softbank-buys-15-billion-stake-in-finnish-mobile-games-maker-supercell.html.
8 As avaliações mencionadas neste livro em relação a essa e a outras empresas iniciantes são, na verdade, "avaliações pós-monetárias", iguais ao produto do número total de ações diluídas e o preço por ação pago pelos investidores na última rodada. Como Gornall e Strebulaev descobriram, as avaliações pós-monetárias de empresas altamente valorizadas e financiadas por capital de risco estão, em média, 50% acima das avaliações adequadas. Ainda assim, uma avaliação pós-monetária de 3 bilhões de dólares fez da Supercell um unicórnio altamente valorizado; ver Will Gornall e Ilya A. Strebulaev, "Squaring Venture Valuations with Reality", *Journal of Financial Economics* 135, n. 1 (janeiro de 2020): 120–43.
9 Rachel Weber, "Accel Sells Supercell Shares, SoftBank Ups Stake", GamesIndustry.biz, 1º de junho de 2015, gamesindustry.biz/accel-sells-supercell-shares-softbank-ups-stake.
10 Om Malik, "Tiny Speck", OM.co, om.co/gigaom/glitch-5-million-vc-funding.
11 Matthew Ingram, "Q&A: Stewart Butterfield on the Launch of Glitch", GigaOM, 9 de fevereiro de 2010, web.archive.org/web/20100215221349/https://gigaom.com/2010/02/09/qa-stewart-butterfield-on-the-launch-of-glitch.

12 “The Startups Team, Slacking Off: Interview with Stewart Butterfield”, Startups.com, 4 de junho de 2018, startups.com/library/founder-stories/stewart-butterfield.

13 Nick Douglas, “I’m Slack CTO Cal Henderson, and This Is How I Work”, *Lifehacker*, 13 de setembro de 2017, lifehacker.com/im-slack-cto-cal-henderson-and-this-is--how-i-work-1803819796.

14 Daniel Terdiman, “Glitch Launches; CNET Offers an Instant-Entry Pass”, *CNET*, 27 de setembro de 2011.

15 Dean Takahas, “Online Game Startup Tiny Speck Raises $10.7M from Andreessen Horowitz and Accel”, *GamesBeat*, 12 de abril de 2011, venturebeat.com/games/online-game-startup-tiny-speck-raises-10-7m-from-andreessen-horowitz-and-accel.

16 “The Big Pivot: Slack’s Stewart Butterfield”, podcast *Masters of Scale*, episódio 13, mastersofscale.com/stewart-butterfield-the-big-pivot.

17 Emily St. James, “Glitch”, *AV Club*, 17 de outubro de 2011, avclub.com/glitch-1798227936.

18 “Why Did Glitch Shut Down?”, Startup Cemetery, *Failory*, failory.com/cemetery/glitch.

19 Johnny Rodgers, “The Death of Glitch, the Birth of Slack”, novembro de 2012, johnnyrodgers.is/The-death-of-Glitch-the-birth-of-Slack.

20 Christian Nutt, “The Story of Glitch: Why This Odd MMO Is Shutting Down”, *Informa Tech*, 30 de novembro de 2012, gamedeveloper.com/business/the-story-of-i--glitch-i-why-this-odd-mmo-is-shutting-down#.ULkcf4P-EsQ.

21 Justin Olivetti, “Glitch Closing Down, Cites Limited Audience”, *Engadget*, 14 de novembro de 2012.

22 Lizette Chapman, “How One VC Firm Amassed a 24% Stake in Slack Worth $4.6 Billion”, *Bloomberg*, 21 de junho de 2019, bloomberg.com/news/articles/2019-06-21/investing-in-slack-work-made-billions-for-vc-firm-accel?sref=PF9CBsza. Outras fontes relatam uma quantia ainda maior, de 6 milhões de dólares.

23 A Tiny Speck recebeu um financiamento-anjo de 1,5 milhão de dólares em 2009, seguido por um financiamento Série A de 5 milhões em 2010 e uma rodada Série B de 10,7 milhões em 2011. Se ainda houvesse 5 milhões de dólares no banco, isso representaria 29 centavos por dólar investido. Se quisessem, os ICRs poderiam ter recuperado ainda mais, caso os investidores-anjo tivessem menos direitos.

24 Chapman, “How One VC Firm”.

25 Andrew Braccia, “Slack: It’s Always Been About the People”, Accel, 20 de junho de 2019, accel.com/noteworthy/slack-its-always-been-about-the-people.

26 Caroline Fairchild, “How Ben Horowitz Accidentally Invested in Slack”, LinkedIn Pulse, 28 de abril de 2015, linkedin.com/pulse/how-ben-horowitz-accidentally-invested-slack-caroline-fairchild.

27 Paige Leskin, “YouTube Is 15 Years Old. Here’s a Timeline of How YouTube Was Founded, Its Rise to Video Behemoth, and Its Biggest Controversies Along the Way”, *Insider*, 30 de maio de 2020.

28 Eric Markowitz, “How Instagram Grew from Foursquare Knock-Off to $1 Billion Photo Empire”, *Inc.*, 10 de abril de 2012, inc.com/eric-markowitz/life-and-times--of-instagram-the-complete-original-story.html.

29 Sriram Krishnan, “How We Took Instagram to a Billion Users: Instagram Co-Founder Mike Krieger”, YouTube, 24 de janeiro de 2021, youtube.com/watch?v=sfqTlk4vDJw.

30 Adam L. Penenberg, “An Insider’s History of How a Podcasting Startup Pivoted to Become Twitter”, *Fast Company*, 9 de agosto de 2012.

31 Nicholas Carlson, “The Real History of Twitter”, *Business Insider*, 12 de abril de 2011.

32 Jimmy Jemail, “The Question: How Important Is a Jockey to a Horse?”, *Sports Illustrated Vault*, 8 de outubro de 1956, vault.si.com/vault/1956/10/08/the-question-how-important-is-a-jockey-to-a-horse.

33 Christopher Beam, “Do Jockeys Matter in Horse Races?”, *Slate*, 12 de maio de 2009, slate.com/news-and-politics/2009/05/do-jockeys-matter-at-all-in-horse-racing.html.

34 Joe Drape, “Faster Horses? Study Credits Jockeys”, *The New York Times*, 16 de julho de 2009.

35 Kit Chellel, “The Gambler Who Cracked the Horse-Racing Code”, *Bloomberg*, 3 de maio de 2018, bloomberg.com/news/features/2018-05-03/the-gambler-who--cracked-the-horse-racing-code?sref=PF9CBsza.

36 Gompers, Gornall, Kaplan e Strebulaev, “How Do Venture Capitalists”.

37 Uma exceção foi o setor de saúde, especialmente nas rodadas finais. Uma possível explicação é que, em muitos investimentos em biotecnologia, grande parte da incerteza inicial é resolvida antes de os investidores aportarem seu dinheiro; por exemplo, a pesquisa científica sobre a eficácia de um medicamento pode já ter ocorrido.

38 William D. Bygrave e Jeffry Timmons, *Venture Capital at the Crossroads* (Cambridge, MA: Harvard Business School Press, 1992), 104.

39 Henry F. McCance, entrevista a Carole Kolker, 14 de outubro de 2010, Computer History Museum, archive.computerhistory.org/resources/access/text/2019/03/102781068-05-01-acc.pdf. Trecho levemente adaptado.

40 A história de criação e desenvolvimento do Gmail, incluindo o papel de Paul Buchheit nisso, é descrita em detalhes por Jessica Livingston em *Founders at Work: Stories of Startups’ Early Days* (Berkeley, CA: Apress, 2007), ver p. 162 para as citações. [Ed. bras.: *Startup: fundadores da Apple, do Yahoo!, Hotmail, Firefox e Lycos contam como nasceram suas empresas milionárias* (Rio de Janeiro: Agir, 2009).]

41 Harry McCracken, “How Gmail Happened: The Inside Story of Its Launch 10 Years Ago”, *Time*, 1º de abril de 2014.

42 Sobre o Google News, ver Harry McCracken, “An Exclusive Look Inside Google In-House Incubator Area 120”, *Fast Company*, 3 de dezembro de 2018.

43 Sobre o Google Talk, ver Gary Price, “Where Did Google Talk Come From?”, *Search Engine Watch*, 30 de agosto de 2005, searchenginewatch.com/2005/08/30/where--did-google-talk-come-from.

44 Sobre o Google Scholar, ver Richard Van Noorden, "Google Scholar Pioneer Reflects on the Academic Search Engine's Future", *Scientific American*, 10 de novembro de 2014.
45 Meredith Somers, "Intrapreneurship, Explained", MIT Management Sloan School, 21 de junho de 2018, mitsloan.mit.edu/ideas-made-to-matter/intrapreneurship-explained.
46 Norman Macrae, "Intrapreneurial Now: Big Goes Bust", *The Economist*, 17 de abril de 1982, 47–48.
47 Gerald C. Lubenow, "Jobs Talks About His Rise and Fall", *Newsweek*, 29 de setembro de 1985.
48 Oriana González, "Hispanic Heritage: Happy Meals Migrated from Guatemala", *Axios*, 7 de outubro de 2021, axios.com/2021/10/07/guatemala-mcdonalds-happy--meal-hispanic-heritage.
49 Livingston, *Founders at Work* [*Startup*].
50 Zach Brook, "How Bodexpress Ran the 2019 Preakness Without a Jockey", NBC Sports, 18 de maio de 2019, nbcsports.com/betting/horse-racing/news/how-bodexpress-ran-the-2019-preakness-without-a-jockey.
51 Kelsey Doyle, "DoorDash CEO Tony Xu on Why Obsession with Detail Matters", entrevista ao View From The Top, Stanford Graduate School of Business, 16 de junho de 2021, gsb.stanford.edu/insights/doordash-ceo-tony-xu-why-obsession--detail-matters.
52 "Airbnb Founders: Brian Chesky, Nathan Blecharcyzk, and Joe Gebbia", Hostaway, hostaway.com/airbnb-founders.
53 Matthew Herper, "At 24, Two Entrepreneurs Took On Cancer. At 32, They're Worth Hundreds of Millions", *Forbes*, 14 de novembro de 2018.
54 Morgan Brown, "AirBnb: The Growth Story You Didn't Know", GrowthHackers, growthhackers.com/growth-studies/airbnb.
55 Myles McCormick e Anjli Raval, "Orsted Chief Henrik Poulsen Resigns", *Financial Times*, 15 de junho de 2020.
56 Abu M. Jalal e Alexandros P. Prezas, "Outsider CEO Succession and Firm Performance", *Journal of Economics and Business* 64, n. 6 (novembro–dezembro de 2012): 399–426.
57 Tristan L. Botelho e Melody Chang, "The Evaluation of Founder Failure and Success by Hiring First: A Field Experiment", *Organization Science* 34, n. 1 (2022): 484–508.
58 Mat Honan, "Remembering the Apple Newton's Prophetic Failure and Lasting Impact", *Wired*, 5 de agosto de 2013.
59 "Talking Leadership, Failure, Side-Projects and Success with Cal Henderson", podcast *The Orbit Shift*, temporada 1, episódio 10, 10 de novembro de 2020, theorbitshift.com/2020/11/10/talking-leadership-failure-side-projects-and-success-with-cal-henderson.
60 Parsa Saljoughian, "7 Lessons from Andy Rachleff on Product-Market Fit", *Medium*,

11 de maio de 2017, medium.com/parsa-vc/7-lessons-from-andy-rachleff-on-product-market-fit-9fc5eceb4432.

61 Steven N. Kaplan, Berk A. Sensoy e Per Strömberg, "Should Investors Bet on the Jockey or the Horse? Evidence from the Evolution of Firms from Early Business Plans to Public Companies", *Journal of Finance* 64, n. 1 (2009): 75–115.

62 "How Long Does It Take to Cook a Burger on the Grill?", McDonald's, 21 de maio de 2018, mcdonalds.com/gb/en-gb/help/faq/how-long-does-it-take-to-cook-a-burger-on-the-grill.html.

63 "Toyota Production System", Toyota Company Information, Vision and Philosophy, global.toyota/en/company/vision-and-philosophy/production-system.

64 Justinas Baltrusaitis, "Amazon Hires 50,000 More Workers for 2021 Holiday Season Than in 2020", *Finbold*, 23 de novembro de 2021.

65 Para saber mais sobre os princípios de Taylor, ver, por exemplo, David A. Hounshell, "The Same Old Principles in the New Manufacturing", *Harvard Business Review*, novembro de 1988. O próprio livro de Taylor é bastante acessível: Frederick Winslow Taylor, *The Principles of Scientific Management* (Nova York/Londres: Harper & Brothers, 1913). [Ed. bras.: *Princípios de administração científica* (Rio de Janeiro: LTC, 2020).]

66 Após as vendas de DVDs terem atingido um pico de 16,3 bilhões de dólares em 2005, houve uma queda de 3% em 2006. No ano seguinte as vendas aumentaram em cerca de 0,5%. De 2007 a 2008, caíram 26%. Sarah Whitten, "The Death of the DVD: Why Sales Dropped More than 86% in 13 Years", CNBC, 8 de novembro de 2019.

67 "Hollywood Video Owner Files for Bankruptcy", NBC News, 3 de fevereiro de 2010, nbcnews.com/id/wbna35222092.

68 Eric Savitz, "Chicken Soup Completes Redbox Acquisition, Ending a Weird Meme-Stock Tale", *Barron's*, 11 de agosto de 2022.

69 Robert Channick, "Redbox Rolls Out Streaming Video Service", *Chicago Tribune*, 13 de dezembro de 2017.

70 "How Netflix Became the Leader in Original Content", *Socialnomics*, 5 de dezembro de 2018, socialnomics.net/2018/12/05/how-netflix-became-the-leader-in-original-content.

71 Bill Snyder, "Netflix Founder Reed Hastings: Make as Few Decisions as Possible", Stanford Graduate School of Business, 3 de novembro de 2014, gsb.stanford.edu/insights/netflix-founder-reed-hastings-make-few-decisions-possible.

72 John Hecht, "Netflix Chief Downplays Nielsen Plans to Measure Streaming Service Viewership", *Hollywood Reporter*, 24 de novembro de 2014, hollywoodreporter.com/tv/tv-news/netflix-chief-downplays-nielsen-plans-751931.

73 James Laube, "Technique vs. Terroir", *Wine Spectator*, 2 de outubro de 2013.

74 Eric Stern, "The Cube Project: Challenging Assumptions About Terroir and Technique", *Wine Business*, 13 de maio de 2013.

75 Dwight Furrow, "The Cube Project Demonstrates the Fragility of Terroir", *Edible Arts*, 3 de outubro de 2013.

76 Perfil de Robert Langer, *Forbes*, forbes.com/profile/robert-langer.
77 "Professor Robert S. Langer", MIT Langer Lab, langerlab.mit.edu/langer-bio.
78 "Highly Cited Researchers 2023", AD Scientific Index 2023, adscientificindex.com/scientist/robert-langer/1343674.
79 "Case Study: Robert Langer", History Associates Incorporated, 10 de fevereiro de 2021, lemelson.mit.edu/sites/default/files/2021-02/%20LMIT_Langer_CaseStudy.pdf.
80 Lucas Tan, "Prof Who Went on to Co-Found Moderna Was Told to 'Find Another Job' After Pitching Drug Delivery Idea", *The Straits Times* (Singapura), 4 de fevereiro de 2023, straitstimes.com/singapore/moderna-co-founder-told-to-find-another-job-after-pitching-vaccine-delivery-idea.
81 Varun Saxena, "Robert Langer Talks Science, Business and How They Intersect", *Fierce Pharma*, 15 de outubro de 2014, fiercepharma.com/partnering/robert-langer-talks-science-business-and-how-they-intersect.
82 O método de administração de medicamentos de Langer foi fundamental para a criação de vacinas de mRNA. Laura Hood, "How Robert Langer, a Pioneer in Delivering mRNA into the Body, Failed Repeatedly but Kept Going: 'They Said I Should Give Up, but I Don't Like to Give Up'", *The Conversation*, 26 de abril de 2022, theconversation.com/how-robert-langer-a-pioneer-in-delivering-mrna-into-the-body-failed-repeatedly-but-kept-going-they-said-i-should-give-up-but-i-dont-like-to-give-up-181417.
83 Zoe Corbyn, "Moderna Co-Founder Robert Langer: 'I Wanted to Use My Chemical Engineering to Help People'", *The Guardian*, 12 de março de 2022.

CAPÍTULO 6. Concorde em discordar

1 Erica van de Waal, Christèle Borgeaud e Andrew Whiten, "Potent Social Learning and Conformity Shape a Wild Primate's Foraging Decisions", *Science* 340, n. 6131 (2013): 483–85, science.org/doi/10.1126/science.1232769; inclui vídeos dos macacos.
2 B. Latané e J. Darley, "Group Inhibition of Bystander Intervention in Emergencies", *Journal of Personality and Social Psychology* 10, n. 3 (novembro de 1968): 215–21.
3 "The Smoky Room Experiment: Trust Your Instincts", Academy 4SC, academy4sc.org/video/the-smoky-room-experiment-trust-your-instincts.
4 Naquele dia, tivemos a oportunidade de observar apenas quatro das dez equipes em suas salas, com os olhos grudados em nossas telas e fazendo anotações rapidamente. Quinze minutos depois, quando passamos para as outras seis salas – como você pode imaginar –, a decisão já estava tomada e as equipes haviam saído ou estavam debatendo sobre como apresentariam sua proposta. Gostaríamos de ter gravado os debates de todas as equipes!
5 "David Sze Disagreed with Reid Hoffman's Airbnb Investment", podcast *The Pitch*, episódio 8, 7 de dezembro de 2020, 02min06s, podclips.com/c/mRrrjC.

6 "Reid Hoffman – Surprising Entrepreneurial Truths", *The Jordan Harbinger Show*, episódio 611, jordanharbinger.com/reid-hoffman-surprising-entrepreneurial-truths.

7 De cada cem fundos de capital de risco com taxa de IPO alta, apenas quarenta seguiam a regra da unanimidade; entre aqueles de IPO baixa, eram 52; Paul Gompers, William Gornall, Steven N. Kaplan e Ilya A. Strebulaev, "How Do Venture Capitalists Make Decisions?", *Journal of Financial Economics* 135, n. 1 (janeiro de 2020): 169–90.

8 Urmee Khan, "BBC 'Meeting Culture' Stopping People Doing Jobs, Says Boss", *The Telegraph*, 1º de abril de 2010.

9 Paul Ziobro, "Floundering Mattel Tries to Make Things Fun Again", *The Wall Street Journal*, 22 de dezembro de 2014.

10 Foi a primeira derrota de Tyson após 37 vitórias, 33 delas por nocaute.

11 James Sterngold, "Tyson Loses World Title in a Stunning Upset", *The New York Times*, 11 de fevereiro de 1990.

12 Betswapgg, "Against the Grain: How Contrarian Betting Can Boost Your Sports Betting Payouts", *Medium*, 8 de março de 2023, medium.com/@Betswapgg/against--the-grain-how-contrarian-betting-can-boost-your-sports-betting-payouts-8780b-f748cbc.

13 Lee Cleveland, "Tyson vs Douglas Odds: Some Lost a Fortune", *FightSaga*, 3 de julho de 2022, fightsaga.com/fightsaga/news/tyson-vs-douglas-odds-some-lost-big-money.

14 *Business Insider*, "RAY DALIO: You Have to Bet Against the Consensus and Be Right to Be Successful in the Markets", vídeo do YouTube, 3min27s, 22 de setembro de 2017, youtube.com/watch?v=NovJFwpJSCI.

15 David Chambers, "Keynes' Asset Management: King's College, 1921–1946: The British Origins of the US Endowment Model", Centre for Economic Policy Research, *Vox EU*, 20 de outubro de 2014, cepr.org/voxeu/columns/keynes-asset-management-kings-college-1921-1946-british-origins-us-endowment-model.

16 Mark Johnston, "Keynes the Investor", *Econfix*, 1º de agosto de 2012, econfix.wordpress.com/2012/08/01/keynes-the-investor.

17 Clara Lindh Bergendorff, "On VC Non-Consensus, Outsized Returns, and Why I Won't Wear a Patagonia Vest", *Forbes*, 8 de março de 2020.

18 A ideia original é atribuída a Howard Marks, da Oaktree, que descreveu esse fato numa matriz muito semelhante. Howard Marks, "I Beg to Differ", Oaktree, 26 de julho de 2022, oaktreecapital.com/insights/memo/i-beg-to-differ.

19 "Enron's PRC: A Walk Down Memory Lane of a Symbol of Poor Governance", *People Matters*, 29 de abril de 2018, peoplematters.in/article/performance-management/enrons-prc-a-walk-down-memory-lane-of-a-symbol-of-poor-governance-18115.

20 Clinton Free e Norman B. Macintosh, "Management Control Practice and Culture at Enron: The Untold Story", CAAA 2006 Annual Conference Paper, 6 de agosto de 2006, ssrn.com/abstract=873636.

21 Cat Clifford, "Billionaire Ray Dalio: Here Are 'the Most Valuable 3 Minutes of Thoughts That I Could Possibly Share'", CNBC, 22 de junho de 2018, cnbc.

com/2018/06/22/ray-dalios-top-success-tip-listen-to-people-who-disagree-with--you.html.

22 John Monash, "War Letters of General Monash: Volume 1, 24 December 1914–4 March 1917", Australian War Memorial, awm.gov.au/collection/C2077750?image=1.

23 Gompers, Gornall, Kaplan e Strebulaev, "How Do Venture Capitalists".

24 "Two-Pizza Teams", Amazon Web Services, docs.aws.amazon.com/whitepapers/latest/introduction-devops-aws/two-pizza-teams.html.

25 Charles Wilkin, "Robert Sutton: 'Do Your Team Meetings Pass the Two-Pizza Test?'", *Wired*, abril de 2014, wired.co.uk/article/team-meetings-two-pizza-test.

26 Ziobro, "Floundering Mattel".

27 J. Richard Hackman e Neil Vidmar, "Effects of Size and Task Type on Group Performance and Member Reactions", *Sociometry* 33, n. 1 (março de 1970): 37–54.

28 David Maxfield, Joseph Grenny, Ron McMillan, Kerry Patterson e Al Switzler, "Silence Kills: The Seven Crucial Conversations in Healthcare", *Vital Smarts*, 2011, hks.harvard.edu/sites/default/files/Academic%20Dean's%20Office/communications_program/workshop-materials/Moss_Article%20ref%20in%20Workshop%20Silence%20Kills.pdf.

29 Robert F. Kennedy, *Thirteen Days: A Memoir of the Cuban Missile Crisis* (Nova York: W. W. Norton, 1969). [Ed. bras.: *Treze dias que abalaram o mundo* (Porto Alegre: Citadel, 2022).]

30 Irving L. Janis, "Groupthink", in *Readings in Managerial Psychology*, org. Harold J. Leavitt, Louis R. Pondy e David M. Boje (Chicago: University of Chicago Press, 1971).

31 Uma discussão mais detalhada pode ser encontrada em Morten T. Hansen, *Collaboration: How Leaders Avoid the Traps, Build Common Ground, and Reap Big Results* (Boston: Harvard Business Press, 2009). [Ed. bras.: *Colaboração: o segredo dos grandes líderes para evitar armadilhas, promover a união e conseguir excelentes resultados* (Rio de Janeiro: Elsevier, 2010).]

32 Tim Brinkhof, "Devil's Advocate Used to Be an Actual Job Within the Catholic Church", *Big Think*, 11 de julho de 2022, bigthink.com/high-culture/devil-advocate-catholic-church.

33 "Marc Andreessen", podcast *Tim Ferriss Show*, episódio 163, 1º de janeiro de 2018, tim.blog/2018/01/01/the-tim-ferriss-show-transcripts-marc-andreessen.

34 Aaron De Smet, Tim Koller e Dan Lovallo, "Bias Busters: Getting Both Sides of the Story", *McKinsey Quarterly*, 4 de setembro de 2019.

35 Para uma discussão detalhada sobre como esse sistema funciona, ver William Kaplan, *Why Dissent Matters: Because Some People See Things the Rest of Us Miss* (Montreal/Kingston: McGill-Queen's University Press, 2017); um trecho está disponível em "How Israeli Intelligence Failures Led to a 'Devil's Advocate' Role", *Toronto Star*, 21 de maio de 2017, thestar.com/news/insight/how-israeli-intelligence-failures-led-to-a-devils-advocate-role/article_2189cca3-c059-5608-a666-40656f907534.html.

36 Adam Grant, *Originals: How Non-Conformists Move the World* (Nova York: Viking, 2016). [Ed. bras.: *Originais: como os inconformistas mudam o mundo* (Rio de Janeiro: Sextante, 2017).]

37 "Shaving Start-Up Firm Bought by Unilever", BBC Business, 20 de julho de 2016, bbc.com/news/business-36791928.

38 Ian Parker, "Absolute PowerPoint", *The New Yorker*, 28 de maio de 2001.

39 "Oral History of C. Richard 'Dick' Kramlich, Part 1", entrevista a David C. Brock, 31 de março de 2015, Computer History Museum, archive.computerhistory.org/resources/access/text/2016/03/102740064-05-01-acc.pdf.

40 Daniel Geller e Dayna Goldfine (direção), *Something Ventured*, Zeitgeist Films, 2011, vídeo disponível em vimeo.com/105745528.

41 Robert Gaskins, *Sweating Bullets: Notes About Inventing PowerPoint* (São Francisco/Londres: Vinland Books, 2012).

42 Andy Wu, "Organizational Decision-Making and Information: Angel Investments by Venture Capital Partners", em andamento, 10 de novembro de 2015, disponível em dx.doi.org/10.2139/ssrn.2656896.

43 Dan Primack, "Peter Thiel's Founders Fund Isn't Really Peter Thiel's Founders Fund", *Axios*, 19 de fevereiro de 2020, axios.com/2020/02/19/peter-thiel-founders-fund.

44 Brandon Wales, "Getting to 'Yes': The Black Box of Venture Capital Decision Making", Headline, 6 de maio de 2020, headline.com/asia/en-us/post/getting-to-yes--the-black-box-of-venture-capital.

CAPÍTULO 7. Dobre a aposta ou desista

1 "Sequoia's Michael Moritz: Venture Capital Is 'High-Risk Poker'", Bloomberg Originals, 19 de outubro de 2015, disponível em youtube.com/watch?v=k8Qxk5p2xnE.

2 A referência mais antiga ao pôquer e ao capital de risco que encontramos está em Fred Wilson, "The Poker Analogy", AVC, 17 de novembro de 2004, avc.com/2004/11/the_poker_analo.

3 Embora em ambos os jogos a sorte possa determinar quem faz o primeiro movimento, isso não importa no cômputo geral, pois a cada partida os jogadores alternam a cor das peças.

4 "6 Psychological Gains Playing Poker Can Give You", *American Post*, 7 de março de 2023, americanpost.news/psychological-gains-playing-poker.

5 John von Neumann e Oskar Morgenstern, *Theory of Games and Economic Behavior* (1944; Princeton, NJ: Princeton University Press, 2007).

6 Até que alguém pague, os jogadores também podem passar a ação, mas mantendo a opção de desistir, aumentar ou apostar novamente mais tarde na mesma rodada.

7 Para mais informações, ver Richard D. Harroch e Lou Krieger, *Poker for Dummies* (Hoboken, NJ: John Wiley & Sons, 2000). [Ed. bras.: *Poker para leigos* (Rio de Janeiro: Alta Books, 2011).]

8 Para exemplos, ver Maria Konnikova, *The Biggest Bluff: How I Learned to Pay Attention, Master Myself, and Win* (Nova York: Penguin Press, 2020); Annie Duke, *Thinking in Bets: Making Smarter Decisions When You Don't Have All the Facts* (Nova York: Portfolio/Penguin, 2018). [Ed. bras.: *Pensar em apostas: decidindo com inteligência quando não se tem todos os fatos* (Rio de Janeiro: Alta Books, 2023).]

9 Um famoso texto descreve a analogia entre pôquer e capital de risco em estágio inicial: Fred Wilson, 17 de novembro de 2004, "The Poker Analogy", avc.com/2004/11/the_poker_analo.

10 Patrick Harvey, "When to Fold in Poker (Before and After the Flop)", Upswing Poker, 7 de julho de 2021, upswingpoker.com/when-to-fold-in-poker-before-after-flop.

11 Eric Rosenbaum e Ellen Sheng, "Marriott Built Its Own 'Airbnb' Before Coronavirus Crashed Business Travel. Did It Help?", CNBC, 13 de setembro de 2020, cnbc.com/2020/09/13/marriott-built-its-airbnb-before-coronavirus-crash-did-it-help.html.

12 Cory Weinberg, "Airbnb's Biggest IPO Winners", *The Information*, 7 de dezembro de 2020, theinformation.com/articles/airbnbs-biggest-ipo-winners.

13 Brian Chesky, "How Much Money Did Airbnb Raise? What Is the Company's Financing History?", Quora, 2015, quora.com/How-much-money-did-Airbnb-raise-What-is-the-companys-financing-history/answer/Brian-Chesky.

14 Rebecca Aydin, "How 3 Guys Turned Renting Air Mattresses in Their Apartment into a $31 Billion Company, Airbnb", *Insider*, 20 de setembro de 2019.

15 "AirBnB IPO: All You Need to Know", Eqvista, 6 de janeiro de 2021, eqvista.com/airbnb-ipo-all-you-need-to-know.

16 Aqui e em outros trechos, quando nos referimos à avaliação de empresas de capital fechado financiadas por capital de risco, falamos da avaliação pós-monetária.

17 Jenna Wortham, "Airbnb Raises Cash to Expand Budget-Travel Service", *The New York Times*, 10 de novembro de 2010.

18 Jessica E. Lessin, "Thiel in Talks to Invest in Airbnb at $2.5 Billion Valuation", *The Wall Street Journal*, 19 de outubro de 2012.

19 Robert Lavine, "The Big Deal: Airbnb Checks in to $10bn Club", *Global Corporate Venturing*, 10 de agosto de 2014, globalventuring.com/corporate/the-big-deal-airbnb-checks-in-to-10bn-club.

20 Todas as avaliações mencionadas aqui são avaliações pós-monetárias relatadas no PitchBook e em outras fontes.

21 Ilya Strebulaev, "How Many Rounds Do Startups Raise by the Time They Become a Unicorn?", LinkedIn, junho de 2023, linkedin.com/posts/ilyavcandpe_stanford-stanfordgsb-venturecapital-activity-7067499237495762945-RraZ.

22 Reid Hoffman, postagem no Twitter, 29 de março de 2017, twitter.com/reidhoffman/status/847142924240379904.

23 Danny Sheridan, "June 16: Minimum Lovable Product", Fact of the Day 1 (*Substack*), 16 de junho de 2021, factoftheday1.com/p/june-16-minimum-loveable-product.

24 Se você tiver aulas de finanças, vai perceber a semelhança com as opções financeiras, como as opções de ações. No entanto, embora as opções tenham tudo a ver com direitos e não com obrigações, a forma técnica com que as opções são ensinadas geralmente não transmite a sensação de flexibilidade por parte do tomador de decisões.

25 Riley McDermid, "Picplz 1, Instagram 0 as VC Firm Andreessen Horowitz Chooses Photo App Rival", *VentureBeat*, 11 de novembro de 2010, venturebeat.com/entrepreneur/picplz-1-instagram-0-as-vc-firm-andreessen-horowitz-defects-to-photo-app-rival.

26 Piet H. van der Graaf, "Probability of Success in Drug Development", *Clinical Pharmacology & Therapeutics* 111, n. 5 (19 de abril de 2022): 983–85.

27 Phoebe Sedgman e Jasmine Ng, "Iron Ore Seen Stabilizing by Biggest Shipper as Mines Shut Down", *Bloomberg*, 17 de setembro de 2014, bloomberg.com/news/articles/2014-09-17/iron-ore-seen-stabilizing-by-australia-as-mine-closures-spread#xj4y7vzkg.

28 Daniel Fitzgerald, "Iron Ore Mining Comeback in NT Sparks Environmental, Fishing and Cultural Concerns", ABC News (Austrália), 17 de setembro de 2018, abc.net.au/news/rural/2018-09-18/nt-iron-ore-mine-comeback-spark-environmental-fishing-concerns/10060256.

29 James Jianxin Gong, S. Mark Young e Wim A. Van der Stede, "Real Options in the Motion Picture Industry: Evidence from Film Marketing and Sequels", *Contemporary Accounting Research* 28, n. 5 (inverno de 2011): 1438–66.

30 Kira Deshler, "The Untold Truth of *My Big Fat Greek Wedding*", *Looper*, 27 de abril de 2022, looper.com/845207/the-untold-truth-of-my-big-fat-greek-wedding.

31 Jon Krakauer, *Into Thin Air* (Nova York: Villard, 1997). [Ed. bras.: *No ar rarefeito* (São Paulo: Companhia de Bolso, 2018).]

32 Juan Felipe Aegerter Alvarez, Aferdita Pustina e Markus Hällgren, "Escalating Commitment in the Death Zone: New Insights from the 1996 Mount Everest Disaster", *International Journal of Project Management* 29, n. 8 (dezembro de 2011): 971–85.

33 Katie Serena, "Rob Hall Is Proof That It Doesn't Matter How Experienced You Are – Everest Is Still a Deadly Climb", *All That's Interesting*, 6 de abril de 2018, allthatsinteresting.com/rob-hall.

34 Dustin J. Sleesman, Anna C. Lennard, Gerry McNamara e Donald E. Conlon, "Putting Escalation of Commitment in Context: A Multilevel Review and Analysis", *Academy of Management Annals* 12, n. 1 (2017).

35 Ver, por exemplo, Jan Simpson, "The Sunk Cost Fallacy in Poker", 888 Poker, 6 de novembro de 2022, 888poker.com/magazine/strategy/sunk-cost-fallacy-poker.

36 Techienerd, "Typical Beginner Mistakes", Pokerology, 4 de julho de 2023, pokerology.me/beginner-mistakes.

37 Jason Rodrigues, "Barings Collapse at 20: How Rogue Trader Nick Leeson Broke the Bank", *The Guardian*, 24 de fevereiro de 2015.

38 Richard W. Stevenson, "Breaking the Bank: Big Gambles, Lost Bets Sank a Venerable Firm", *The New York Times*, 3 de março de 1995.

39 B. M. Staw, "Knee-Deep in the Big Muddy: A Study of Escalating Commitment to a Chosen Course of Action", *Organizational Behavior and Human Performance* 16 (1976): 27–44.

40 M. A. Davis e P. Bobko, "Contextual Effects on Escalation Processes in Public Sector Decision Making", *Organizational Behavior and Human Decision Processes* 37, n. 1 (1986): 121–38.

41 Outro "milionário" em 2001, Charles Ingram, conhecido como "Coughing Major", acabou por se revelar uma fraude. Essa é uma história à parte e intrigante por si só.

42 Jessica Mathews, "Lightspeed Formed a Re-Investment Team to Help the VC Prepare for a Downturn", *Fortune*, 20 de julho de 2022.

43 Gené Teare, "How Lightspeed Venture Partners Doubles Down", *Crunchbase News*, 26 de setembro de 2022, news.crunchbase.com/venture/lightspeed-investment-strategy-alloy-tost-brze-ampl.

44 "Lessons in Candour from Pixar's Braintrust", Destination Innovation, shortform.com/blog/pixar-braintrust.

45 James Surowiecki, *The Wisdom of Crowds* (Nova York: Doubleday, 2004), capítulo 1. [Ed. bras.: *A sabedoria das multidões* (Rio de Janeiro: Record, 2006).]

46 "Criteria", Versatile VC, versatilevc.com/criteria.

47 Michael Ewens, Matthew Rhodes-Kropf e Ilya A. Strebulaev, "Insider Financing and Venture Capital Returns", Stanford University Graduate School of Business Research Paper No. 16-45, 9 de outubro de 2016, disponível em papers.ssrn.com/sol3/papers.cfm?abstract_id=2849681.

48 "A Case Study in Combating Bias", *McKinsey Quarterly*, 11 de maio de 2017.

49 Arnab Shome, "Walmart to Launch New Fintech with Ribbit Capital Partnership", *Finance Magnates*, 1º de dezembro de 2021, financemagnates.com/fintech/news/walmart-to-launch-new-fintech-with-ribbit-capital-partnership.

50 "Google's Self-Driving Sister, Waymo, Gets First Outside Investors", Reuters, 3 de março de 2020, disponível em auto.economictimes.indiatimes.com/news/aftermarket/googles-self-driving-sister-waymo-gets-first-outside-investors/74450729?redirect=1.

51 Will Gornall e Ilya A. Strebulaev, "A Valuation Model of Venture Capital-Backed Companies with Multiple Financing Rounds", em andamento, 12 de fevereiro de 2021, disponível em papers.ssrn.com/sol3/papers.cfm?abstract_id=3725240.

52 Ilya Strebulaev, postagem no LinkedIn, 15 de janeiro de 2023, linkedin.com/posts/ilyavcandpe_stanford-stanfordgsb-venturecapital-activity-7021853740760539136-jpgu.

53 Tren Griffin e Chris Dixon, "12 Things I Learned from Chris Dixon About Startups", Andreessen Horowitz, 18 de janeiro de 2015, a16z.com/2015/01/18/12-things-learned-from-chris-dixon-about-startups.

54 Felix Behr, "The Reason McDonald's Has Stopped Serving Its Plant-Based Burger", *Tasting Table*, 3 de agosto de 2022.

55 Brian Viner, "Three Wise Men, a Star and a Miracle", *Independent*, 23 de dezembro de 1999.

56 "Amazon Prime Experiences Another Record-Breaking Holiday Season", comunicado de imprensa da Amazon, *Business Wire*, 26 de dezembro de 2014, businesswire.com/news/home/20141226005033/en/Amazon-Prime-Experiences-Another-Record-Breaking-Holiday-Season.

57 Ben Fox Rubin, "Why Amazon Built a Warehouse Inside a Midtown Manhattan Office Tower", *CNET*, 21 de dezembro de 2015, cnet.com/tech/services-and-software/why-amazon-built-a-warehouse-inside-a-midtown-manhattan-office-tower.

58 Ángel González, "For Amazon Exec Stephenie Landry, the Future Is Now", *Seattle Times*, 21 de maio de 2016.

59 Brian Solis, Jerome Buvat, Subrahmanyam KVJ e Rishi Raj Singh, "The Innovation Game: Why and How Businesses Are Investing in Innovation Centers", Capgemini Consulting and Altimeter, 2015, capgemini.com/consulting/wp-content/uploads/sites/30/2017/07/innovation_center_v14.pdf.

60 Astro Teller, "The Unexpected Benefit of Celebrating Failure", TED Talk, fevereiro de 2016, ted.com/talks/astro_teller_the_unexpected_benefit_of_celebrating_failure/transcript.

61 Astro Teller, "The Secret to Moonshots? Killing Our Projects" (adaptado do TED Talk de 2016), *Wired*, 16 de fevereiro de 2016, wired.com/2016/02/the-secret-to-moonshots-killing-our-projects.

62 "Watch How Google X Employees Deal with Failure: An Inside Look at the Inner-Workings of Google's Top-Secret Research Lab", *Fast Company*, 15 de abril de 2014.

63 Astro Teller, "A Peek Inside the Moonshot Factory Operating Manual", *Medium*, 23 de julho de 2016, blog.x.company/a-peek-inside-the-moonshot-factory-operating-manual-f5c33c9ab4d7.

64 Obi Felten, "How to Kill Good Things to Make Room for Truly Great Ones", *Medium*, 9 de março de 2016, blog.x.company/how-to-kill-good-things-to-make-room-for-truly-great-ones-867fb6ef026.

CAPÍTULO 8. Faça o bolo crescer

1 Diego Puga e Daniel Trefler, "International Trade and Institutional Change: Medieval Venice's Response to Globalization", *Quarterly Journal of Economics* (2014): 753–821.

2 Ellen Kittell e Thomas Madden (org.), *Medieval and Renaissance Venice* (Urbana/Chicago: University of Illinois Press, 1999), capítulo 1.

3 Clayton M. Christensen, Efosa Ojomo e Karen Dillon, "How We Build National Institutions Plays a Crucial Role in Ensuring Prosperity for Developing Nations", *Quartz*, 15 de janeiro de 2019, qz.com/africa/1523669/clayton-christiensen-develop-national-institutions-for-prosperity.

4 Lance E. Davis, Robert E. Gallman e Karin Gleiter, *In Pursuit of Leviathan: Technology, Institutions, Productivity, and Profits in American Whaling, 1816–1906* (Chicago: University of Chicago Press, 1997), capítulo 10.

5 "How Much Did Things Cost in 1850's USA?", Another Androsphere Blog, 14 de março de 2013, anotherandrosphereblog.blogspot.com/2013/03/how-much-did-things-cost-in-1850s-usa.html.

6 Lance Davis, Robert E. Gallman e Teresa Hutchins, "Productivity in American Whaling: The New Bedford Fleet in the Nineteenth Century", Working Paper 2477, National Bureau of Economic Research, dezembro de 1987, nber.org/papers/w2477.

7 Tom Nicholas, *VC: An American History* (Cambridge, MA: Harvard University Press, 2019).

8 Tom Nicholas e Jonas Peter Atkins, "Whaling Ventures", Harvard Business School Case 813-086, outubro de 2012, revisado em fevereiro de 2019, hbs.edu/faculty/Pages/item.aspx?num=43322.

9 Davis, Gallman e Gleiter, *In Pursuit of Leviathan*.

10 "Whales and Hunting", New Bedford Whaling Museum, whalingmuseum.org/learn/research-topics/whaling-history/whales-and-hunting.

11 Essa é uma simplificação, pois nos últimos anos dos FCRs a taxa geralmente é a porcentagem dos ativos sob gestão. Além disso, a taxa pode se desviar de 2% ou mudar ao longo do horizonte de tempo do fundo.

12 Paul Solman, "Is Carried Interest Simply a Tax Break for the Ultra Rich?", *PBS News Hour*, 29 de outubro de 2015, pbs.org/newshour/economy/carried-interest-simply-tax-break-ultra-rich.

13 Vladimir V. Korobov, "Carried Interest: What It Represents and How to Value It and Why", Marcum Accountants and Advisors, 7 de novembro de 2019, marcumllp.com/insights/carried-interest-what-it-represents-and-how-to-value-it-and-why.

14 C. Bram Cadsby, Fei Song e Francis Tapon, "Sorting and Incentive Effects of Pay for Performance: An Experimental Investigation", *Academy of Management Journal* 50, n. 2 (abril de 2007): 387–405.

15 Sue Fernie e David Metcalf, "It's Not What You Pay, It's the Way That You Pay It and That's What Gets Results: Jockeys' Pay and Performance", *Labour* 13, n. 2 (junho de 1999): 385–411.

16 Peter Delevett, "2013: Twitter's IPO Means 1,600 New Millionaires – and More Good News for Silicon Valley", *Mercury News*, 8 de novembro de 2013.

17 Owen Edwards, "Legends: Arthur Rock", *Forbes*, 1º de junho de 1998.

18 Sally Smith Hughes, entrevista com Arthur Rock, "Early Bay Area Venture Capitalists: Shaping the Economic and Business Landscape", Regional Oral History Office, Universidade da Califórnia, 2009, digitalassets.lib.berkeley.edu/roho/ucb/text/rock_arthur.pdf.

19 Fairchild, "The 50th Year Photo Album", disponível em web.archive.org/

web/20160303174538/http://corphist.computerhistory.org/corphist/documents/doc-473a252347d41.pdf?PHPSESSID=ccd241.

20 "Fairchild Lunar Mapping Camera System Scrapbook Hutchins", NASM.2015.0048, National Air and Space Museum, Smithsonian Institution, airand space.si.edu/collection-archive/fairchild-lunar-mapping-camera-system-scrapbook-hutchins/sova-nasm-2015-0048.

21 "Sherman Mills Fairchild", disponível em web.archive.org/web/20191118003924/http://www.bcwarbirds.com/sherman_fairchild_bio.htm.

22 Leslie Berlin, *The Man Behind the Microchip: Robert Noyce and the Invention of Silicon Valley* (Nova York: Oxford University Press, 2005), 89.

23 Joseph Blasi, Douglas Kruse e Aaron Bernstein, *In the Company of Owners: The Truth About Stock Options (and Why Every Employee Should Have Them)* (Nova York: Basic Books, 2003).

24 Em termos legais, a Fairchild Semiconductor era uma divisão da Fairchild Camera; os bons resultados da Fairchild Camera são atribuídos às divisões de crescimento de um semicondutor. Ver Leslie R. Berlin, "Robert Noyce and Fairchild Semiconductor, 1957–1968", *Business History Review* 75, n. 1 (2001): 63–101.

25 David Laws, "Fairchild, Fairchildren, and the Family Tree of Silicon Valley", Computer History Museum, 20 de dezembro de 2016, computerhistory.org/blog/fairchild-and-the-fairchildren.

26 Berlin, *The Man Behind the Microchip*, 134.

27 Hughes, entrevista com Arthur Rock.

28 Para ser mais preciso, a Intel oferece RSUs (*restricted stock units*). "Intel Corporation Restricted Stock Unit Agreement Under the 2021 Inducement Plan (For Relative TSR Performance-Based RSUs)", JUSTIA, acesso em julho de 2023, contracts.justia.com/companies/intel-694/contract/174133.

29 "A Bias Against Investment?", *McKinsey Quarterly*, 1º de setembro de 2011.

30 Dan Lovallo, Tim Koller, Robert Uhlaner e Daniel Kahneman, "Your Company Is Too Risk-Averse", *Harvard Business Review Magazine*, março–abril de 2020.

31 Sari Pekkala Kerr, William R. Kerr e Tina Xu, "Personality Traits of Entrepreneurs: A Review of Recent Literature", Working Paper 24097, National Bureau of Economic Research, dezembro de 2017: "Numa metanálise de catorze estudos, Stewart e Roth (2001) concluíram que a propensão dos empreendedores ao risco é maior do que a dos gerentes. Essa conclusão é contestada, por exemplo, por Miner e Raju (2004), que apresentam dados de catorze outros estudos que em vez de relatos pessoais usaram técnicas projetivas para medir as preferências ao risco."

32 A realidade é um pouco mais complicada, pois os contratos de capital de risco são menos triviais do que o exemplo sugere, mas a intuição retratada aqui é válida de modo geral.

33 O nome técnico dessa estrutura de pagamento é posição longa numa opção de compra.

34 Oriana Bandiera, Luigi Guiso, Andrea Prat e Raffaella Sadun, "Matching Firms, Managers, and Incentives", 2010, www0.gsb.columbia.edu/faculty/aprat/papers/managers.pdf.

35 Michael G. Vann, "Of Rats, Rice, and Race: The Great Hanoi Rat Massacre, an Episode in French Colonial History", *French Colonial History* 4 (2003): 191–204.

36 Yahoo Lifestyle Singapore, "Singapore Is Voted the Cleanest and Greenest City in the World, According to *Time Out* Survey", *Yahoo News*, 13 de setembro de 2021, news.yahoo.com/singapore-is-voted-the-cleanest-and-greenest-city-in-the-world-according-to-time-out-survey-073032402.html.

37 Kiki Streets, "Is Chewing Gum Against the Law in Singapore?", World Atlas, 25 de abril de 2017, worldatlas.com/articles/singapore-laws-to-know-before-you-get-there.html.

38 Canice Prendergast, "The Provision of Incentives in Firms", *Journal of Economic Literature* 37, n. 1 (março de 1999): 7–63.

39 "A Fair Day's Pay", *The Economist*, 6 de maio de 1999.

40 "Manhattan U.S. Attorney Sues Bank of America for over $1 billion for Multi-Year Mortgage Fraud Against Government Sponsored Entities Fannie Mae and Freddie Mac", US Attorney's Office, Southern District of New York, comunicado de imprensa, 24 de outubro de 2012, justice.gov/archive/usao/nys/pressreleases/October12/BankofAmericanSuit.php.

41 Lawrence M. Fisher, "Sears Auto Centers Halt Commissions After Flap", *The New York Times*, 23 de junho de 1992.

42 Elizabeth C. Tippett, "How Wells Fargo Encouraged Employees to Commit Fraud", *The Conversation*, 7 de outubro de 2016, theconversation.com/how-wells-fargo-encouraged-employees-to-commit-fraud-66615.

43 Joshua Graff Zivin e Elizabeth Lyons, "The Effects of Prize Structures on Innovative Performance", Working Paper 26737, National Bureau of Economic Research, fevereiro de 2020, nber.org/system/files/working_papers/w26737/w26737.pdf.

44 Alex Edmans, *Grow the Pie: How Great Companies Deliver Both Purpose and Profit* (Cambridge: Cambridge University Press, 2020). [Ed. bras.: *Faça o bolo crescer: como grandes empresas entregam propósito e lucro* (Rio de Janeiro: Alta Books, 2024).]

45 "Franchise and Retirement from Printing", Benjamin Franklin Historical Society, web.archive.org/web/20170224211649/http://www.benjamin-franklin-history.org/franchise-and-retirement-from-printing.

46 Ronald Rutherford, Thomas Springer e Abdullah Yavas, "Conflicts Between Principals and Agents: Evidence from Residential Brokerage", *Journal of Financial Economics* 76, n. 3 (2005): 627–65.

47 Samantha Sharf, "Why Starbucks Pays Its Baristas with Stock: A Beginners' Guide to Company Stock", *Forbes*, 18 de março de 2015.

48 "Case Study: C.H.I. Overhead Doors", Ownership Works, ownershipworks.org/chi-overhead-doors.

49 Kirk Falconer, "Deal of the Year: KKR's Exit of CHI Overhead Doors", *Buyouts*, 2 de abril de 2023, buyoutsinsider.com/deal-of-the-year-kkrs-exit-of-chi-overhead--doors.
50 Pete M. Stavros, "Incentivizing Employees and Creating Value", KKR Investor Day, 2018, disponível em youtube.com/watch?v=et8T5s-To0Q.
51 "CHI Overhead Doors Employees Reap Cash Reward Following Nucor Deal", CNBC, 17 de maio de 2022, disponível em youtube.com/watch?v=0zeExiZ4Bb4.
52 Miriam Gottried, "KKR to Sell CHI Overhead Doors to Nucor, Generating Windfall for Itself and Employees", *The Wall Street Journal*, 16 de maio de 2022.
53 Peter Thiel com Blake Masters, *Zero to One: Notes on Startups, or How to Build the Future* (Nova York: Crown Business, 2014). [Ed. bras.: *De zero a um: o que aprender sobre empreendedorismo com o Vale do Silício* (Rio de Janeiro: Objetiva, 2014).]
54 Alistair Barr e Mark Bergen, "One Reason Staffers Quit Google's Car Project? The Company Paid Them So Much", *Bloomberg*, 13 de fevereiro de 2017, bloomberg.com/news/articles/2017-02-13/one-reason-staffers-quit-google-s-car-project-the--company-paid-them-so-much?sref=PF9CBsza.
55 O exemplo da Waymo também mostra como as ações fantasmas podem ser um tiro que sai pela culatra devido a um sucesso muito grande. Os funcionários da Waymo receberam bônus, com base em sua participação acionária na empresa, antes da "saída". Para alguns, os bônus foram tão grandes que eles deixaram seus empregos.
56 Jillian D'Onfro, "Here's the Decadent Meal That Won Over Google's Early Employees and Persuaded Them to Hire Their First Chef", *Business Insider India*, 9 de outubro de 2014.
57 Nick Bilton e Evelyn M. Rusli, "From Founders to Decorators, Facebook Riches", *The New York Times*, 1º de fevereiro de 2012.
58 George F. Will, "Lovin' It All", *The Washington Post*, 27 de dezembro de 2007.
59 Ilya Levtov, "How Much Equity Do Founders Have When Their Company IPOs?", *Priceonomics*, 8 de dezembro de 2016, priceonomics.com/how-much-equity-do--founders-have-when-their.
60 Paul R. La Monica, "Here's Who Will Get Rich from the Lyft IPO", CNN Business, 29 de março de 2019, edition.cnn.com/2019/03/29/tech/lyft-investors-ipo/index.html.
61 Ben Kepes, "Box's IPO, Revenue/Expenditure Mismatches and the Cult of 'Growth at All Costs'", *Forbes*, 24 de março de 2014.
62 Nicole Perlroth, "Pandora Files for IPO, Reveals Founder Owns Less Than 3%", *Forbes*, 11 de fevereiro de 2011.

CAPÍTULO 9. Grandes feitos levam tempo

1 Pam Stranahan, "When Were Towns on Matagorda Island? Part II: Barrier Islands", History Center for Aransas County, theachistorycenter.com/history-mystery-1/when-were-towns-on-matagorda-island%3F.

2 Alan Peppard, “Islands of the Oil Kings, Part 3: Reach for the Stars”, *Dallas Morning News*, 18 de dezembro de 2014, res.dallasnews.com/interactives/oilkings/part3.

3 “‘Welcome to the Rocket Business’: Private Rocket Destroyed in Test-Firing Explosion”, UPI, 5 de agosto de 1981, upi.com/Archives/1981/08/05/Welcome-to-the-rocket-business-Private-rocket-destroyed-in-test-firing-explosion/7158365832000.

4 “The Launch of Conestoga 1, Space Services Inc. of America, September 9, 1982”, Celestis, celestis.com/about/conestoga-1.

5 Dan Balz, “Commercial Rocket Explodes on Pad During Test in Texas”, *The Washington Post*, 6 de agosto de 1981.

6 Stephen Harrigan, “Mr. Hannah’s Rocket”, *Texas Monthly*, novembro de 1982.

7 Michael A. G. Michaud, *Reaching for the High Frontier* (Nova York: Praeger, 1986), capítulo 12.

8 Tom Richman, “The Wrong Stuff”, *Inc.*, 1º de julho de 1982.

9 UPI, “Welcome to the Rocket Business”.

10 Braddock Gaskill, “Elon Musk/SpaceX Interview, Part 1”, *NSF*, 28 de julho de 2006, nasaspaceflight.com/2006/07/elon-muskspacex-interview-part-1.

11 Brian Berger, “Falcon 1 Failure Traced to a Busted Nut”, Space.com, 19 de julho de 2006, space.com/2643-falcon-1-failure-traced-busted-nut.html.

12 Stephen Clark, “Falcon 1 to Launch Today”, *Spaceflight Now*, 2 de agosto de 2008, spaceflightnow.com/falcon/003/preview.html.

13 Jeremy Hsu, “Strike Three for SpaceX’s Falcon 1 Rocket”, NBC News, 3 de agosto de 2008, nbcnews.com/id/wbna25990806.

14 Anthony Ha, “Private Rocket Company SpaceX Gets $20m from the Founders Fund”, *VentureBeat*, 6 de agosto de 2009, venturebeat.com/business/private-rocket-company-spacex-gets-20m-from-the-founders-fund.

15 Catherine Clifford, “9 Years Ago SpaceX Nearly Failed Itself Out of Existence: ‘It Is a Pretty Emotional Day’, Says Elon Musk”, CNBC, 29 de setembro de 2017, cnbc.com/2017/09/29/elon-musk-9-years-ago-spacex-nearly-failed-itself-out-of-existence.html.

16 Patrick Kariuki, “SpaceX vs. Virgin Galactic vs. Blue Origin: What Are the Differences?”, *Make Use Of*, 30 de novembro de 2021, makeuseof.com/spacex-virgin-galactic-blue-origin-differences.

17 John Zarella e Tom Cohen, “Ashes of ‘Star Trek’ Actor on Private Rocket”, CNN, 25 de maio de 2012, edition.cnn.com/2012/05/24/showbiz/spacex-scottys-ashes/index.html.

18 Ed Browne, “Bill Nelson: Everybody Pooh-Poohed SpaceX. Look at Them Now”, *Newsweek*, 12 de setembro de 2022.

19 Elon Musk, postagem no Twitter, 19 de setembro de 2020, twitter.com/elonmusk/status/1307356512411672578.

20 Connie Loizos, “Don Valentine, Who Founded Sequoia Capital, Has Died at Age 87”, *TechCrunch*, 26 de outubro de 2019.

21 "Our History", Sequoia, sequoiacap.com/our-history.

22 Soumya Karlamangla, "California Is Home to the Tallest, Largest and Oldest Trees in the World", *The New York Times*, 21 de outubro de 2022.

23 Ivana Simic, "Hyperion – the World's Tallest Tree", Tales by Trees, 22 de dezembro de 2017, talesbytrees.com/hyperion-the-worlds-tallest-tree.

24 "Measurement of Hyperion, the Tallest Tree in the World", Monumental Trees, monumentaltrees.com/en/trees/coastredwood/video.

25 "Why the Giant Sequoia Needs Fire to Grow", *Nature* na PBS, 14 de março de 2017, disponível em youtube.com/watch?v=lmNZ Gr9Udx8.

26 "Bank of America: The Humble Beginnings of a Large Bank", disponível em occ.treas.gov/about/who-we-are/history/1866-1913/1866-1913-bank-of-america.html.

27 Felice Bonadio, "A. P. Giannini and the Bank of Italy: California's Mixed Multitudes", *International Migration Review* 27, suplemento n. 2 (1993): 107–23, onlinelibrary.wiley.com/doi/pdf/10.1111/j.2050-411X.1993.tb00085.x.

28 Steve Forbes, "What Can We Learn from America's Greatest Banker?", *Forbes*, 2 de novembro de 2016.

29 Bill Gurley, postagem no Twitter, 21 de junho de 2022, twitter.com/bgurley/status/1539024219010240512?lang=en.

30 Fabrice Grinda, "Winter Is Coming!", 18 de novembro de 2022, fabricegrinda.com/winter-is-coming.

31 Sandberg's Harvard Business School Speech to the Class of 2012, disponível em youtube.com/watch?v=2Db0_RafutM, 5min28s.

32 Bart Eshwar, "The Crazy Story Behind the Creation of the Term 'Unicorn'", *OfficeChai*, 18 de outubro de 2016, officechai.com/startups/origin-of-the-term-unicorn.

33 Aileen Lee, "Welcome to the Unicorn Club: Learning from Billion-Dollar Startups", *TechCrunch*, 2 de novembro de 2013, techcrunch.com/2013/11/02/welcome-to-the-unicorn-club.

34 Para se definir um unicórnio, usa-se a avaliação pós-monetária.

35 Em geral, os fundos de capital de risco não participam das negociações secundárias esporádicas que surgiram nos últimos anos, porque os valores trocados nessas plataformas secundárias tendem a ser muito pequenos. Às vezes, os fundos vendem parcialmente suas participações para seus pares em transações secundárias. Alguns fundos menores e investidores-anjo tendem a fazer isso com mais frequência.

36 Will Gornall e Ilya A. Strebulaev, "Squaring Venture Valuations with Reality", *Journal of Financial Economics* 135, n. 1 (janeiro de 2020): 120–43.

37 Gornall e Strebulaev, "Squaring Venture Valuations with Reality".

38 Ruth Umoh, "Amazon CEO Jeff Bezos: Focusing on the Present Is No Way to Run a Business", CNBC, 27 de abril de 2018, cnbc.com/2018/04/26/why-amazon-ceo-jeff-bezos-doesnt-focus-on-the-present.html.

39 Max Roser, Hannah Ritchie e Edouard Mathieu, "Technological Change", Our World in Data, ourworldindata.org/technology-adoption.

40 Diego Comin e Bart Hobijn, "An Exploration of Technology Diffusion", *American Economic Review* 100 (dezembro de 2010): 2031–59.

41 K.N.C., G.S. e P.K., "Happy Birthday World Wide Web", *The Economist*, 12 de março de 2014.

42 Jake Chapman, "Driving the New American Century", *TechCrunch*, 12 de março de 2016, techcrunch.com/2016/03/12/driving-the-new-american-century.

43 Quote Investigator, 17 de julho de 2021, quoteinvestigator.com/2021/07/17/auto--fad.

44 Warren St. John, "Barnes & Noble's Epiphany", *Wired*, 1º de junho de 1999.

45 Ina Fried, "These People Thought the iPhone Was a Dud When It Was Announced 10 Years Ago", *Vox*, 9 de janeiro de 2017.

46 "Logistics Needs a Shake-up: Surging Demand Requires New Distribution Methods", *The Economist*, 26 de outubro de 2017.

47 Gary P. Pisano, Alessandro Di Fiore, Elena Corsi e Elisa Farri, "Chef Davide Oldani and Ristorante D'O", Harvard Business Review Case 613-080, janeiro de 2013, hbs.edu/faculty/Pages/item.aspx?num=44165.

48 Stuart Dredge, "MySpace – What Went Wrong: 'The Site Was a Massive Spaghetti--Ball Mess'", *The Guardian*, 6 de março de 2015.

49 Jay Babcock, "January 30 Is International Delete Your MySpace Account Day", *Arthur*, 22 de janeiro de 2008, arthurmag.com/2008/01/22/january-30th-is-international-delete-your-myspace-account-day.

50 Peter Kafka, "Did Murdoch Cut News Corp.'s Internet Goals?", *Business Insider*, 18 de outubro de 2007.

51 Jennifer Saba, "News Corp Sells MySpace, Ending Six-Year Saga", Reuters, 29 de junho de 2011, reuters.com/article/us-newscorp-myspace/news-corp-sells-myspace-ending-six-year-saga-idUSTRE75S6D720110629.

52 Dredge, "MySpace – What Went Wrong".

53 Yinka Adegoke, "How MySpace Went from the Future to a Failure", NBC News, 8 de abril de 2011, nbcnews.com/id/wbna42475503.

54 Dan Primack, "The VC Who Wanted MySpace Back", *Fortune*, 1º de julho de 2011.

55 James M. Citrin, Claudius A. Hildebrand e Robert J. Stark, "The CEO Life Cycle", *Harvard Business Review*, novembro–dezembro de 2019, hbr.org/2019/11/the-ceo--life-cycle.

56 Matteo Tonello e Jason Schoetzer, "CEO Succession Practices in the Russell 3000 and S&P 500", Harvard Law School Forum on Corporate Governance, 15 de janeiro de 2021, corpgov.law.harvard.edu/2021/01/15/ceo-succession-practices-in-the-russell-3000-and-sp-500.

57 Mark J. Roe, "The Imaginary Problem of Corporate Short-Termism", *The Wall Street Journal*, 17 de agosto de 2015.

58 Shai Bernstein, "Does Going Public Affect Innovation?", *The Journal of Finance*, 70, n. 4 (agosto de 2015): 1365–403.

59 Eric Jackson, "6 Things Jeff Bezos Knew Back in 1997 That Made Amazon a Gorilla", *Forbes*, 16 de novembro de 2011.

60 Julia Kirby e Thomas A. Stewart, "The Institutional Yes", *Harvard Business Review*, outubro de 2007.

61 Jim Mertens, "John Deere Chairman Says Global Markets Are Key to Company's Future", WQAD News 8 (Moline, IL), 15 de agosto de 2016, wqad.com/article/news/agriculture/ag-in-the-classroom/deere-chairman-says-global-markets-are-key-to--company-future/526-8008aa6f-ab3b-4654-acbe-d277e1e91649.

62 Mario Gabriele, "Kaspi: The Shapeshifter", *The Generalist*, 22 de agosto de 2021, generalist.com/briefing/kaspi.

63 Rob Walker, "How Adobe Got Its Customers Hooked on Subscriptions", *Bloomberg*, 8 de junho de 2017, bloomberg.com/news/articles/2017-06-08/how-adobe-got-its--customers-hooked-on-subscriptions.

64 W. Mischel, E. B. Ebbesen e A. Raskoff Zeiss, "Cognitive and Attentional Mechanisms in Delay of Gratification", *Journal of Personality and Social Psychology* 21, n. 2 (1972): 204–18. O primeiro estudo deles é descrito em W. Mischel e E. B. Ebbesen, "Attention in Delay of Gratification", *Journal of Personality and Social Psychology* 16, n. 2 (1970): 328–37, mas não envolve os famosos marshmallows.

65 Jonah Lehrer, "Don't! The Secret of Self-Control", *The New Yorker*, 11 de maio de 2009.

66 Jennifer Ouellette, "New Twist on Marshmallow Test: Kids Depend on Each Other for Self Control", *Ars Technica*, 21 de janeiro de 2020, arstechnica.com/science/2020/01/new-twist-on-marshmallow-test-kids-depend-on-each-other-for-self-control.

67 John T. Warner e Saul Pleeter, "The Personal Discount Rate: Evidence from Military Downsizing Programs", *American Economic Review* 91, n. 1 (março de 2001): 33–53.

68 Stefano DellaVigna e M. Danielle Paserman, "Job Search and Impatience", Working Paper 10837, National Bureau of Economic Research, outubro de 2004, nber.org/papers/w10837.

69 Timothy J. Richards e Stephen F. Hamilton, "Obesity and Hyperbolic Discounting: An Experimental Analysis", *Journal of Agricultural and Resource Economics* 37, n. 2 (agosto de 2012): 181–98.

70 Annalyn Kurtz, "5 Lessons Ordinary Investors Can Learn from Warren Buffett", *U.S. News & World Report*, 4 de maio de 2018, money.usnews.com/investing/buy--and-hold-strategy/articles/2018-05-04/5-lessons-ordinary-investors-can-learn--from-warren-buffett.

71 Jared Diamond, *Collapse: How Societies Choose to Fail or Succeed*, 2ª ed. (Nova York: Penguin, 2011). [Ed. bras.: *Colapso: como as sociedades escolhem o fracasso ou o sucesso* (Rio de Janeiro: Record, 2005).]

72 Hanneke Weitering, "Red Wine in Space May Age Faster Than on Earth, Study Finds", Space.com, 5 de maio de 2021, space.com/red-wine-in-space-aged-faster.

Conclusão

1 Dayeeta Das, "Żabka Launches Cashierless Store Format, Żappka", *ESM Magazine*, 16 de junho de 2021, esmmagazine.com/technology/zabka-launches-cashierless--store-format-zappka-136704.

2 Kevin Rozario, "Poland's Biggest Convenience Chain Overtakes Amazon in European Race for Autonomous Stores", *Forbes*, 18 de janeiro de 2022.

3 Bill Briggs, "A Grocer That Sells Smoothies, Snacks and 'Easier Lives'? Welcome to Żabka's Autonomous Stores", Microsoft Source, 10 de janeiro de 2023, news.microsoft.com/source/features/digital-transformation/a-grocer-that-sells-smoothies-snacks-and-easier-lives-welcome-to-zabkas-autonomous-stores.

4 Zameena Mejia, "Steve Jobs Almost Prevented the Apple iPhone from Being Invented", CNBC, 12 de setembro de 2017, cnbc.com/2017/09/12/why-steve-jobs--almost-prevented-the-apple-iphone-from-being-invented.html.

5 Sheila Farr, "Starbucks: The Early Years", HistoryLink.org, 15 de fevereiro de 2017, historylink.org/file/20292.

6 Tegan Jones, "The Surprisingly Long History of Nintendo", *Gizmodo*, 20 de setembro de 2013, gizmodo.com/the-surprisingly-long-history-of-nintendo-1354286257.

7 "The Industry's Finest – Gunpei Yokoi", VGChartz, 10 de setembro de 2009, vgchartz.com/article/5145/the-industrys-finest-gunpei-yokoi.

CONHEÇA ALGUNS DESTAQUES DE NOSSO CATÁLOGO

- Augusto Cury: Você é insubstituível (2,8 milhões de livros vendidos), Nunca desista de seus sonhos (2,7 milhões de livros vendidos) e O médico da emoção
- Dale Carnegie: Como fazer amigos e influenciar pessoas (16 milhões de livros vendidos) e Como evitar preocupações e começar a viver
- Brené Brown: A coragem de ser imperfeito – Como aceitar a própria vulnerabilidade e vencer a vergonha (900 mil livros vendidos)
- T. Harv Eker: Os segredos da mente milionária (3 milhões de livros vendidos)
- Gustavo Cerbasi: Casais inteligentes enriquecem juntos (1,2 milhão de livros vendidos) e Como organizar sua vida financeira
- Greg McKeown: Essencialismo – A disciplinada busca por menos (700 mil livros vendidos) e Sem esforço – Torne mais fácil o que é mais importante
- Haemin Sunim: As coisas que você só vê quando desacelera (700 mil livros vendidos) e Amor pelas coisas imperfeitas
- Ana Claudia Quintana Arantes: A morte é um dia que vale a pena viver (650 mil livros vendidos) e Pra vida toda valer a pena viver
- Ichiro Kishimi e Fumitake Koga: A coragem de não agradar – Como se libertar da opinião dos outros (350 mil livros vendidos)
- Simon Sinek: Comece pelo porquê (350 mil livros vendidos) e O jogo infinito
- Robert B. Cialdini: As armas da persuasão (500 mil livros vendidos)
- Eckhart Tolle: O poder do agora (1,2 milhão de livros vendidos)
- Edith Eva Eger: A bailarina de Auschwitz (600 mil livros vendidos)
- Cristina Núñez Pereira e Rafael R. Valcárcel: Emocionário – Um guia lúdico para lidar com as emoções (800 mil livros vendidos)
- Nizan Guanaes e Arthur Guerra: Você aguenta ser feliz? – Como cuidar da saúde mental e física para ter qualidade de vida
- Suhas Kshirsagar: Mude seus horários, mude sua vida – Como usar o relógio biológico para perder peso, reduzir o estresse e ter mais saúde e energia